実務にすぐ役立つ
改正債権法・相続法コンパクトガイド

弁護士
編著 **福原竜一**

共著

弁護士 **枝廣恭子**　弁護士 **清水健介**　弁護士 **鈴木隆弘**　弁護士 **木村真理子**

弁護士 **大江弘之**　弁護士 **前田昌代**　弁護士 **半澤 斉**　千葉商科大学講師 **泉 絢也**

ぎょうせい

はじめに

　債権法・相続法の改正は、各種士業及び企業にて法務部や債権管理部等に所属されている皆様の業務に大きな影響を与えるものです。しかし、日常の業務を行いながら、多岐にわたる改正事項を確認することは容易ではありません。本書は、多忙な読者の皆様が改正の要点を手早く確認できるようにするため、債権法・相続法の改正事項を1冊にまとめ、コンパクトに整理したものです。より詳細な情報が必要な場合には、各種専門書に当たっていただければと思います。

　本書は、債権法・相続法・資料（債権法・相続法・家事事件手続法の改正事項一覧表）の3つのパートに分かれています。

　債権法のパートでは、冒頭に「債権管理・回収」「契約管理」の2つにグループ分けした上で、それぞれチェックリストを設け、情報にアクセスしやすいようにしています。例えば、契約書の管理業務に携わる方が売買契約に関連する改正事項を確認したい場合には、「契約管理」の「売買契約」の部分を見てください。売買契約に関連する主な改正事項の記載箇所を確認できるようになっています。また、改正に伴って契約書を改定する場合の参考になるよう、改正法に対応した契約書の条項例を適宜載せています。

　相続法のパートでは、制度自体の解説に重点を置いた上で、できる限り事例を設定し、具体的な場面をイメージしやすいようにしています。また、配偶者居住権や特別の寄与等に関する相続税務について、税法の研究者による解説を加えています。

　資料のパートでは、債権法・相続法・家事事件手続法の改正事項を網羅的に確認するためのツールとして、改正事項一覧表を載せています。改正条文ごとに改正の概要、実務への影響、施行日等をまとめてあります。

本書が、各種士業の方や企業の法務部・債権管理部等に所属されている方のお役に立てれば幸いです。

　最後になりますが、本書の企画から刊行に至るまで、多大なご尽力をいただいた㈱ぎょうせいの米奥典仁様に、心より感謝申し上げます。

令和元年9月

編著者　弁護士　福原　竜一

凡　例

1　法令等

新法/新○○条	平成29年法律第44号（債権法等）、平成30年法律72号（相続法等）による改正後の民法
旧法/旧○○条	平成29年法律第44号（債権法等）、平成30年法律第72号（相続法等）による改正前の民法
附則（債権法等）	平成29年法律第44号附則
附則（相続法等）	平成30年法律第72号附則
新商法	平成29年法律第45号による改正後の商法
旧商法	平成29年法律第45号による改正前の商法
新相続税法	平成31年法律第6号による改正後の相続税法
相続税法	平成31年法律第6号による改正前からの相続税法
改正法施行規則政令（債権法等）	平成29年政令309号
改正法施行規則政令（相続法等）	平成30年政令316号

2　判　例

(1)　判例略称

大判	大審院判決
最判	最高裁判所判決
高判	高等裁判所判決
地判	地方裁判所判決
家裁	家庭裁判所

(2)　決定略称

大決	大審院決定
最決	最高裁判所決定

高決　　　高等裁判所決定
地決　　　地方裁判所決定

⑶　**判例集等略称**

民集　　　大審院民事判例集、最高裁判所民事判例集
民録　　　大審院民事判決抄録
集民　　　最高裁判所判例集民事
判タ　　　判例タイムズ
判時　　　判例時報
家月　　　家庭裁判月報

目　次

はじめに

凡　例

第1章　債権法チェックリスト

❶ 債権管理・回収 ･･････････････････････････････････････ 2

1 チェックリスト ･････････････････････････････････････ 2

2 まとめ ･･ 4

❷ 契約管理 ･･ 5

1 契約管理と債権法改正 ･･･････････････････････････････ 5

2 改正事項の強行法規性 ･･･････････････････････････････ 5

3 経過措置 ･･ 5

(1) 定型約款／5
(2) 保証契約における公正証書の作成／6

4 更　新 ･･ 6

5 基本契約と個別契約 ･････････････････････････････････ 7

6 定型約款 ･･ 7

7 各契約条項のチェックリスト ･････････････････････････ 7

(1) 各契約において共通して定められることが多い条項／8
(2) 売買契約／9 　　　　　　　(3) 業務委託契約／9
(4) 贈与契約／10 　　　　　　　(5) 消費貸借契約／11
(6) 使用貸借契約／12 　　　　　(7) 賃貸借契約／13
(8) 請負契約／14 　　　　　　　(9) 寄託契約／15

8 まとめ ･･ 16

COLUMN 新法下での目的規定 ････････････････････････････ 17

1

第2章　債権法改正

1 債権法改正の趣旨・経緯 ･････････････････････････ 20

1 債権法の長期にわたる維持 ･･････････････････････ 20

2 債権法改正の必要性 ････････････････････････････ 21

⑴　内容のわかりにくさ／21　　⑵　債権法の空洞化／21
⑶　小　括／21

2 債権管理・回収 ････････････････････････････････ 22

1 時　効 ･･ 22

⑴　時効障害―時効の完成猶予および更新／22
　　──経過措置／30
⑵　消滅時効／30
　　──経過措置／32、33、34

2 法定利率 ･･････････････････････････････････････ 35

⑴　法定利率についての変動制の採用／35
　　──経過措置／37
⑵　金銭債務の損害賠償額の算定に関する特則／38
⑶　損害賠償請求における中間利息控除／38

3 債務不履行 ･･･････････････････････････････････ 41

⑴　債務不履行による損害賠償（新415条）／41
　　──経過措置／42、実務上のポイント／42
⑵　損害賠償の範囲（新416条）／43
　　──経過措置／45、実務上のポイント／45

4 債権者代位権・詐害行為取消権（新423条〜）･･･････ 46

⑴　債権者代位権（新423条〜新423条の7）／46
　　──経過措置／48、実務上のポイント／48
⑵　詐害行為取消権（新424条〜新426条）／48
　　──経過措置／50、実務上のポイント／50

5 多数当事者（新428条〜）･････････････････････ 51

⑴　連帯債務（新436条〜新445条）／51
⑵　不可分債権・債務、連帯債権（新428条〜新435条の2）／53

目　次

　　⑶　経過措置（2020年4月1日施行）／53
　　⑷　実務上のポイント／53

6　保　証 ･･･53

　⑴　主たる債務の履行状況に関する情報の提供義務／53
　　　──実務上のポイント／55、経過措置／55
　⑵　個人根保証契約／55
　⑶　事業に係る債務についての保証契約の特則／57
　　　──実務上のポイント／58、60、経過措置／61
　⑷　連帯保証人について生じた事由の効力／62
　　　──経過措置／62、実務上のポイント／62

7　債権譲渡、債務引受、契約上の地位の移転（新466条～）･･･63

　⑴　債権譲渡（新466条～新469条）／63
　　　──実務上のポイント／65、66、68、経過措置／69
　⑵　債務引受（新470条～新472条の4）／70
　　　──実務上のポイント／70、経過措置／70
　⑶　契約上の地位の移転（新539条の2）／71
　　　──経過措置／71、実務上のポイント／71

8　弁　済（新473条～） ････････････････････････････71

　⑴　第三者弁済／71　　　　　⑵　一部弁済による代位／72
　⑶　債権の準占有者、受領権者としての外観を有する者／73
　⑷　特定物ドグマの否定／73　　⑸　供　託／74
　⑹　経過措置（2020年4月1日）／74　⑺　実務上のポイント／74

9　相殺、更改（新505条～） ･････････････････････････74

　⑴　相　殺（新505条～新512条の2）／75
　　　──経過措置／76、実務上のポイント／77
　⑵　更　改（新513条～新518条）／77
　　　──経過措置／77、実務上のポイント／77

3-1　契約管理─契約総則 ･･････････････････････････78

1　契約自由の原則（新521条） ･･････････････････････78

2　契約の成立と方式 ･･･････････････････････････････79

　⑴　改正事項／79
　⑵　経過措置（2020年4月1日施行）／81
　⑶　実務上のポイント／81

3 定型約款 ‥‥‥‥‥‥‥‥‥‥‥‥‥‥‥‥‥‥‥‥‥‥‥ 82

⑴ 立法の経緯／82　　　　⑵ 定型約款の規定の内容／82

⑶ 経過措置（2020年4月1日施行）／88

4 解　除 ‥‥‥‥‥‥‥‥‥‥‥‥‥‥‥‥‥‥‥‥‥‥‥‥‥ 89

⑴ 催告による解除（新541条）／89

　　──実務上のポイント／91

⑵ 催告によらない解除（新542条）／91

⑶ 経過措置（2020年4月1日施行）／93

5 危険負担 ‥‥‥‥‥‥‥‥‥‥‥‥‥‥‥‥‥‥‥‥‥‥‥ 94

⑴ 改正事項／94

⑵ 経過措置（2020年4月1日施行）／95

⑶ 実務上のポイント／95

3-2 契約管理 ── 契約各則 ‥‥‥‥‥‥‥‥‥‥‥‥‥ 96

1 贈　与 ‥‥‥‥‥‥‥‥‥‥‥‥‥‥‥‥‥‥‥‥‥‥‥‥‥ 96

⑴ 改正事項／96

⑵ 経過措置（2020年4月1日施行）／97

2 売　買 ‥‥‥‥‥‥‥‥‥‥‥‥‥‥‥‥‥‥‥‥‥‥‥‥‥ 97

⑴ 手付解除（新557条）／97

　　──経過措置／97

⑵ 売主の義務／97

　　──経過措置／97

⑶ 売主の担保責任／98

　　──実務上のポイント／100、105、経過措置／107

⑷ 危険の移転等（新567条）／107

　　──経過措置／108、実務上のポイント／108

⑸ 買戻し（新579条）／108

　　──経過措置／108

3 消費貸借 ‥‥‥‥‥‥‥‥‥‥‥‥‥‥‥‥‥‥‥‥‥‥‥ 109

⑴ 改正事項／109

⑵ 経過措置（2020年4月1日施行）／111

⑶ 実務上のポイント／111

4 使用貸借 ‥‥‥‥‥‥‥‥‥‥‥‥‥‥‥‥‥‥‥‥‥‥‥ 111

⑴　改正事項／111
⑵　経過措置（2020年4月1日施行）／114
⑶　実務上のポイント／114

5　賃貸借 ･･･ 114

⑴　新旧民法の比較／115　　　⑵　改正事項／115
⑶　経過措置（施行日2020年4月1日）／118
⑷　実務上のポイント／119

6　雇　用 ･･ 120

⑴　改正事項／120
⑵　経過措置（2020年4月1日施行）／120
⑶　実務上のポイント／121

7　請　負 ･･ 121

⑴　改正事項／121
⑵　経過措置（2020年4月1日施行）／125
⑶　実務上のポイント／125

8　委　任 ･･ 125

⑴　改正事項／125
⑵　経過措置（2020年4月1日施行）／127
⑶　実務上のポイント／127

9　寄　託 ･･ 127

⑴　改正事項／127
⑵　経過措置（2020年4月1日施行）／130
⑶　実務上のポイント／130

10　組　合 ･･･････････････････････････････････････ 131

⑴　改正事項／131
⑵　経過措置（2020年4月1日施行）／133
⑶　実務上のポイント／133

第3章　相続法改正

1　相続法改正の趣旨・概要 ･････････････････････････ 136

  1　相続法改正の趣旨 ････････････････････････････ 136

    ⑴　相続法の改正／136　　　　⑵　改正の趣旨／136

  2　相続法改正の概要 ････････････････････････････ 136

    ⑴　新法における新たな制度／136　　⑵　解　説／138

2　施行期日等 ････････････････････････････････････ 141

3　改正と税務 ････････････････････････････････････ 142

  1　配偶者居住権 ･･･････････････････････････････ 142

  2　特別寄与料 ･････････････････････････････････ 143

  3　その他 ･････････････････････････････････････ 143

  COLUMN　相続法改正と事業承継 ･････････････････ 144

4　配偶者保護 ････････････････････････････････････ 146

  1　配偶者居住権 ･･･････････････････････････････ 146

    ⑴　配偶者の居住権の保護とは／146
    　　　　──経過措置／148
    ⑵　配偶者短期居住権／148
    　　　　──実務上のポイント／153
    ⑶　配偶者居住権／153
    　　　　──実務上のポイント／159

  2　配偶者に対する遺贈・贈与に関する持戻し免除の意思表示
  　の推定 ･･･････････････････････････････････････ 160

    ⑴　解　説／160
    ⑵　経過措置（2019年7月1日施行）／162
    ⑶　実務上のポイント／162

  3　配偶者保護と税務 ･･･････････････････････････ 163

    ⑴　配偶者短期居住権の評価／163
    ⑵　配偶者居住権の評価／164

⑶　配偶者居住権が消滅した場合の相続税の取扱い／167

5　遺産分割 ························· 168

1　預貯金の払戻し制度の創設（新909条の2）··········· 168

⑴　新法の規定／168　　　　　　⑵　解　説／168
⑶　経過措置（2019年7月1日施行）／171
⑷　実務上のポイント／171

2　遺産分割の審判事件を本案とする保全処分の要件緩和
（家事事件手続法200条3項）····················· 172

⑴　新法の規定／172　　　　　　⑵　解　説／172
⑶　経過措置（2019年7月1日施行）／174
⑷　実務上のポイント／174

3　遺産分割前に遺産に属する財産が処分された場合の
遺産の範囲（新906条の2）····················· 174

⑴　新法の規定／175　　　　　　⑵　解　説／175
⑶　経過措置（2019年7月1日施行）／178
⑷　実務上のポイント／178

4　一部分割およびその要件の明文化（新907条）········· 179

⑴　新法の規定／179　　　　　　⑵　解　説／179
⑶　実務上のポイント／180

5　遺産分割と税務 ····························· 180

⑴　遺産未分割の場合の留意点／181　⑵　遺産の一部分割／182

6　遺　　言 ························· 183

1　自筆証書遺言の様式緩和（新968条2項）··········· 183

⑴　新法の規定／183　　　　　　⑵　解　説／183
⑶　経過措置（2019年1月13日施行）／184

2　自筆証書遺言の保管制度の創設 ················ 185

⑴　新法の制定／185　　　　　　⑵　解　説／185
⑶　経過措置（2020年7月10日施行）／186
⑷　実務上のポイント／187

3　遺贈の担保責任等 ························· 187

⑴　新法の規定／187　　　　　　⑵　解　説／188

(3) 経過措置（2019年7月1日施行）／188

4　遺言執行者の権限の明確化・・・・・・・・・・・・・・・・・・・・・・・・・ 189

(1) 新法の規定／189　　　　　(2) 解　説／189

(3) 経過措置（2019年7月1日施行）／192

(4) 実務上のポイント／193

5　遺言と税務・・・・・・・・・・・・・・・・・・・・・・・・・・・・・・・・・・・・・ 193

(1) 遺言による相続分の指定と遺産分割協議等／193

(2) 遺言書の内容と異なる遺産の分割と贈与税／194

7　相続の効力等（権利および義務の承継等）・・・・・・・・・ 196

1　相続による権利の承継～一般（新899条の2第1項）・・・・ 196

(1) 趣　旨／196

(2) 各場面における比較／197

(3) 事例の検討（相続させる旨の遺言～特定財産承継遺言）／197

(4) 経過措置（2019年7月1日施行）／198

(5) 実務上のポイント／198

**2　相続による権利の承継～債権における対抗要件
具備方法の特例（新899条の2第2項）**・・・・・・・・・・・・・・・・・ 199

(1) 趣　旨／199

(2) 相続による債権の承継における対抗要件具備方法（まとめ）／200

(3) 事例の検討／200

(4) 経過措置（2019年7月1日施行）／201

(5) 実務上のポイント／201

**3　相続債務の扱い～相続分の指定がある場合における債権者
の権利の行使（新902条の2）**・・・・・・・・・・・・・・・・・・・・・・・・ 202

(1) 趣　旨／202

(2) 債務が相続された場合の承継割合（内部関係）／202

(3) 債務が相続された場合の債権者の請求方法（原則）／202

(4) 債務が相続された場合の債権者の請求方法（例外）／203

(5) 経過措置（2019年7月1日施行）／204

(6) 実務上のポイント／204

**4　遺言執行者がある場合における相続人の行為の効力等
（新1013条）**・・・・・・・・・・・・・・・・・・・・・・・・・・・・・・・・・・・・・・ 204

目　次

　　(1)　趣　旨／205　　　　　　(2)　事例の検討／205
　　(3)　経過措置（2019年7月1日施行）／206
　　(4)　実務上のポイント／206

　5　相続の効力等と税務 ･････････････････････････････ 207

　　(1)　共有と相続税／207
　　(2)　共同相続における権利の承継の対抗要件／208

8　遺　留　分 ････････････････････････････････････ 209

　1　遺留分侵害の効果 ･･････････････････････････････ 209

　　(1)　趣　旨／209　　　　　　(2)　権利行使の2段階／210
　　(3)　相当の期限の許与／211　(4)　実務上のポイント／211

　2　遺留分侵害額の算定方法 ････････････････････････ 212

　　(1)　趣　旨／212
　　(2)　遺留分侵害額の計算方法／212

　3　遺留分侵害額の算定方法に関する規律 ･･･････････ 213

　　(1)　相続人に対する生前贈与の対象範囲（新1044条3項）／213
　　(2)　負担付贈与・不相当な対価による有償行為（新1045条）／214
　　(3)　遺産分割の対象となる財産がある場合（新1046条2項2号）／215
　　　　──実務上のポイント／216

　4　遺留分侵害額の負担額の分配 ････････････････････ 216

　5　相続債務の弁済に伴う「遺留分侵害額に相当する金銭債権」
　　の消滅請求 ･････････････････････････････････････ 217

　　(1)　趣　旨／217
　　(2)　経過措置（2019年7月1日施行）／218
　　(3)　実務上のポイント／218

　6　遺留分と税務 ･････････････････････････････････ 219

　　(1)　遺留分侵害額の請求と更正の請求／219
　　(2)　経営承継円滑化法における遺留分の算定に係る合意／220

9　相続人以外の者の貢献を考慮するための方策 ･･････ 222

　1　特別の寄与の制度の概要 ････････････････････････ 222

　　(1)　趣　旨／222　　　　　　(2)　事例の検討／223
　　(3)　実務上のポイント／224

9

2 特別寄与料の請求が認められる要件について ‥‥‥‥‥ 224

　⑴　請求権者／225　　　　　　　⑵　特別の寄与／225
　⑶　請求手続・期間制限／226

3 特別寄与料の額について ‥‥‥‥‥‥‥‥‥‥‥‥‥‥ 226

　⑴　特別寄与料の額（合計額）／227
　⑵　特別寄与料の負担の分配／227
　⑶　経過措置（2019年7月1日施行）／228

4 相続人以外の者の貢献を考慮するための方策と税務 ‥‥‥ 228

資料編　改正事項一覧表
（債権法・相続法・家事事件手続法）

債権法‥‥‥‥‥‥‥‥‥‥‥‥‥‥‥‥‥‥‥‥‥‥‥‥‥‥‥ 232

相続法‥‥‥‥‥‥‥‥‥‥‥‥‥‥‥‥‥‥‥‥‥‥‥‥‥‥‥ 269

家事事件手続法‥‥‥‥‥‥‥‥‥‥‥‥‥‥‥‥‥‥‥‥‥‥‥ 275

第 **1** 章

債権法チェックリスト

第1章　債権法チェックリスト

1 債権管理・回収

1 チェックリスト

　各事業者において、債権管理・回収の方法は様々ですが、債権法改正により、その業務内容・フロー等については検討が必要となる点が多々あります。ここでは、新規取引先との取引開始から債権回収に至るまでの時系列に沿って、一般的な流れを概観すると共に、債権法改正に関連するポイントをまとめました。

時期	改正に関連する事項	検討点	該当箇所	☑
契約締結	取引基本契約書等の締結	各契約条項と改正の影響	第1章**2-5** 第1章**2-6**	☐
	物的担保の取得 （抵当権、譲渡担保、所有権留保等）	将来債権譲渡の明文化	第2章 **2-7**(1)イ	☐
		譲渡制限特約違反の債権譲渡（債権譲渡担保）の有効性	第2章 **2-7**(1)ア(ア)a	☐
	人的担保の取得 （保証、連帯保証、根保証等）	個人保証における公正証書の作成	第1章 **2-3**(2) 第2章 **2-6**(3)ア	☐
		個人根保証契約の極度額の設定	第2章 **2-6**(2)	☐
		保証契約締結時の情報提供義務	第2章 **2-6**(3)イ	☐
取引開始	保証管理	主債務の履行状況に関する情報提供義務	第2章 **2-6**(1)ア	☐
	時効管理	債権の消滅時効期間	第2章 **2-1**(2)	☐
		時効の完成猶予事由と更新事由	第2章 **2-1**(1)	☐
	連帯債務者・連帯保証人に対する履行請求	絶対的効力事由と相対的効力事由に関する改正	連帯債務： 第2章 **2-5**(1)アイ 連帯保証： 第2章**2-6**(4)	☐

・2・

1 債権管理・回収

時期	改正に関連する事項	検討点	該当箇所	☑
債務不履行の発生と回収活動	担保の取得	契約締結時における物的担保の取得・人的担保の取得参照	—	☐
	債務不履行に基づく損害賠償請求	法定利率、損害賠償の範囲、賠償額の予定、填補賠償	第2章 **2-2** 第2章 **2-3**	☐
	債権者代位権の行使	債務者の処分権限等の規律	第2章 **2-4**(1)	☐
	詐害行為取消権の行使	要件の整理・効果の改正等	第2章 **2-4**(2)	☐
	保証人に対する履行請求	主債務者が期限の利益を喪失した場合における情報提供義務	第2章 **2-6**(1)イ	☐
	債権譲渡	譲渡制限特約違反の債権譲渡の有効性、債務者の履行拒絶権、異議をとどめない承諾の制度の廃止等	第2章 **2-7**(1)アーウ	☐
	債務引受	併存的債務引受の明文化	第2章 **2-7**(2)ア	
		免責的債務引受の明文化・要件の変更	第2章 **2-7**(2)イ	☐
	第三者弁済	第三者弁済の有効性等	第2章 **2-8**(1)	☐
	相殺	債権譲渡との関係における相殺可能な範囲の拡大	第2章 **2-7**(1)エ	☐
		差押えと相殺の優劣	第2章 **2-9**(1)ウ	☐
		相殺と充当順位	第2章 **2-9**(1)オ	☐
	保全、訴訟等の法的手続	仮差押え・仮処分は時効の完成猶予事由であること	第2章 **2-1**(1)イ(ウ)	☐

第1章
チェックリスト

1
債権管理・回収

2
契約管理

・3・

第1章 債権法チェックリスト

2 まとめ

　以上のとおり、債権の管理・回収業務に対する債権法改正の影響は非常に大きいものといえます。債権の管理・回収業務に携わる方は、本項を参考に、従前のフローを見直す等の対応を検討してみてはいかがでしょうか。

2 契約管理

1 契約管理と債権法改正

債権法改正にあたっては、日常的に業務で利用している契約書について、改正事項の影響を検討する必要があります。その中でも、以下の視点が重要となるでしょう。

2 改正事項の強行法規性

現在利用している契約書の改定が必要となるか等の判断にあたっては、改正事項の強行法規性の有無が問題となります。改正事項が強行法規であるにもかかわらず、改正内容に反する契約条項を規定している場合には、当該条項の改定が必要です。他方、改正事項が任意法規であった場合でも、改正内容に反する契約条項の場合には、改正に合わせて当該条項を改定するのか、それとも現在の規定を維持するのかについての検討が必要です。

3 経過措置

新法は、2020年4月1日に施行されます（附則1条、改正法施行期日政令）。ただし、新法の施行前にされた行為、契約については、旧法が適用されることになります（附則2条以下）。各契約における経過措置の関係については、個別の記載をご参照ください。

なお、施行日については、2つの例外があります。

(1) 定型約款

定型約款については、施行日前に締結された契約にも、新法が適用されます。ただし、一方当事者が施行日前まで（2020年3月31日まで）に書面により反対の意思表示をすれば、新法は適用されません。この

反対の意思表示に関する規定は、2018年4月1日から施行されます。そのため、現在締結している契約が、定型約款に該当するか否かの判断が必要となります。

(2) 保証契約における公正証書の作成

　事業のために負担した貸金等債務を主たる債務とする保証契約は、原則として事前に公正証書が作成されていなければ無効となります。施行日から円滑に保証契約を締結できるよう、施行日前から公正証書の作成を可能とすることとされています。当該規定の施行日は2020年3月1日となります。

4　更　新

　施行日前に締結された契約に更新条項が規定されている場合で、施行日後に更新がされた場合の処理が問題となります。更新には、当事者間の合意による更新と、法律の規定による更新があり、さらに法律の規定による更新には、契約更新についての当事者の黙示の合意を根拠とするもの（民法619条1項等）と、当事者の意思に基づかないもの（借地借家法26条）があります。

　まず、当事者間の合意による更新は、更新合意時に新法適用への期待があるといえますので、更新後の契約には、原則として新法が適用されると考えられます。

　これに対して、法律の規定による更新については、契約更新についての当事者の黙示の合意を根拠とするものについては新法が、当事者の意思に基づかないものは旧法が適用されると考えられます。

　いずれの場合においても、更新に関するスケジュール等の管理が重要となります。

5 基本契約と個別契約

　施行日前に基本契約を締結し、当該基本契約に基づき施行日後に個別契約を締結する場合の処理が、特に問題となります。この点については、原則として、個別契約の締結時が施行日後であれば、新法が適用されると考えられます。ただし、例外として、個別契約が基本契約の履行行為に過ぎないような場合には、基本契約の締結日を基準として判断することになると考えられます。

6 定型約款

　新法では、定型約款に関する規定が設けられました（新548条の2〜548条の4）。契約管理業務の実施にあたっては、当該契約が定型約款に該当するか否かを適宜判断する必要があります。定型約款に関する具体的な内容については、**第2章3-1・3**を参照してください。

7 契約条項のチェックリスト

　ここでは、改正と関連する各契約条項について、改正に伴う検討点を簡潔にまとめました。内容としては、まず、各契約に共通して定められることが多い条項を概観した後、売買契約・業務委託契約・贈与契約・消費貸借契約・賃貸借契約・使用貸借契約・請負契約・寄託契約の各契約特有の条項について、改正と関連する主な条項を取り上げています。

第1章 債権法チェックリスト

⑴ 各契約において共通して定められることが多い条項

　以下の条項のうち、特に⑧連帯保証については大幅な改正がされていますので、契約条項の改定を検討する必要があります。また、②期限の利益喪失についても、改定を検討してもよいでしょう。他方、③遅延損害金、④損害賠償、⑤解除、⑦譲渡禁止については、契約実務において一般的に利用されている表現であれば、改定の必要はないことが大半であると考えられます。

　①基本契約と個別契約、⑥更新については、施行日前後の契約管理にあたり、注意する必要があります。

	規定	検討点	該当箇所	☑
①	基本契約と個別契約	施行日との関係	第1章 **2-5**	☐
②	期限の利益喪失	消滅時効制度との関係で、主観的起算点と客観的起算点に不一致が生じないよう、喪失事由の文言改定の検討	第2章 **2-1**⑵	☐
③	遅延損害金	法定利率の改正	第2章 **2-2**	☐
④	損害賠償	損害賠償の範囲について、416条2項の改正	第2章 **2-3**⑵	☐
⑤	解除	法定解除制度の改正	第2章 **3-1・4**	☐
⑥	更新	施行日前に締結した契約を施行日後に更新する場合	第1章 **2-4**	☐
⑦	譲渡禁止	債権譲渡に関する譲渡禁止特約の内容の改正	第2章 **2-7**⑴ア	☐
⑧	連帯保証	保証制度の改正	第2章 **2-6**	☐

・8・

2 契約管理

第1章
チェックリスト

1
債権管理
・回収

2
契約管理

⑵　売買契約

　売買契約には様々な類型が存在しますが、ここでは動産に関する継続的売買契約（基本契約）を前提とします。

　下記の条項のうち、瑕疵担保責任制度の改正に伴い、①検査・検収と②瑕疵担保責任については、改定を検討した方がよいでしょう。他方で、③危険負担については、契約実務において一般的に利用されている表現であれば、改定の必要はないことが大半であると考えられます。

	規定	検討点	該当箇所	☑
①	検査・検収	瑕疵担保責任の契約適合責任への改正	第2章 **3-2・2**⑶	☐
②	瑕疵担保責任	瑕疵担保責任の契約適合責任への改正	第2章 **3-2・2**⑶	☐
③	危険負担	危険負担制度の改正	第2章 **3-2・2**⑷	☐

⑶　業務委託契約

　業務委託契約は、現在の実務において、極めて広く利用されている契約形態です。契約内容に応じて、準委任型、請負型、準委任と請負の混合型等に分かれると考えられていますが、ここでは準委任型の業務委託契約（基本契約）を前提とします。

　下記の条項のうち、①再委託に関する規定、③解除は改定の必要はないことが大半でしょう。これに対して、②業務委託契約が中途で終了した場合の委託料については、取引内容に応じた対応が既にされていることが多いと考えられますが、改正を機に、改めて内容を検討してもよいでしょう。

・9・

第1章 債権法チェックリスト

	規定	検討点	該当箇所	☑
①	再委託	復受任に関する規定（新644条の2）の改正	第2章 **3-2・8**(1) エ	□
②	業務委託契約が中途で終了した場合の委託料	履行割合型（新648条3項）、成果完成型（新648条の2）の報酬に関する改正	第2章 **3-2・8**(1) ア	□
③	解除	受任者の利益をも目的とする委任契約の解除に関する改正（新651条2項）	第2章 **3-2・8**(1) ウ	□

⑷ 贈与契約

　贈与契約における契約書の作成には、未履行部分に関する各当事者の解除権を制限する意義があります。贈与の目的物は動産・不動産を問いませんが、ここでは土地建物の贈与契約を前提とします。

　贈与契約については、①贈与者の担保責任（旧551条1項ただし書）が、贈与者の引渡義務へ改正されたことに伴い、その内容の改定を検討してもよいでしょう。

	規定	検討点	該当箇所	☑
①	贈与者の担保責任	担保責任から引渡義務への改正	第2章 **3-2・1**(1) ア	□

2 契約管理

第1章
チェックリスト
1
債権管理
・回収
2
契約管理

(5) **消費貸借契約**

　ここでは、諾成的金銭消費貸借契約であることを前提とします。

　諾成的消費貸借契約については、①成立には書面の作成が必要となったことに注意が必要です。また、④目的物の交付前に借主が契約解除をした場合の貸主の損害賠償請求、⑤期限前弁済をした場合における貸主の損害賠償請求については、取引内容に応じた対応が既にされていることが多いと考えられますが、改正を機に、改めて内容を検討してもよいでしょう。その他の②利息、③交付については、契約実務において一般的に利用されている表現であれば、改定の必要はないことが大半であると考えられます。

	規定	検討点	該当箇所	☑
①	消費貸借の合意	書面でする諾成的金銭消費貸借（新587条の2）の新設	第2章 **3-2・3**(1) ア	☐
②	利息	諾成的金銭消費貸借の新設に伴う利息の発生時期（新589）	第2章 **3-2・3**(1) イ	☐
③	交付	諾成的金銭消費貸借の新設に伴う金銭交付時期	第2章 **3-2・3**(1) ア	☐
④	借主の解除権	交付前の借主解除およびそれによる貸主の損害賠償請求権の新設（新587条の2第2項）	第2章 **3-2・3**(1) ア	☐
⑤	期限前弁済	期限前返還の場合の貸主の損害賠償請求権の新設（新591条3項）	第2章 **3-2・3**(1) エ	☐

・11・

第1章　債権法チェックリスト

(6)　使用貸借契約

　使用貸借契約は、改正により要物契約から諾成契約に改められました。これに伴い、①基本合意、②引渡し等について影響が生じ得ますが、いずれも契約実務において一般的に利用されている表現であれば、改定の必要はないことが大半であると考えられます。これに対して、③原状回復義務については、賃貸借契約と異なる規律がされており、借主の原状回復義務の範囲を明確化するための規定を検討してもよいでしょう。

	規定	検討点	該当箇所	☑
①	基本合意	使用貸借の諾成契約化	第2章 **3-2・4**(1) ア	☐
②	引渡し	使用貸借の諾成契約化に伴う引渡し時期	第2章 **3-2・4**(1) イ	☐
		書面による使用貸借において貸主は借用物受取り前に契約を解除できない旨の規定（593条の2）の新設	第2章 **3-2・4**(1) ア	☐
③	原状回復	借主の原状回復義務の規定の新設（599条3項）	第2章 **3-2・4**(1) エ	☐

2 契約管理

(7) 賃貸借契約

　賃貸借契約には、目的物や期間等について様々な類型が存在しますが、ここでは、普通建物賃貸借契約を前提とします。

　改正により、①契約期間の上限が設定されましたが、借地借家法が適用される建物賃貸借契約については、改正の影響はありません。その他の②敷金、③契約期間中の修繕、④一部滅失等による賃料の減額等、⑤全部滅失等による契約の終了、⑥明渡し・原状回復については、いずれも判例法理の明文化等が中心であり、契約実務において一般的に利用されている表現であれば、改定の必要はないことが大半であると考えられます。

　これに対して、連帯保証契約との関係では、連帯保証人が個人である場合には極度額を定める必要がある等、改定を検討する必要があります（⑦）。

	規定	検討点	該当箇所	☑
①	契約期間および更新	契約期間の上限の改正	第2章 **3-2・5**(2) ア	□
②	敷金	敷金の定義と判例法理が明文化（622条の2）	第2章 **3-2・5**(2) イ	□
③	契約期間中の修繕	賃貸人が修繕義務を負わない場合が明記されたことに伴う具体的要件の検討	第2章 **3-2・5**(2) エ	□
		賃借人の修繕権限に関する規定（607条の2）の新設	第2章 **3-2・5**(2) エ	□
④	一部滅失等による賃料の減額等	賃借物の一部使用不能の場合の減額・解除に関する規定（611条）の改正	第2章 **3-2・5**(2) オ	□
⑤	全部滅失等による契約の終了	判例法理が明文化（616条の2）	第2章 **3-2・5**(2) オ	□

・13・

第1章　債権法チェックリスト

	規定	検討点	該当箇所	☑
⑥	明渡し・原状回復	判例法理の明文化（621条）に伴い原状回復の範囲の明確化を検討	第2章 **3-2・5**(2) エ	☐
⑦	連帯保証	保証制度の改正	第2章 **2-6**	☐

⑻　請負契約

　請負契約は、労務供給契約の一種で、仕事の完成を目的とする点に特色があります。仕事の内容は有形的なものにとどまらず、商品の運送など無形的なものまで多岐にわたりますが、ここでは建築工事請負契約を前提とします。

　①瑕疵担保責任については、請負の担保責任に関する規定が削除され、売買の契約不適合責任が準用されることになったため、改定を検討した方がよいでしょう。なお、「住宅の品質確保の促進等に関する法律」では「瑕疵」という表現を引き続き利用しているので、同法の瑕疵担保責任として規定する場合には、「瑕疵」という表現を改定しないことも考えられます。

　また、②解除との関係では、建物その他の土地工作物については、注文者からの解除が否定されていましたので、注文者の立場からは、この点について改定することが考えられます。また、注文者が破産手続開始決定を受けた場合においても、請負人が仕事を完成した後は、契約解除を認めない旨の規定が新設されましたので、この点についても改定することが考えられます。

　さらに、③工事中途終了の場合の請負代金の支払等については、取引内容に応じた対応が既にされていることが多いと考えられますが、改正を機に、改めて内容を検討してもよいでしょう。

・14・

2 契約管理

	規定	検討点	該当箇所	☑
①	瑕疵担保責任	売買の契約不適合責任が準用（新559条・新562条）	第2章 **3-2・7**(1) **3-2・2**(3)	☐
②	解除	仕事の目的物に瑕疵があった場合の契約解除（旧635条の削除）	第2章 **3-2・7**(1)	☐
		注文者が破産手続開始決定を受けた場合における請負人による契約解除（新642条1項但書の新設）	第2章 **3-2・7**(1) エ	☐
③	工事中途終了の場合の請負代金等の支払等	工事中途終了時の割合に応じた報酬請求に関する規定の新設（新634条）	第2章 **3-2・7**(1) ウ	☐

(9)　寄託契約

　寄託契約は、これまで受寄者が寄託者から保管物を受け取ることで効力が発生する要物契約とされていましたが、今回の改正により、当事者の合意のみで成立する諾成契約に変更され、それに伴う対応が求められます。ここでは、ホテル等において荷物を預かる場合の寄託契約を前提とします。

　寄託契約が諾成契約化されたことに伴い、①基本合意において諾成契約であることを明示すると共に、③寄託物受取前の解除及び損害賠償請求について規定することが考えられます。また、②再寄託をする可能性がある場合には、改正を機に、再寄託が認められる条件等を規定することが考えられます。

　他方、受寄者の寄託者に対する③損害賠償・費用償還請求については期間制限が新設されているため、注意して契約管理をすることが必要です。

第1章　債権法チェックリスト

	規定	改正の要否	該当箇所	☑
①	基本合意	寄託契約の諾成契約化	第2章 **3-2・9**(1) ア	☐
②	再寄託	再寄託ができる場合について「やむを得ない事由があるとき」が追加（新658条2項）	第2章 **3-2・9**(1) イ	☐
③	損害賠償・費用償還請求	短期期間制限が新設（新664条の2）	第2章 **3-2・9**(1) エ	☐
④	寄託物受取り前の寄託契約の解除および損害賠償	寄託物受取り前の寄託者の解除権および受寄者の損害賠償請求権が新設（新657条の2）	第2章 **3-2・9**(1) ア	☐

8　まとめ

　以上のとおり、各典型契約において契約条項の改定が必要となる場面は、必ずしも多くありません。しかしながら、更新や経過措置、定型約款への該当性判断等、契約管理業務に多大な影響を及ぼす改正事項は少なくありません。契約管理業務に携わる方は、本項を参考に、新法の施行時期に向け、契約管理業務を見直す等の対応を検討してみてはいかがでしょうか。

2 契約管理

COLUMN

新法下での目的規定

　旧法下においても、目的規定等において、当事者間で合意した契約内容、契約の目的・経緯等を具体的に規定しておくことは、当該契約の解釈の指針を明確にすることになり、望ましいと考えられていました。

　新法では、善管注意義務の内容、履行不能か否か、債務者の帰責事由の有無等について、「契約その他の債務の発生原因および取引上の社会通念」に照らして判断する旨が規定されました（新400条、新412条の2第1項、新415条1項ただし書）。瑕疵担保責任も、「契約の内容に適合」（新566条）した履行をすべき責任に改められました。いずれも、契約内容、契約の目的・経緯等に着目して、善管注意義務、履行不能、帰責事由、契約不適合責任について判断することを規定したものです。

　かかる改正からすれば、契約書の目的規定等において、当事者間で合意した契約内容、契約の目的・経緯等を具体的かつ明確に規定しておくことは、新法ではより望ましいといえるでしょう。

・17・

第**2**章

債権法改正

第2章　債権法改正

1 債権法改正の趣旨・経緯

ポイント

債権法の長期にわたる維持：

①　普遍性・抽象度が高い内容

②　特別法や判例による補完

③　取引実務における重大な支障の不発生

債権法改正の必要性：

①　内容のわかりにくさ

・制定の歴史的経緯

・条文の軽視と判例法理の形成

・現実と法規範との齟齬（そご）

②　民法の空洞化

・特別法の整備

・重要な規定の欠如

1 債権法の長期にわたる維持

　債権法は、1世紀以上の長期にわたり、大きな改正がされることなく維持されてきました。

　その理由は主に以下の3つだと考えられています。第1に、内容の普遍性・抽象度が高いため、社会の変化に一定程度対応できたためです。第2に、特別法や判例によって補完されてきたためです。第3に、これらの事情に加えて、契約自由の原則の下、法律上の規定と異なる合意が可能である上、実務では取引慣行が重視されることから、取引実務において重大な支障が発生することがそこまで多くなかったためです。

・20・

2 債権法改正の必要性

(1) 内容のわかりにくさ

　明治期に債権法が制定された当時、国家的な悲願であった西洋列強との不平等条約撤廃のため、欧米から信頼される法典の編纂が喫緊の課題とされていました。そのため、一部のエリートさえ内容が理解・把握できる法典であれば十分だとされた傾向があり、多くの人にとって債権法は内容がわかりにくいものとなりました。

　また、欧米の学説が重視された一方で条文自体は軽視される傾向があり、債権法の条文と学説との間に乖離が生じたこと、および個別具体的な事案に即した判例法理が形成されたことから、条文だけを読んでも内容を適切に把握できないという事態が生じました。

　さらに、社会経済状況の変化、科学技術の進歩により、現実と法規範との間に齟齬が生じ、条文の内容が必ずしも現実に即したものではなくなってしまったという面もあります。

(2) 債権法の空洞化

　民法とりわけ債権法の空洞化も問題視されています。すなわち、特別法の整備により、分野によっては債権法が直接規律することが少なくなった上、取引実務において重要な約款に関する規定が債権法にはないなど、社会の変化への対応が不十分であると指摘されています。

(3) 小　括

　以上を踏まえ、国民一般にわかりやすい内容にすることを志向し、かつ法制定以来の社会・経済の変化への対応を図るため、債権法は改正されました。以下では、具体的な改正内容をご説明します。

第2章　債権法改正

2 債権管理・回収

1 時　効

(1)　時効障害─時効の完成猶予および更新

ア　総　論

ポイント

　消滅時効の進行や完成を妨げる事由（時効障害事由）に関して、新たに時効の進行がはじまる「時効の中断」が「時効の更新」という概念に、一定期間時効が完成しない「時効の停止」が「時効の完成猶予」という概念に、それぞれ替えられました。

　新法では、時効の更新・時効の完成猶予という概念を取り入れた上で、大まかに述べれば、権利の存在について確証が得られたと評価できる事実は時効の更新事由として、権利行使の意思を明らかにしたと評価できる事実は時効の完成猶予事由として、それぞれ振り分けられました。

　条文の構成としては、次に掲げる事由は更新、次に掲げる事由は完成猶予、という形式ではなく、生じた事態・状況の類型ごとに規定が置かれる形となっています。

2 債権管理・回収

【完成猶予事由・更新事由一覧】

	完成猶予		更新	
	事由	**いつまで猶予されるか**	**事由**	**いつから新たに進行するか**
裁判上の請求等	裁判上の請求	事由終了まで（確定判決等による権利確定なく終了した場合は、事由終了から6か月経過まで）	裁判の確定	事由終了時
	支払督促の申立		支払督促の確定	
	破産・再生・更生手続参加		権利確定に至り、手続終了	
強制執行等	強制執行、担保権の実行、担保権の実行としての競売、財産開示処分	事由終了まで（取下げまたは法律不遵守による取消しにより終了した場合は、事由終了から6か月経過まで）	手続の終了（取下げまたは法律不遵守による取消しにより終了した場合を除く）	事由終了時
保全	仮差押え・仮処分	事由終了から6か月経過まで		
その他			承認	承認時
	催告	催告から6か月経過まで		
	天災その他避けることの出来ない事変	障害消滅から3か月経過まで		
	権利につき協議する旨の合意	①合意後1年経過時②1年未満の協議期間経過時③協議続行拒絶通知後6か月経過時のいずれか早い時点まで		

・23・

第2章 債権法改正

イ　解　説

㋐　裁判上の請求等による時効の完成猶予及び更新

　裁判上の請求、支払督促の申立て、裁判上の和解・民事調停・家事調停の申立て、倒産手続の参加は、時効の完成猶予事由とされました（新147条1項）。

　確定判決又は確定判決と同一の効力を有するものによって権利が確定することなくその事由が終了した場合にあっては、その終了の時から6か月を経過するまでの間は、時効は、完成しないものとされました（同条1項柱書かっこ書）。これは確立していた判例法理を明文化したものです。

　上記の完成猶予事由とされた手続で、確定判決または確定判決と同一の効力を有するものによって権利が確定した場合は、更新事由とされました（新147条2項）。

㋑　強制執行等による時効の完成猶予及び更新

　①強制執行、②担保権の実行、③留置権による競売及び民法、商法その他の法律の規定による換価のための競売および④財産開示手続は、それらの手続が終わるまでについて、時効の完成猶予事由とされました（新148条1項）。

　①から④の申立ての取下げまたは法律の規定に従わないことによる取消しによってそれらの手続が終了した場合は、その終了の時から6か月を経過するまでの間について、時効の完成猶予事由とされました（同項柱書のかっこ書）。これは、確立していた判例法理の明文化です。

　そして、それらの手続が終了した場合（権利の満足に至れば以後時効は問題にならないため、必然的に権利の満足に至らないとき）が更新事由とされました（新148条2項）。

㋒　仮差押え等による時効の完成猶予

　旧147条2号は、仮差押えまたは仮処分について、本差押えと併せて時効の中断事由としていましたが、新法では更新事由とはされず、

・24・

完成猶予事由とされました。猶予期間は、その事由が終了した時から6か月経過するまでです（新149条）。

この変更の背景には、仮差押えまたは仮処分は、結局、本案訴訟提起までの間、時効完成を阻止するものに過ぎず、実質的には時効の停止事由として機能していたという判断があります。

平たく言うと、仮差押えまたは仮処分による債権保全の効力が従前よりも弱まったということになりますので、債権管理実務上は、留意すべきポイントとなります。

　　㈏　催告による時効の完成猶予

旧法では、催告は時効の中断事由でした（ただし、暫定的な効力にとどまり、中断効を確定させるためには6か月以内に裁判上の請求等を行う必要あり）。これに対し、新法では、催告は、更新事由とはされず、完成猶予事由に振り分けられました（新150条1項）。裁判外で2回催告を繰り返したとしても再度時効の完成を猶予することはできません（同条2項）。

実務上、消滅時効完成間際における債権管理としては、債務者に対する内容証明郵便等による催告で完成猶予をし、6か月の猶予期間内に何らかの更新措置を採るべきことになります。

　　㈐　承認による時効の更新

時効の中断事由であった承認についての規律（旧147条3号）は改正前から実質的変更がなく、新法でも時効の更新事由とされました（新152条1項）。

したがって、実務上一般的に行われている債務承認書を徴求することによる債権保全という対応は改正後も引き続き有効に機能します。

　　㈑　時効の完成猶予または更新の効力が及ぶ者の範囲

時効の完成猶予または更新の効力が及ぶ者の範囲については、旧148条が採用していた時効の中断の効力が及ぶ者を当事者および承継人とするという考え方を実質的に踏襲しつつ、時効の更新のみなら

・25・

第2章 債権法改正

ず、時効の完成猶予も含んだ時効障害事由一般に対象が広げられました（新153条）。

次に、旧155条では、時効の利益を受ける者に対する通知を要件に、中断行為の当事者ではないその者に対して中断の効力を及ぼすことを、差押え、仮差押えおよび仮処分について認めていましたが、新154条では、その規律の実質的な内容を維持しつつ、それ以外の更新事由および完成猶予事由についてまで対象が広げられました。

㈭ **天災等による時効の完成猶予**

旧法では、天災等による時効の停止は、「2週間」でしたが（旧161条）、新法では、天災等は完成猶予事由とされた上で「3か月」に延長されました（新161条）。したがって、債権管理の実務上は、天災等により、時効更新ないし完成猶予等の債権保全を図れなかった場合、天災等の事由が止んでから3か月以内にそういった措置を採る必要があります。

㈮ **協議を行う旨の合意による時効の完成猶予**

> ### ポイント
> 新法では、協議を行う旨の合意による時効の完成猶予という新制度が導入されました。

a 新法の規定

（協議を行う旨の合意による時効の完成猶予）

第151条 権利についての協議を行う旨の合意が書面でされたときは、次に掲げる時のいずれか早い時までの間は、時効は、完成しない。

　① その合意があった時から1年を経過した時

　② その合意において当事者が協議を行う期間（1年に満たないものに限る。）を定めたときは、その期間を経過した時

　③ 当事者の一方から相手方に対して協議の続行を拒絶する旨の通知が書面でされたときは、その通知の時から6箇月を経過した時

2 前項の規定により時効の完成が猶予されている間にされた再度の同項の

・26・

合意は、同項の規定による時効の完成猶予の効力を有する。ただし、その効力は、時効の完成が猶予されなかったとすれば時効が完成すべき時から通じて5年を超えることができない。
3　催告によって時効の完成が猶予されている間にされた第1項の合意は、同項の規定による時効の完成猶予の効力を有しない。同項の規定により時効の完成が猶予されている間にされた催告についても、同様とする。
4　第1項の合意がその内容を記録した電磁的記録（電子的方式、磁気的方式その他人の知覚によっては認識することができない方式で作られる記録であって、電子計算機による情報処理の用に供されるものをいう。以下同じ。）によってされたときは、その合意は、書面によってされたものとみなして、前3項の規定を適用する。
5　前項の規定は、第1項第3号の通知について準用する。

b　解　説

新法では、時効障害に関する新たな仕組みとして、協議を行う旨の合意による時効の完成猶予が導入されました。

以下、具体例を用いて解説します。

①　協議合意において、協議期間の定めがなく、続行拒否の通知もない場合は、協議合意から1年経過時に時効が完成します。

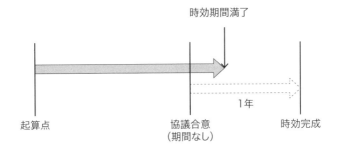

② 協議合意において1年未満の協議期間（例えば10か月）を定め、その間拒否通知がない場合は、所定の期間経過時に時効が完成します。

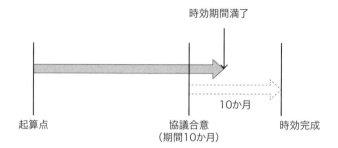

③ 協議合意をして協議期限の6か月以上前に拒否通知がされた場合は、拒否通知から6か月経過時に時効が完成します。

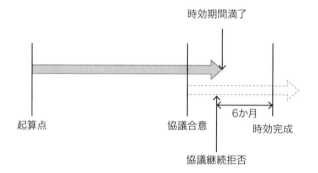

④ 協議合意において協議期間の定めがなく、合意後6か月経過後に拒否通知がされた場合は、合意から1年経過時に時効完成します。

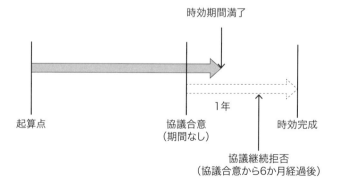

⑤　協議合意において1年未満の協議期間を定め、協議期間の残りが6か月を切った時点で拒絶通知がされた場合、協議期間経過時に時効完成します。

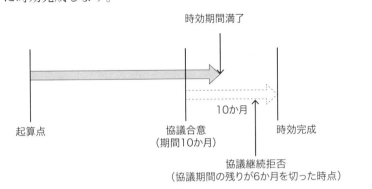

協議合意後、再度協議を行うことを合意すれば、完成猶予期間を延長できますが（※再度の延長を認めない催告との条文構成の違い）、この延長は、本来の時効期間満了時点から5年を超えることはできません（新151条2項）。

催告によって6か月間時効の完成が猶予されている間に、協議を行う旨の合意がなされた場合には、更なる完成猶予の効力は生じません（新151条3項）。

以上を前提とした実務上の債権管理としては、債務者からの連絡が協議の続行拒否を意味するのかについての判定が微妙なケースに留意すべきです。

例えば、協議合意後に、「やはりご請求についてお支払いするのは難しそうです」という書面（ないし電子メール）が送られてきた場合、これが協議の続行拒否に該当するのかは、一義的には判定できません。その場合、まずは、債務者の真意を確認するべきでしょう。それでも続行拒否であるか不明な場合には、保守的な対応として、拒絶がなされたものとして扱って、6か月後の時点を確定し、当該時点で時効が完成する前提で時効管理をしてゆくことが適切と考えられます。逆に

第2章 債権法改正

債務者の立場からは、協議の続行を望まないときは、明確に「協議の続行を拒絶します」と書面（ないし電子メール）で通知すべし、ということになります。

ウ　経過措置（2020年4月1日施行）

内容に変更があった新147条、新158条から新161条の経過措置は、時効障害の事由の発生時点と施行日との先後関係で適用が決まることとなります（附則10条2項）。一方、新たに導入された新151条の経過措置としては、施行日前に、権利についての協議を行う旨の合意が書面でなされた場合は、改正法は適用されない扱いとなり、完成猶予の効力は生じません（附則10条3項）。

(2)　消滅時効

ア　債権等の消滅時効

> **ポイント**
>
> 　債権の消滅時効に債権者の主観を考慮した起算点の概念が導入され、その場合の時効期間が5年間とされました。

㋐　新法の規定

（債権等の消滅時効）

第166条　債権は、次に掲げる場合には、時効によって消滅する。
　① 　債権者が権利を行使することができることを知った時から5年間行使しないとき。
　② 　権利を行使することができる時から10年間行使しないとき。
2 　債権又は所有権以外の財産権は、権利を行使することができる時から20年間行使しないときは、時効によって消滅する。
3 　前2項の規定は、始期付権利又は停止条件付権利の目的物を占有する第三者のために、その占有の開始の時から取得時効が進行することを妨げない。ただし、権利者は、その時効を更新するため、いつでも占有者の承認を求めることができる。

・30・

（イ）解　説

　債権の消滅時効について、旧法の「権利を行使することができる時」（旧166条。客観的起算点）から10年間（旧167条1項）という規律を維持しつつ（新166条1項2号）、新たに「債権者が権利を行使することができることを知った時から5年間」（同項1号）という時効期間が新たに設けられ、主観と客観という二元的なシステムが導入されました。このいずれかの時効期間が満了すれば消滅時効は完成することになります。

　「権利を行使することができることを知った時」とは、権利行使が期待可能な程度に権利の発生およびその履行期の到来その他権利行使にとっての障害がなくなったことを債権者が知った時を意味するという理解が一般的です。

　本改正にあわせて、旧商法522条が削除され、民事時効と商事時効という区分は撤廃されました。

　また、旧法の職業別の短期消滅時効は廃止されました（旧170条から旧174条の削除）。これにより、従前、職業別に時効管理しなければならなかった実務上の煩雑さは解消し、簡便になります。

　取引実務上は、取引行為から生じる債権については、「権利を行使できるなんて知らなかった」という局面は基本的には無いと考えられ、主観的起算点と客観的起算点が同じ時点になることが多いと想定されます。したがって、「弁済期から5年」という前提で時効管理をすれば足りるケースが多いと考えられます。

　ところが、債権者が即座には知りえない停止条件が定められている場合や、同様に把握し難い相手方の事情（例えば行方不明）が当然失期条項として規定されている場合には、主観的起算点の消滅時効は進行しないけれども客観的起算点のものは進行してしまうということが生じえます。こういった不測の事態を予防するには、①条件成就や把握し難い事情を「債権者が知った時」を当然失期条項とする、または

第2章　債権法改正

②把握し難い事情については当然失期ではなく、請求失期条項として規定するなどの方策が有効なソリューションとなります。

　以下、具体例を示します。

【旧条項例】

> 　乙（※債務者）が次の各号のいずれかに該当した場合、乙は当然に本契約から生じる一切の債務について期限の利益を喪失し、乙は甲（※債権者）に対して、当該を直ちに一括して弁済しなければならない。
> 　X号　乙の所在が不明となったとき

【新条項例①】（当然失期とする場合）

> 　次の各号のいずれかに該当した場合、乙（※債務者）は当然に本契約から生じる一切の債務について期限の利益を喪失し、乙は甲（※債権者）に対して、当該を直ちに一括して弁済しなければならない。
> 　X号　乙の所在が不明となったことを**甲が知ったとき**

【新条項例②】（請求失期とする場合）

> 　乙（※債務者）が次の各号のいずれかに該当した場合、乙は**甲（※債権者）の請求により**、本契約から生じる一切の債務について期限の利益を喪失し、乙は甲（※債権者）に対して、当該を直ちに一括して弁済しなければならない。
> 　X号　乙の所在が不明となったとき

　㈡　経過措置（2020年4月1日施行）

　施行日前に生じた債権については新法が適用されない扱いとなります（附則10条4項）。

　イ　不法行為による損害賠償請求権の消滅時効

ポイント

> 　旧724条後段の法的性質については議論があり、判例上は消滅時効ではなく除斥期間であるとされてきましたが、新法では法的性質が消滅時効であるとして、立法的に解決がなされました。

2 債権管理・回収

㈦ 改正事項

　不法行為による損害賠償請求権に関して、旧724条は「不法行為による損害賠償の請求権は、被害者又はその法定代理人が損害及び加害者を知った時から3年間行使しないときは、時効によって消滅する。不法行為の時から20年を経過したときも、同様とする。」と規定しており、この20年の期間に関する後段の法的性質について、判例は、消滅時効ではなく「除斥期間」である（＝消滅時効のように中断や停止が認められず、当事者が援用しなくても裁判所が職権で適用できる）と解してきました。他方で、同条後段の適用を制限して実質的には停止を認めたのと同じ効果を導くなどして、個別の事案毎に被害者救済を行ってきました。

　新法は、この判例法理を採用せず、除斥期間ではなく消滅時効として具体的事案での適切な解決を図ることにしました（新724条1項2号）。したがって、今後は、更新および完成猶予が認められ、期間満了後には当事者の援用が必要となります。

㈥ 経過措置（2020年4月1日施行）

　旧724条後段に規定する期間（不法行為の時から20年間）が、新法施行の2020年4月1日に既に経過していた場合、その期間の制限についてはなお従前の例によりますので、除斥期間として取り扱われます（附則35条1項）。

ウ　人の生命または身体の侵害による損害賠償請求権の消滅時効

> **ポイント**
>
> 　人の生命または身体の侵害による損害賠償請求権は、債務不履行構成であっても不法行為構成であっても消滅時効の点では実質的な差異が無くなりました。

㈦ 改正事項

人の生命・身体の侵害による損害賠償請求権の消滅時効について

・33・

は、法益の重要性から、客観的起算点からの時効期間が20年間とされました（新167条）。

また、人の生命・身体を害する不法行為による損害賠償請求権については、法益の重要性から、主観的起算点からの時効期間が3年間から5年間へ延長されました（新724条の2）。

これにより、人の生命・身体に係る損害賠償請求については、不法行為構成をとるか債務不履行構成をとるかで、実質的な差異がなくなり、主観的起算点からは5年、客観的起算点からは20年で統一されることになります（前記「債権等の消滅時効」欄参照）。例えば、労災事故の民事訴訟で原告が不法行為構成を採るか安全配慮義務違反（＝債務不履行）構成を採るかで、消滅時効に関しては違いがなくなるということになります。

なお、特別法では鉱業法115条と製造物責任法5条で同様の改正がなされています。

　(イ)　経過措置（2020年4月1日施行）

旧724条前段に規定する不法行為による損害賠償請求権の時効が、施行日である2020年4月1日の時点で既に完成していた場合は、新法が適用されません（附則35条2項）。

　エ　【消滅時効期間のまとめ】

ここまで扱った消滅時効期間をまとめると以下のとおりとなります。

債権の種類	旧法	新法
一般の債権	権利を行使することができる時から10年（167条）	①権利を行使することができることを知った時から5年（166条1項1号） ②権利を行使することができる時から10年（166条1項2号）
生命・身体侵害による損害賠償請求権	規定なし	①権利を行使することができることを知った時から5年（166条1項1号） ②権利を行使することができる時から20年（167条）

債権の種類	旧法	新法
不法行為（一般）による損害賠償請求権	①損害および加害者を知った時から3年（724条前段） ②不法行為時から20年（724条後段。ただし、判例上法的性質は除斥期間）	①損害および加害者を知った時から3年（724条1項） ②不法行為時から20年（724条2項ただし、法的性質は消滅時効）
不法行為（生命・身体侵害）による損害賠償請求権	規定なし	①損害および加害者を知った時から5年（724条の2） ②不法行為時から20年

オ　定期金債権の消滅時効

定期金債権（基本権としての）の消滅時効については、抜本的な変更がなされました。

終身年金などに代表される定期金債権の消滅時効について、主観的起算点が導入され、その起算点を「債権者が定期金の債権から生ずる金銭その他の物の給付を目的とする各債権を行使することができることを知った時」と規定し、期間は10年とされました（新168条1項1号）。

客観的起算点として「各債権を行使することができる時」と規定し、消滅時効期間は20年とされました（同条1項2号）。

旧169条は、定期給付債権（代表例は毎月払いの家賃）について5年の短期消滅時効を定めていましたが、新166条1項1号により、同条の存在意義が乏しくなることから削除されました。

2　法定利率

(1)　法定利率についての変動制の採用

ポイント

法定利息の利率について、改正前の年5％の固定利率は廃止され、変動制をベースとした新ルールが採用されました。

ア　改正事項

【新旧比較表】

	旧法	新法
民事法定利率	年5%	当初は年3%　3年毎の変動制
商事法定利率	年6%	

　法定利息（約定が無い場合に法律の規定によって生ずる利息）の利率について、改正前は年5%の固定利率でしたが、低金利が続く経済情勢との乖離が著しく、それによる弊害が指摘されていました。そこで、新法では、法定利率について変動制をベースとしたルールが採用されました（新404条）。

【法定利率（変動制）の例】

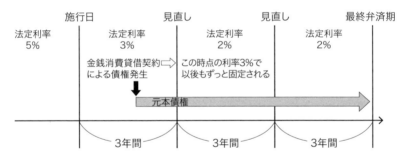

ポイントは以下のとおりです。

① 　法定利率の基準時は、「その利息が生じた最初の時点」です。この文言の意味するところは、利息を支払う義務の履行期ではなく、利息計算の基礎となる期間の開始時です。例えば金銭消費貸借であれば、弁済期ではなく、金銭の交付時がその開始時ということになります。

② 　新法施行時点の利率は、年3%です（新404条2項）。

③ 　3年に一度、利率の見直しが行われます（新404条3項）。

④ 　3年を一期とする各期の法定利率は、「直近変動期」（法定利率

に変動があった期のうち直近のもの。変動が無ければ新法施行時の期）の基準割合と当期の基準割合との差に相当する割合が1%を超えたときには、これを直近変動期における法定利率に加算または減算した割合とされます（新404条4項）。

⑤　「基準割合」とは、各期の初日の属する年の6年前の年の1月から2年前の年の12月までの5年間の各月における短期貸付けの平均利率（当該各月において銀行が新たに行った貸付け（貸付期間が1年未満のものに限る。）に係る利率の平均をいう。）の合計を60で割って計算した割合（0.1パーセント未満の端数は切り捨てる）です。この基準割合は法務大臣によって告示されます（新404条5項）。

　　変動制への移行に伴って、民事法定利率：5%、商事法定利率：6%という区分は廃止され、商事法定利率を規定していた旧商法514条は削除されます。また、手形と小切手についても、所持人の遡求義務者に対する遡求金額についての利息が、年6%の固定利率から「法定利率」へと改正（手形法48条1項2号・小切手法44条2号）されましたので、変動制を採用した本条に基づいて計算すべきこととなります。

イ　経過措置（2020年4月1日施行）

　法定利率についての経過措置としては、新法の施行日たる2020年4月1日より前に利息が生じた場合、その利息を生ずべき債権に係る法定利率については、新404条の規定にかかわらず、なお従前の例によるとされました（附則15条1項）。

　新404条4項の規定により法定利率に初めて変動があるまでの各期における同項の規定の適用については、同項中「この項の規定により法定利率に変動があった期のうち直近のもの（以下この項において「直近変動期」という。）」とあるのは「民法の一部を改正する法律（平成29年法律第44号）の施行後最初の期」と、「直近変動期における法定利率」とあるのは「年3%」と読み替えるものとされました（附則15条2項）。

第2章　債権法改正

(2)　金銭債務の損害賠償額の算定に関する特則

> **ポイント**
>
> 　金銭債務の遅滞についての損害賠償額（いわゆる「遅延利息」）は、改正前から引き続き原則法定利率によりますが、その利率の基準時については、債務者が遅滞の責任を負った最初の時点と定められました。

　金銭は高度の融通性を有する（「金に色は無い」）ことから、金銭債務を遅滞した場合の損害賠償額は、現実に生じた損害額がいくらであろうが、法定利率で一律に決める、という旧法の規律は改正後も維持されることとなりました。ここで、前述のとおり法定利率について固定制が廃止され、変動制が採用されたことに伴って、基準時を決める必要が新たに生じましたが、「債務者が遅滞の責任を負った最初の時点」と定められました（以上につき新419条1項）。

　なお、約定利率が法定利率を超えるときは、約定利率による、という規律は維持されていますので（同項ただし書）、契約締結時の対応としては、そのような利率を約定することになるでしょう（法定利率を超える約定利率を契約上規定しているのであれば、新法対応として遅延損害金条項を改訂する必要はありません）。

(3)　損害賠償請求における中間利息控除

> **ポイント**
>
> 　将来において取得すべき利益に関する中間利息控除に用いる割合についても、変動制を採用した法定利率によることとされました。その影響として、中間利息控除の計算において、いつの時点の法定利率が適用されるかという観点が重要となりました。

・38・

ア　中間利息控除とその方法

　中間利息控除とは、損害賠償額の算定で、将来得られたであろう利益を現在価値に換算するため、賠償額算定基準時から将来得られたであろう時点までの利息相当分（中間利息）を控除するものです。

　例えば、交通事故の被害者が、事故に遭わなければ稼げたはずの将来の給与分の賠償金を一括して受け取った場合、本来受け取れたであろう時期までの期間、これを運用して利益を得ることができると考えられます。そこで、この将来利息による増額分を控除することで、現在の価額に換算することが、判例実務において行われていました。

　判例は、損害賠償額の算定に当たっての中間利息控除には、法定利率を用いなければならないとしていました（最判平成17年6月14日民集59巻5号983頁）。新法は、法定利率（新404条）について固定利率をやめ、変動制を採用し、中間利息控除についても変動する法定利率を用いることとされました（新417条の2）。

　理屈を突き詰めると、中間利息控除の場合は、変動制といっても将来の金利変動予測をも取り込んだ指標に依拠すべきことになりそうなのですが（例えば若年者の労災死亡事故の逸失利益などは長期の未来との調整をすることになります。）、参照に適した安定的な将来予測も存在しないため、ある種の割り切りがなされた結果です。

　この規律は、契約関係にある者の責任（債務不履行に基づく損害賠償）のみならず、契約関係が無い者の責任（不法行為に基づく損害賠償）についても適用されることとなります（新722条1項）。

　用いられる法定利率の基準時は、「損害賠償の請求権が生じた時点」です。これは、債務不履行責任であれば不履行時（例えば安全配慮義務違反であれば当該義務違反の時点）、不法行為責任であれば不法行為時点となります。

イ　変動利率導入による賠償額への影響

　新法では、法定利率は3年ごとに見直され、改正当初は年3％とさ

れます（新404条2項）。法定利率が下がると控除される中間利息の額は減少し、その結果、一時金として認められる現在価値としての賠償額は増加します。

ウ　事例の検討

《事例》

　企業の従業員が、上司のパワハラによりうつ病に罹患したとして損害賠償を請求し、企業の安全配慮義務違反があったとして請求が認められた。

《検討》

　安全配慮義務違反という企業の債務不履行に基づく損害賠償請求では、遅延損害金は従業員から請求があった時から発生し、請求された時の法定利率により算定されます。一方、中間利息控除は請求権が発生した時である義務違反があった時点の法定利率により算定されます。

　従業員が退職してから数年後に企業に請求をした場合等には、義務違反があった時点から請求がなされるまでの間に法定利率が変更され、遅延損害金と中間利息控除の算定に用いる法定利率が異なるということがあり得ます。

　また、パワハラが長期にわたり行われた場合等、義務違反の時点が確定しづらく、この期間内に法定利率が変動している場合、義務違反があった時点を法定利率変動の前とするか後にするかによって、中間利息控除の額が異なり、賠償額が増減します。そのため、義務違反がいつの時点でなされたかについてが、改正前よりも重大な争点となる可能性があると考えられます。

3 債務不履行

⑴ 債務不履行による損害賠償（新415条）

> **ポイント**
>
> 　債務不履行に基づく損害賠償請求において、債務者が、債務の不履行が債務者の帰責事由によらないことを主張立証しなければ免責されないことが明らかになりました。

ア　改正事項

㋐　債務者の帰責性の要否と立証責任

　旧法では、(a)「債務者がその債務の本旨に従った履行をしないとき」、または(b)「債務者の責めに帰すべき事由によって履行をすることができなくなったとき」に債権者は債務者に対し損害賠償請求をすることができることを定めていました（旧415条）。条文上、債務者の帰責性は(b)履行不能の場合にのみ必要で、また、その立証責任は債権者にあるように読めます。しかし実務では、(a)および(b)のどちらの場合も債務者の帰責性が必要であり、債務者が自身に帰責性がないことの立証責任を負うとされていました。

　新法は、かかる実務上の取扱いを明文化しました（新415条1項）。

㋑　帰責事由の判断基準

　帰責性の判断基準について旧法には規定がなく、債務者の責に帰すべからざる事由がある場合とは、「債務者に故意・過失がない場合又は債務者に債務不履行の責任を負わせることが信義則上酷に失すると認められるような事由がある場合」（最判昭和52年3月31日集民120号341頁）と解釈されていました。また、債務者の帰責事由には履行補助者の故意過失も含まれるとされていました（最判昭和30年4月19日民集9巻5号556頁）。

　新法では、帰責事由について「契約その他の債務の発生原因及び取

引上の社会通念に照らして」という基準が規定されました。これにより債務者が履行補助者を用いて債務を履行できなかった場合、債務者や履行補助者の過失の有無ではなく、履行補助者を用いることによるリスクを契約上債務者が負担していたかが重要な判断要素となります。

特定物引渡し前の保存における善管注意義務の判断について「契約その他の債権の発生原因及び取引上の社会通念に照らして」定まるという基準が用いられていることからも（新400条）、新法において個々の契約内容が重視されていることがうかがえます。

　㋑　填補賠償

旧法には、債務の履行に代わる損害賠償（填補賠償）について規定がありませんでした。

新法では、填補賠償の規定が新設され、要件が明文化されました（新415条2項）。

（債務不履行による損害賠償）

第415条

2　前項の規定により損害賠償の請求をすることができる場合において、債権者は、次に掲げるときは、債務の履行に代わる損害賠償の請求をすることができる。

⑴　債務の履行が不能であるとき

⑵　債務者がその債務の履行を拒絶する意思を明確に表示したとき

⑶　債務が契約によって生じたものである場合において、その契約が解除され、又は債務の不履行による契約の解除権が発生したとき

イ　経過措置（2020年4月1日施行）

施行日前に生じた債務に関しては、債務不履行の責任等に関する改正条項は適用されず、旧法が適用されます（附則17条1項）。

ウ　実務上のポイント

新415条の改正内容は、判例、通説が明文化されたものにすぎない

ため、契約条項を修正する必要はないことが大半でしょう。

⑵　損害賠償の範囲（新416条）

> **ポイント**
>
> 　新法では、特別の事情により生じた損害賠償請求の要件が、「当事者がその事情を予見すべきであったとき」という規範的要件に変更されました。

ア　改正事項

㈠　賠償額の判断基準

　債務不履行に基づく損害賠償請求は、「通常生ずべき損害」（通常損害）について認められるのが原則です（新416条1項）。

　これに対して、特別の事情によって生じた損害（特別損害）について、旧法では、「当事者がその事情を予見し、又は予見することができたとき」に限り、請求が認められるとされていました（旧416条2項）。新法では、この表現が、「当事者がその事情を予見すべきであったとき」という規範的概念に変更されています（新416条2項）。

　また、当事者間であらかじめ賠償額が定められていた場合、旧420条1項後段に「裁判所は、その額を増減することができない。」と定められていましたが、著しく過大な賠償額は公序良俗違反（旧90条）により無効とされる等、実質的に裁判所が額を変更する場合があることを踏まえ、旧420条1項後段は削除されました。

㈡　請求根拠の統一化

　債務者が契約を履行しない場合や履行不能の場合、債権者は債務不履行に基づき損害賠償請求をすることができます。

　旧法下では、契約に基づく債務の履行が不能となったのが契約前（原始的不能）か契約後（後発的不能）かで損害賠償の範囲等について異なる取扱いがされていました。また、特定物売買の目的物に瑕疵

がある場合の損害賠償について、債務不履行ではなく瑕疵担保責任の問題とされていました。これに対して新法下では、原始的不能の場合も、引き渡した特定物に瑕疵があった場合も新415条に基づき損害賠償請求できることが定められました（新412条の2第2項、新564条、新415条）。

　　㈡　事例の検討

　以下では、債務者の帰責性の要否と損害賠償の範囲について、建物売買契約を例に検討します。

《事例》

　Aが所有する甲建物をBに売却する旨の売買契約が締結された。しかし、甲建物はAの失火により焼失した。

《検討》

　旧法下では、原始的不能の場合について定めがありませんが、契約は成立せず、売主の引渡義務も買主の代金支払義務も発生しないという見解がありました。この見解によると、損害賠償請求が認められたとしても、賠償の範囲は契約が有効なものだと信頼したことにより生じた損害（信頼利益）に限定されます。一方、後発的不能の場合は履行利益の賠償請求が認められるとされていました。すなわち、甲建物の焼失が契約の5分後であればBはAに対し履行利益の賠償を請求できますが、5分前であれば賠償請求はできず、請求できる場合であっても信頼利益に限られることになります。

　また、旧法では、特定物売買で目的物に瑕疵がある場合は、瑕疵担保責任の問題とされ、損害賠償の範囲は信頼利益に限定されるとされていました。したがって、甲建物がBに引き渡されたが欠陥があった場合、BがAに対して請求することができるのは信頼利益の賠償に限定されることになります。

　新法では、履行不能となった時期や特定物売買であるか否かにかかわらず、契約に適合する履行がなかった場合、債務不履行に基づく損

害賠償請求ができることになりました（新412条の２第２項、新564条、新415条）。この損害賠償規定の統一化により、甲建物が滅失したのが契約の前であっても後であっても、また、引き渡された甲建物に欠陥があった場合であっても、新416条が適用され履行利益について損害賠償請求が認められると考えられます。

イ　経過措置（2020年４月１日施行）

施行日前に生じた債務に関しては、債務不履行の責任等に関する改正条項は適用されず、旧法が適用されます（附則17条１項）。

ウ　実務上のポイント

㋐　損害賠償の範囲

旧法下では、判例実務において、契約の原始的不能や特定物売買の目的物の瑕疵に関する損害賠償について、債務不履行に関する損害賠償とは要件や賠償の範囲が異なるとされていました。

新法では、これらの場合も債務不履行に基づく損害賠償請求として統一的に取り扱われ、損害賠償請求の要件や賠償の範囲が変わると考えられますので、注意が必要です。

㋑　契約条項

新415条・新416条の改正内容は、いずれも判例・通説が明文化されたものにすぎないため、契約条項を修正する必要はないことが大半でしょう。

第2章 債権法改正

■4 債権者代位権・詐害行為取消権（新423条〜）

> **ポイント**
>
> 　旧法では、債権者代位権は423条のみ、詐害行為取消権は424条からの3条のみに規定があるにとどまり、内容の多くは判例および解釈に委ねられていました。
>
> 　新法では、解釈上異論のない内容や判例法理が明文化され、また、立法的解決が期待されていた問題について条文が新設されるなど、条文のみで制度内容が理解できるように図られています。

⑴　債権者代位権（新423条〜新423条の7）

ア　事実上の債権回収機能

　旧法下では、代位債権者は第三債務者に対し、自己への金銭の直接の支払いを請求することが認められており（大判昭和10年3月12日民集14巻482頁等）、直接金銭を受領した代位債権者は、当該金銭を債務者に対して返還する債務と債務者に対する被保全債権とを相殺することができるとされていました。新法では、この判例法理が明文化されました（新423条の3）。

イ　債務者の保護

　旧法下では、判例上、代位債権者が代位行使に着手し、債務者がその通知を受けるか、またはその権利行使を了知したときは、債務者は被代位債権の取立てその他の処分の権限を失うとされていました（大判昭和14年5月16日民集18巻557頁）。しかし、これは債務者に対する行き過ぎた制約ではないかと懸念され、新法では、上記の場合であっても、債務者による被代位債権の処分や第三債務者による債務者への履行は禁止されないことになりました（新423条の5）。そのため、債権者は、被代位債権の保全のためには、被代位債権の仮差押え・差押えを行っておく必要があります。

・46・

また、債権者が代位訴訟を提起した場合、債務者が被代位債権について別訴を提起することは二重起訴の禁止（民事訴訟法142条）に反しますが、旧法下では、当該判決の効力が及ぶ債務者は債権者による代位訴訟提起を知り得る手続がありませんでした。そこで、新法では、債権者代位訴訟を提起した債権者に対し、債務者への訴訟告知が義務付けられることになりました（新423条の6）。

ウ　事例の検討

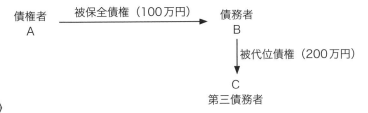

《事例》

債権者Aは債務者Bに対して100万円の被保全債権を有しており、Bは第三債務者Cに対して200万円の被代位債権を有している。

《検討》

Aは、旧法と同じく100万円の限度で200万円の被代位債権を代位行使でき（新423条の2）、Cから100万円を受領した場合、これをBに返還する債務とBに対する100万円の債権との相殺により、事実上100万円の被保全債権を回収できます。このとき、BのCに対する被代位債権は、100万円の限度で消滅します（新423条の3）。また、CはBに対して主張できた抗弁をAに対しても主張できるという点にも変わりはありません（新423条の4）。

新法は、Bとの関係では旧法と異なります。Bは、Aが債権者代位訴訟を提起した後であっても、Cから200万円の被代位債権を回収でき、CもBに200万円を弁済できます（新423条の5）。また、債権者代位訴訟を提起したAは、Bに対して遅滞なく訴訟告知をしなければなりません（新423条の6）。

エ　経過措置（2020年4月1日施行）

施行日前に被代位債権が生じた場合における債権者代位権については、旧法が適用されます（附則18条1項）。

オ　実務上のポイント

新法においては、代位債権者は、債務者による権利の処分を防止するためには、被代位債権の仮差押え・差押えを行う必要があります。

また、債権者代位訴訟を提起した債権者は、債務者に対し、訴訟告知を遅滞なく行うことが必要となります。

(2)　詐害行為取消権（新424条～新426条）

ア　事実上の債権回収機能

旧法下では、取消債権者は自己への直接の金銭の支払いを請求することが判例上認められており（大判昭和10年6月18日民録27輯1168頁等）、受益者または転得者から直接金銭を受領した取消債権者は、当該金銭を債務者に対して返還する債務と債務者に対する被保全債権とを相殺することができるとされていました。新法では、この判例法理が明文化されました（新424条の9）。

イ　詐害行為取消しの効果

旧法下では、債務者の責任財産の保全が目的である以上、詐害行為取消しの効果は債務者には及ばないとされていました（大判明治44年3月24日民録17輯117頁）。

しかし、その場合、受益者または転得者は、詐害行為取消しにより財産価額を債権者に返還・償還しても、債務者との間の契約は有効であるため、債務者の債権者に対する債務が消滅するまでは債務者に対して不当利得返還請求ができず、不当だと批判されていました。

新法では、詐害行為取消権の被告は受益者または転得者であるという点は変えずに（新424条の7第1項）、詐害行為取消しの効果は債務者にも及ぶとしました（新425条）。ただし、債権者は、債務者に

対して訴訟告知を行う必要があります（新424条の7第2項）。

　　ウ　受益者・転得者の権利規定

　詐害行為取消権が認められた場合、財産・価額を返還・償還した受益者・転得者は、債務者に対し、財産を取得するためにした反対給付の返還等を請求できるなどの規定が新設されました（新425条の2、4）。

　　エ　転得者に対する詐害行為取消請求：相対的取消しの変更

　旧法下では、判例上、転得者が悪意であれば受益者が善意であっても詐害行為取消しは認められていました（最判昭和49年12月12日民集113号523頁。相対的取消し）。

　しかし、新法では、法律関係を画一的に処理し、取引の安全を保護するという破産法における否認権の考え方を踏まえ、転得者自身は悪意であっても転得者の前者（受益者、または前の転得者）が善意である場合、転得者に対する詐害行為取消請求を否定することになりました（新424条の5）。

　　オ　特定の詐害行為取消対象行為の特則

　新法では、相当の対価を得てした財産の処分行為、特定の債権者に対する担保の供与等、および過大な代物弁済等について、破産法における否認権の考え方および従前の判例法理を踏まえ、詐害行為取消権の要件が規定されました（新424条の2〜4）。

　　カ　事例の検討

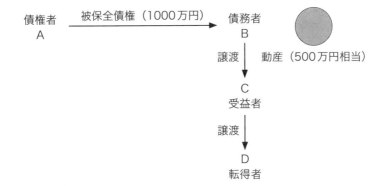

第2章　債権法改正

《事例》

　債権者Aは債務者Bに対して1000万円の被保全債権を有している。Bは自己の所有する500万円相当の動産を受益者Cに譲渡し、Cは当該動産を転得者Dに譲渡した。

《検討》

　詐害行為取消訴訟において、AはDを被告とすれば足り、Bを被告とする必要はありません（新424条の7第1項2号）。また、Aは、Dから500万円を受領した場合、これをBに返還する債務とBに対する1000万円の債権のうち500万円と相殺することで、事実上被保全債権のうち500万円を回収できます。このとき、DのBに対する500万円の引渡義務はなくなります（新424条の9）。以上は旧法と同様です。

　新法では、取消訴訟を提起したAは、Bに対して遅滞なく訴訟告知を行い（新424条の7第2項）、詐害行為取消訴訟を認容する確定判決の効力はBにも及ぶことになりました（新425条）。

　転得者Dは、受益者CのBに対する反対給付の返還請求権またはCにおいて回復すべきBに対する債権について、Dが出捐した価額の限度で行使できることになりました（新425条の4）。受益者に対する取消訴訟がされた場合についても、これと同様の受益者保護規定が新設されました（新425条の2、3）。

キ　経過措置（2020年4月1日施行）

　施行日前に詐害行為がされた場合は、旧法が適用されます（附則19条）。

ク　実務上のポイント

　詐害行為取消訴訟を提起した債権者は、債務者に対し、訴訟告知を遅滞なく行うことが必要となります。

　なお、転得者に対する詐害行為取消の効力は、債務者および当該転得者には及ぶものの、その前者（受益者または当該転得者の前に位置する他の転得者）には及びませんので、注意してください。

・50・

また、新法では出訴期間が短縮されたので（新426条）、これを踏まえた債権管理も必要です。

5　多数当事者（新428条〜）

ポイント

新法では、連帯債務について、履行の請求、免除、時効の完成が絶対的効力事由から外され、相対効の原則が徹底されます。ただし、特約による異なる取扱いは可能とされています。

また、不可分債権・債務と連帯債務との整理が図られ、かつ連帯債権の規定が新設されました。

⑴　連帯債務（新436条〜新445条）

ア　相対効の原則の徹底

連帯債務者相互の結びつきは、事案によって様々であるため、連帯債務者の1人に生じた事由の効力は他の連帯債務者には及ばないことが原則です。

新法でもこの原則が明記されていますが、旧法と異なり絶対的効力事由を更改、相殺、混同のみに限定し、履行の請求、免除、時効の完成は他の連帯債務者には及ばないとされました（新441条、新438条〜新440条）。

他方、更改、相殺、混同については、旧債務を消滅させる点で弁済（絶対的効力事由）と同様であること、相対効とした場合に求償関係が迂遠になること等から、他の連帯債務者にも効力が及ぶという建付けが維持されました。

イ　相対効の原則に関する特約

新法では、債権者・連帯債務者間で履行の請求などの取扱いについて、法の規定と異なる特約を合意できる旨が明記されました（新441条ただし書）。ただし、訴訟法上決定される事柄等（判決や差押えの

効力等）については、当事者の意思表示によって絶対効を生じさせることはできないと考えられます。当該特約の条項例としては以下のようなものが考えられます。

> （連帯債務者間の絶対的効力）
> 債権者が連帯債務者の1人に履行の請求をした場合、他の連帯債務者に対してもその効力が及ぶものとする。

ウ　共同の免責を得るための連帯債務者間の事前通知制度、事後通知制度

連帯債務者が共同の免責を得るにあたって、主観的要件（他の連帯債務者の存在を知っていたこと）が新設されました（新443条1項、2項）。事前通知制度については、債権者から履行の請求を受けたことではなく、連帯債務者の1人が共同の免責を得ることを通知することが要件とされ、通知内容も変更されました（同条1項）。

エ　事例の検討

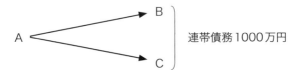

《事例》
　債権者Aは、債務者B・Cに1000万円を貸し付けた。その際、三者間でBCは連帯して債務を負担する旨が合意された。

《検討》
　AがBに対してのみ裁判上で履行の請求をした場合、Bとの関係では消滅時効が更新されますが、Cとの関係では時効障害は生じません。もっとも、Aは、Bとの間の相対的効力事由の効力が他の連帯債務者Cにも及ぶ旨の特約をA・C間で結ぶことで、CにもBへの履行の請求による時効更新の効力を及ぼすことができます（新441条ただし書）。

2 債権管理・回収

(2) 不可分債権・債務、連帯債権（新428条～新435条の2）

新法では、連帯債務と同様、不可分債権・債務、連帯債権について
も、そのうちの1人に生じた事由の効力は、原則として他の連帯債権
者等には生じないと規定され、かつ絶対的効力事由は旧法下に比べて
限定されました。具体的には、連帯債権は履行の請求・弁済・更改・
免除・相殺・混同、不可分債務は弁済・更改・相殺、不可分債権は履
行の請求・弁済・相殺が絶対的効力事由となっています。

(3) 経過措置（2020年4月1日施行）

施行日前に生じた債権・債務（原因たる法律行為が施行日前に行わ
れた場合も含みます）については、旧法が適用されます（附則20条）。

(4) 実務上のポイント

新法では、連帯債務者の1人について生じた履行の請求、免除、時
効の完成の効力は他の連帯債務者には及ばないことになります。その
ため、債権者としては、絶対的効力事由に関する特約を締結する必要
があります。これができない場合には、絶対的効力事由について債権
管理に十分注意する必要があります。

6 保 証

(1) 主たる債務の履行状況に関する情報の提供義務

ポイント

保証人が、自らが負う責任の内容を把握するために必要な情報
を得る手段として、債権者の保証人に対する主債務の履行状況に
関する情報提供義務が新たに規定されました。

ア 主たる債務の履行状況に関する情報の提供義務

新法では、保証人保護の方策の拡充が図られていますが、その一環

・53・

として、保証人に自らが負う責任の内容を把握するため主債務の履行状況を知る手段を与える規定が新設されました。

債権者は、委託を受けた保証人がいるケースで、保証人から請求があったときは、保証人に対し、遅滞無く、主債務の元本および主債務に関する利息、違約金、損害賠償その他その債務に従たる全てのものについて、(i) 不履行の有無、(ii) 債務残額およびそのうち弁済期到来済みの額に関する情報を提供しなければなりません（新458条の2）。

債権者がこの義務に違反した場合は、損害賠償と保証契約解除という効果が導かれると解されています。

保証人からの請求があることが前提となりますので、請求されない限り債権者には本条の情報提供義務はありません。なお、委託を受けた保証人が法人であっても個人であっても、本条は適用されます。

イ　主たる債務者が期限の利益を喪失した場合における情報の提供義務

こちらも保証人保護の方策の拡充の一環として、主たる債務者が期限の利益を喪失した場合における債権者の保証人に対する情報提供義務が新設されました。

保証人が個人である場合において（新458条の3第3項参照）、主たる債務者が期限の利益を喪失したときは、債権者は、保証人に対し、その利益の喪失を知った時から2か月以内に、その旨を通知しなければならないこととされました（新458条の3第1項）。2か月以内に通知をしなかったときは、債権者は、保証人に対し、主債務者が期限の利益を喪失した時から通知を現にするまでに生じた遅延損害金（期限の利益を喪失しなかったとしても生ずべきものを除く）にかかる保証債務の履行を請求できなくなります（新458条の3第2項）。

本条の情報提供義務は、保証人が法人である場合には発生しません（新458条の3第3項）。

・54・

ウ　実務上のポイント

　上記のいずれの改正も、債権者の義務として契約条項上明記する必要まではありませんが、債権者の立場で、義務の不履行状況に陥る不利益を避けるためには、社内的なマニュアル等を整備しておくことは有益と考えられます。

エ　経過措置（2020年４月１日施行）

　施行日より前に締結された保証契約にかかる保証債務については、なお従前の例によることとなります（附則21条１項）。

(2)　個人根保証契約

ポイント

　不特定の債務を、極度額を定めずに保証する包括根保証の禁止について、個人根保証全般に適用が拡張されました。それに伴って元本の確定事由も整理しなおされました。

ア　個人根保証契約の保証人の責任等

　旧法では、金銭の貸渡しまたは手形の割引を受けることによって負担する債務について、一定の範囲に属する不特定の債務を主たる債務とする保証契約である「貸金等根保証契約」（新法では「個人貸金等根保証契約」）に関する包括根保証の禁止および要式行為性（※書面で契約しなければ無効になること）が規定されていましたが、貸金等以外の債務でも保証人が予想を超える多額の保証債務を負わされるという問題は生じていました。そこで、新法では、貸金等という限定が取り払われ、個人根保証全般に同様の規律が適用されることとなりました（新465条の２）。例えば個人が、賃貸借契約に基づく賃借人の債務について根保証を行う場合も個人根保証契約に含まれます。

イ　個人根保証契約の元本確定事由

　次に掲げる場合には、個人根保証契約における主たる債務の元本は、

第2章　債権法改正

確定します（新465条の4第1項)。

> ①　債権者が、保証人の財産について、金銭の支払を目的とする債権についての強制執行または担保権の実行を申し立てたとき（手続の開始があったときに限る）。
> ②　保証人が破産手続開始の決定を受けたとき。
> ③　主たる債務者または保証人が死亡したとき。

　個人貸金等根保証契約における主たる債務の元本は、次に掲げる場合にも確定します（新465条の4第2項)。

> ①　債権者が、主たる債務者の財産について、金銭の支払を目的とする債権についての強制執行または担保権の実行を申し立てたとき（手続の開始があったときに限る）。
> ②　主たる債務者が破産手続開始の決定を受けたとき。

　つまり、旧法で規定されていた事由から(i)主たる債務者の財産に対する強制執行・担保権の実行と(ii)破産手続開始の決定を除いたものが個人根保証一般に適用され（第465条の4第1項1号～3号)、(i)と(ii)は、個人貸金等根保証契約に限った元本確定事由とされました。

　元本確定期日がその個人貸金等根保証契約の締結の日から五年を経過する日より後の日と定められているときは、その元本確定期日の定めは、その効力を生じないという旧法での規定は、個人貸金等根保証に限定されており、それ以外の個人根保証には適用されません（新465条の3)。

ウ　保証人が法人である根保証契約の求償権

　XがYに貸付をし、信用保証協会などの法人Sがその債務を根保証するとします。SがXに対して保証債務を履行すると、SはYに対して求償権を取得します。この求償債務を個人Zが保証するというケースがあります。

　旧法では、この保証人が法人Sである「貸金等根保証契約」におい

・56・

2 債権管理・回収

て、極度額の定めがないときは、そのSのYに対する求償権債務を主債務とする個人Zとの保証契約は効力を生じない、とされていました（旧465条の5）。これは、法人根保証契約から生ずる求償債務についての個人の保証も制限しなければ、個人根保証を制限した趣旨を貫徹できないためです。

新法では、この規律対象が「貸金等根保証契約」から「根保証契約」全般に拡大されました（新465条の5第1項）。したがって、主債務が貸金等ではない場合の保証会社においても、根保証契約の求償権について、個人保証をさせる場合、根保証契約に極度額の定めを置く必要が生じます。

⑶　事業に係る債務についての保証契約の特則

　ア　公正証書の作成（新465条の6〜9）

> **ポイント**
>
> 　多額になりやすい事業資金の借入れの保証人を保護するため、事業のための貸金等債務を主たる債務とする保証契約等について個人保証をする場合、公正証書の作成が必須となりました。ただし、個人保証人が業務執行やその決定等に関与する立場の場合は不要です。

　　㈠　公正証書の作成と保証の効力（新465条の6〜8）

新法では、事業のために負担した貸金等債務を主たる債務とする保証契約または主たる債務の範囲に事業のために負担する貸金等債務が含まれる根保証契約については、保証人になろうとする者が個人の場合（新465条の6第3項参照）、当該個人が契約締結日前1か月以内に作成された公正証書で保証債務を履行する意思を表示していなければ、その保証契約が無効と扱われることとなりました（同条1項）。

新465条の7は公正証書の方式の特則を、新465条の8は上記規定

・57・

が当該保証人の主たる債務者に対する求償債務を主債務とする保証契約にも準用されることを定めています。

　㈤　適用除外（新465条の9）

　新465条の9は、上記規定の例外として、以下の者が保証人となる場合は公正証書の作成を不要としています。経営者やそれに準じる者が保証人となる場合、安易に保証人になってしまうことは少ないと考えられるためです。

---

① 　主たる債務者が法人である場合、その法人の理事、取締役、執行役または、これらに準ずる者
② 　主たる債務者が法人である場合、その法人の支配株主または、これに準ずる者
③ 　主たる債務者（個人）と共同して事業を行う者または主たる債務者が行う事業に現に従事している主たる債務者の配偶者

　㈥　実務上のポイント

　貸付をする立場からしますと、新465条の9に列挙されている場合に該当するかについて確信が持てない場合は、公正証書を作成しておくのが最も保守的で安全な対応ということになります。

　実務上は、経営者やそれに準じる者ではない者を保証人として、公正証書を作成して事業のための金銭消費貸借契約を締結する場合、「公正証書による保証意思確認」についての条項を契約書上新たに規定し、公正証書を契約書に添付する方式としておくと良いでしょう。これにより適法・適式な公正証書の作成漏れを防止する効果が期待できます。

【条項例】

　甲（※貸主）と乙（※借主）は、丙（※個人の連帯保証人）が、別紙●のとおり、●年●月●日（※本消費貸借契約締結日の1か月前以内の年月日）、民法第465条の6所定の方式により、公正証書による保証意思確認措置を講じたことを、相互に確認する。

---

2 債権管理・回収

経営者やそれに準じる者を保証人として、公正証書を作成することなく保証契約を締結する場合は、保証契約上、以下のような表明保証条項を規定することが考えられます。

【条項例】

> 丙（※個人の連帯保証人）は、自らが民法第465条の9に列挙される者であることを表明し、保証する。

なお、例えば取締役に該当することを根拠に、公正証書を作成せずに保証契約を締結した後に、当該保証人が取締役の地位を喪失したとしても、当該契約は依然有効ですので、改めて公正証書を用いて保証契約をまき直す必要はないと考えられます。

イ　個人保証人に対する情報提供・通知義務（新465条の10）

ポイント

　事業のために負担する債務に関して、主債務者から個人保証人に対する情報提供義務が新たに規定されました。

主債務者がこれを怠り、または虚偽の情報提供をし、これにより保証人が誤認して保証契約した場合、債権者の主観次第で保証契約は取り消しうるものとなります。

㋐　新法の規定

（契約締結時の情報の提供義務）

第465条の10　主たる債務者は、事業のために負担する債務を主たる債務とする保証又は主たる債務の範囲に事業のために負担する債務が含まれる根保証の委託をするときは、委託を受ける者に対し、次に掲げる事項に関する情報を提供しなければならない。

①　財産及び収支の状況

②　主たる債務以外に負担している債務の有無並びにその額及び履行状況

③　主たる債務の担保として他に提供し、又は提供しようとするものがあるときは、その旨及びその内容

・59・

2 主たる債務者が前項各号に掲げる事項に関して情報を提供せず、又は事実と異なる情報を提供したために委託を受けた者がその事項について誤認をし、それによって保証契約の申込み又はその承諾の意思表示をした場合において、主たる債務者がその事項に関して情報を提供せず又は事実と異なる情報を提供したことを債権者が知り又は知ることができたときは、保証人は、保証契約を取り消すことができる。

3 前2項の規定は、保証をする者が法人である場合には、適用しない。

(イ) 解　説

　保証契約締結時点で、保証人がリスクの判断をするための適切な情報を提供されるべきであるという理念から、主債務者の保証人に対する情報提供義務についての条文が新設されました。

　事業のために負担した債務を主たる債務とする保証（または主債務の範囲にそのような債務が含まれる根保証）が個人保証である場合(新465条の10第3項参照)、主債務者の保証人に対する情報提供義務が定められました（同条第1項）。

　①主たる債務者が情報を提供せず、または事実と異なる情報を提供したために②保証委託を受けた者が誤認をし、それによって保証契約をした場合において、③①について債権者が知り、または知ることができたときは、保証人は、保証契約を取り消すことができます（同条第2項）。

(ウ)　実務上のポイント

　貸付等をした債権者からすれば、法的な情報提供義務は自分ではなく他人（主債務者）に課されているわけですが、その他人の義務違反のツケを（善意無過失で無い限り）自らが払わされる格好となるのが特徴的です（第三者による詐欺（96条3項）と同じ構造です）。

　したがって、貸付等をこれから行うという場合、保証人への債権の保全の観点からは、主債務者の本条の義務履行状況を監視し、ときには積極的に促していくという対応も必要となってくることでしょう。

その上で、債権者の立場で保証契約の取消しを避ける観点からは、以下のような条項例が考えられます。

【条項例】

> 1　丙（※連帯保証人）は、甲（売主）に対し、乙（買主）が本契約上負担する一切の債務を極度額●●●万円の範囲内で連帯して保証する。
> 2　乙は、丙に対して、本契約に先立ち、下記の項目について情報の提供を行い、丙は情報の提供を受けたことを確認する（⑴および⑵については別紙のとおり）。
> 　⑴　乙の財産および収支の状況
> 　⑵　乙が本契約に基づく債務以外に負担している債務の有無ならびにその額および履行状況
> 　⑶　乙が本契約に基づく債務について甲に担保を提供していない事実

【保証契約締結時の情報提供義務のまとめ】

義務者	主債務者
提供先	委託を受けた保証人
提供すべき情報	主債務者の財産等の状況 ①　財産および収支の状況 ②　主債務以外の債務の有無、額、履行状況 ③　主債務について他の担保提供の内容
義務違反の効果	債権者の主債務者による情報不提供、虚偽情報提供について悪意または有過失のとき、保証人に保証契約の取消権が発生

ウ　経過措置（2020年4月1日施行）

施行日より前に締結された保証契約については、なお従前の例によることとなります（附則21条1項）。

保証人になろうとする者は、新法の施行日前においても、2020年3月1日以降は、新465条の6第1項（同条の8第1項で準用する場合を含む。）の公正証書の作成を嘱託することができます（附則21条2項）。

(4) 連帯保証人について生じた事由の効力

ア 改正事項

連帯債務における絶対的効力事由と相対的効力事由に関する規定の改正に合わせ、旧458条の準用規定（連帯保証人について生じた事由が主債務者に及ぶ場合）の文言が改められました。

連帯債務の場合と同様、相対効の原則が徹底され、連帯保証人に対する履行の請求・免除が絶対的効力事由から相対的効力事由へと変更されました。

また、新法の規定と異なる特約を合意できる点も、連帯債務と同様です。

イ 経過措置（2020年4月1日施行）

施行日より前に締結された保証契約にかかる保証債務については、なお従前の例によることとなります（附則21条1項）。

ウ 実務上のポイント

旧法では連帯保証人に対する履行の請求によって対主債務者の関係でも時効中断効が生じていましたが、新法では生じません。連帯保証人に生じた事由（履行の請求や時効の完成等）について主債務者に絶対的効力を及ぼしたいのであれば、債権者は主債務者と特約を締結する必要があり、これができない場合には債権管理に注意が必要です。

2 債権管理・回収

7 債権譲渡、債務引受、契約上の地位の移転（新466条〜）

ポイント

●債権譲渡：以下の4点が主な改正事項です。

① 債権譲渡制限特約：旧法下での解釈とは全く異なる規律に変更

② 将来債権譲渡：判例法理の明文化等

③ 異議をとどめない承諾：廃止

④ 債権譲渡と相殺：判例法理（無制限説）の明文化等

●債務引受、契約上の地位の移転：

旧法下でも、解釈上、認められていましたが、改正により、基本的な法律関係について規定が新設されました。

(1) 債権譲渡（新466条〜新469条）

ア 債権譲渡制限特約

(ア) 改正事項

a 債権譲渡制限特約違反の債権譲渡の有効性（新466条2項、新466条の5）

旧法下では、債権譲渡禁止特約に違反してされた債権譲渡は原則無効とされていました。しかし、これについては、債権譲渡による資金調達の支障となるといった問題が指摘されていました。

そこで、新法では、譲渡制限特約付債権の譲受人は、特約について悪意・重過失であっても当該債権を確定的に取得するとされ、常に譲受人が債権者となることになりました（新466条2項）。

例外的に、預貯金債権の場合には、譲渡制限特約を悪意・重過失の譲受人に対抗できますが、この場合も差押債権者には対抗できません（新466条の5）。

b 債務者の履行拒絶権（新466条3項、新466条の4）

新466条2項により、債権譲渡制限特約違反の債権譲渡も常に有効

となりますが、債務者は、譲渡制限特約につき悪意・重過失の譲受人に対し、履行を拒絶でき、譲渡人への弁済等を対抗できることとされました（新466条3項）。

　ただし、譲渡制限特約付の債権に対する強制執行をした差押債権者に対しては、それが悪意・重過失の譲受人の差押債権者でない限り、債務者は履行を拒絶できず、譲渡人への弁済等を対抗できません（新466条の4）。これは、私人間の合意により差押禁止財産を作出することは許されないという判例法理が明文化されたものです。

c　催告による履行拒絶権の喪失（新466条4項）

　債務者が悪意・重過失の譲受人に対して履行を拒絶できる場合、譲受人は債務者に対し、相当の期間を定めて譲渡人への履行の催告をすることができ、当該期間内に履行がないときは、当該債務者については履行拒絶権の規定は適用されないとされました（新466条4項）。これは、債務者が譲受人に対して履行を拒絶しつつ、譲渡人に対しても弁済をしないといった閉塞状況を解消するためです。

d　債務者による供託（新466条の2）

　債権譲渡制限特約付きの金銭債権が譲渡された場合に、誰を弁済の相手方とすべきかについて判断に迷った債務者を保護するため、債務者は、譲受人の善意・悪意に関係なく、譲受人または譲渡人の現在の住所地を管轄する供託所に当該債権の全額を供託できるとされました（新466条の2第1項）。

　当該供託をした債務者は、遅滞なく、譲渡人および譲受人に供託の通知をしなければならず（同条2項）、当該供託金は、譲受人に限り、還付請求できるものとされています（同条3項）。

e　譲受人による供託請求（新466条の3）

　債権譲渡制限特約付きの金銭債権が譲渡された場合、譲渡人について破産手続開始決定がされたときは、第三者対抗要件を備えた譲受人は、譲渡制限特約につき悪意・重過失であっても、債務者に対し、当該債権

の全額を供託させることができるとされました（新466条の3）。

　(イ)　実務上のポイント

　改正により、債権譲渡による資金調達は容易になります。

　また、債権譲渡制限特約については、改正を踏まえた修正は特に必要なく、改正前と同様、以下のような条項例が考えられます。

> （債権譲渡制限特約）
> 　甲または乙は、予め相手方の書面による承諾を得ない限り、本契約により生じた自己の権利の全部または一部について、第三者に譲渡しまたは第三者の担保に供してはならない。

　(ウ)　事例の検討

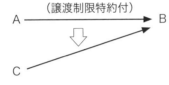

《事例》

　譲渡債権者Aは債務者Bに対する債権を譲受債権者Cに譲渡した。AB間では債権譲渡制限特約が付されている。

《検討》

　この場合、新法では、AC間の債権譲渡は有効であり、Bに対する債権者は常にCとなります（新466条2項）。

　ただし、AB間の債権譲渡制限特約の存在についてCが悪意・重過失の場合は、BはCに対し、履行拒絶またはAに対抗できた抗弁（弁済等）を主張できます（同条3項）。

　もっとも、CはBに対し、相当期間を定めて催告することができ、当該期間内に履行がされないときは、BはCの履行請求を拒むことはできません（同条4項）。

　また、Cから請求を受けたBは、債権の全額につき供託することができ（新466条の2）、Aにおいて破産手続が開始した場合には、Cは

Bに供託するよう請求できます（新466条の3）。供託金還付請求ができるのはCのみです（新466条の2第3項、新466条の3）。

イ　将来債権の譲渡

㋐　改正事項

旧法下では、明文の規定はなかったものの、将来債権譲渡は有効であり、債権発生時に譲受人が対象債権を当然に取得する旨の判例法理が確立していました。新法ではこれが明文化されました（新466条の6）。

㋑　実務上のポイント

実務への影響は小さいと思われます。

ウ　異議をとどめない承諾

㋐　改正事項

旧法下では、異議をとどめない承諾がされた場合、債務者は、譲渡人に対して有する抗弁を喪失するとされていましたが、債権譲渡がされたことを認識した旨を単に通知しただけで、抗弁権の喪失という重大な効果が生じることは不当だと問題視されていました。

そこで、新法では、異議をとどめない承諾による抗弁権の喪失という制度は廃止されることになりました（新468条）。

㋑　実務上のポイント

異議をとどめない承諾の規定は廃止されるものの、新法でも、抗弁権の放棄は自由に行うことができます。

もっとも、抗弁権の放棄の意思表示の有無や効力を巡って紛争にならないように、抗弁権放棄の意思表示を書面で残す必要があります。条項例としては、以下が考えられます。

（抗弁権の放棄）

　債務者は譲渡人および譲受人に対し、自身が譲渡人に●●の抗弁権を有していること、および当該抗弁権放棄の意思表示により、将来現実化するものも含め、譲受人に対して抗弁を主張できなくなることを十分理解した上で、債務者の自由意思により抗弁権を放棄したことを表明・保証する。

㈰ 事例の検討

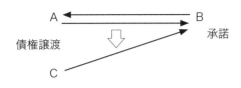

《事例》

譲渡債権者Aは、債務者Bに対して債権を有していたが、BもAに対して反対債権を有していた。その後、AはBへの債権を譲受債権者Cに譲渡した。その際、BはA・Cに対し、反対債権の存在に言及せず、単に債権譲渡があったことを認める旨の書面を送付した。

《検討》

この場合であっても、新法では、異議をとどめない承諾の制度は廃止されたため、BはCに対し、Aに対する反対債権による相殺の抗弁を主張できます。

エ　債権譲渡と相殺

㈰　改正事項

新法では、債権譲渡と相殺に関する判例法理（①対抗要件の具備前に自働債権を取得していた場合、対抗要件具備時に相殺適状にある必要はなく、自働債権と受働債権の弁済期の先後を問わず、債務者は相殺の抗弁を対抗できる。いわゆる無制限説。最判昭和45年6月24日民集24巻6号587頁等）が明文化されました（新469条1項）。

また、この判例法理の主眼である相殺に対する合理的期待の保護に鑑み、債務者が対抗要件具備時より後に取得した譲渡人に対する債権であっても、②それが対抗要件具備時より前の原因に基づいて生じた自働債権である場合、または③譲受人の取得した債権の発生原因である契約に基づいて債権が生じた場合には、債務者は相殺の抗弁を主張できる旨の規定が新設されました（新469条2項柱書）。ただし、債務者が対抗要件具備時より後に他人の債権を取得したときを除くとさ

れています（同項ただし書）。

　なお、③については、同項2号に「前項に掲げるもののほか」と規定されていることから、対抗要件具備時より後の原因に基づいて生じた債権で、かつ譲受人の取得した債権の発生原因である契約と同一の契約に基づいて生じた債権を自動債権とする相殺が想定されています。そのため、受働債権（譲渡債権）の発生原因たる契約も対抗要件具備時より後に締結されたことが前提となっており、③は、将来債権が譲渡された場合に限り適用されます。

　　(イ)　実務上のポイント

　判例上認められていた上記①の場合以外に、上記②③の場合も相殺可能となったことから、債権管理上、注意が必要です。

　　(ウ)　事例の検討

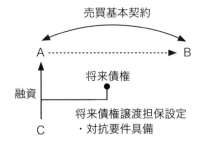

《事例》

　譲渡債権者Aは債務者Bとの間で売買基本契約を締結し、Bに対する将来の売掛債権を有していた。その後、Aは譲受債権者Cから融資を受けるにあたり、Bに対する将来の売掛債権についてCのために譲渡担保を設定し、AはBに対し確定日付を付した書面による通知を行った（対抗要件具備）。

《検討》

　第1に、①Bにおいて、Cの対抗要件具備時より前にAに対する貸付債権を取得していたときは、Bは当該貸付債権を自動債権とする相殺をCに対抗できます（新469条1項）。

　第2に、②Cの対抗要件具備時より前にAがBとの守秘義務条項に違反していた場合には、それによってBに損害が生じたのは対抗要件具備時より後であっても、Bは当該損害賠償債権を自働債権とする相殺をCに対抗できます（新469条2項1号）。

　第3に、③AB間の売買基本契約に基づき、Cの対抗要件具備時より後にAがBに商品を引き渡したが、それには契約不適合な欠陥があり、それによりBに損害が生じたときは、当該損害賠償債権は、対抗要件具備時より後に、対抗要件具備時より後の原因に基づいて生じたものですが、譲渡対象債権の発生原因である契約（AB間の売買基本契約）に基づいて生じたものであるため、Bは当該損害賠償債権を自働債権とする相殺をCに対抗できます（新469条2項2号）。

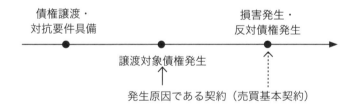

オ　経過措置（2020年4月1日施行）

　新法の施行日前に債権譲渡の原因行為（債権譲渡契約の締結等）がされた場合は、旧法によって規律されます（附則22条）。

(2) 債務引受（新470条〜新472条の4）

ア　併存的債務引受

⑺　改正事項

併存的債務引受の基本的事項（要件・効果、引受人の抗弁等）について、判例・通説が明文化されました（新470条、新471条）。

⑻　実務上のポイント

実務への影響は小さいものと思われます。

イ　免責的債務引受

⑺　改正事項

旧法下では、債務者の承諾のない限り、免責的債務引受は成立しないとされていましたが、新法では債権者と引受人とが同意すれば債務者の承諾なく成立することが明記されました（新472条2項）。

⑻　実務上のポイント

引受人の債務者に対する求償権は認められていませんが（新472条の3）、別途債務者と引受人間で求償権に相当する金員を支払う旨の合意をすることは可能です。

債務者が債務引受契約の当事者となる場合、引受人以外の者（物上保証人、第三取得者、債務者）が担保設定をしたときは、免責的債務引受の意思表示とは別に、当該引受人以外の者の担保権移転に関する承諾を得ることおよび債権者においてあらかじめまたは債務引受と同時に担保移転の意思表示をすることが必要です（新472条の4第1項、2項）。保証債務の移転についても同様です（同条3項）。

ウ　経過措置（2020年4月1日施行）

新法の施行日前にされた債務引受については、旧法によって規律されます（附則23条）。

2 債権管理・回収

(3) 契約上の地位の移転（新539条の2）

ア　改正事項

実務が明文化されました。なお、賃貸不動産が譲渡された場合の賃貸人の地位の移転については特則があります（新605条の2）。

イ　経過措置（2020年4月1日施行）

新法の施行日前にされた契約上の地位を譲渡する旨の合意については、新法は適用されません（附則31条）。

ウ　実務上のポイント

実務への影響は小さいものと思われます。

8　弁　済（新473条〜）

> **ポイント**
>
> 　第三者弁済、供託、弁済代位等については、旧法下とは異なる規律が設けられました。
>
> 　他方、弁済の効果、預貯金口座への払込み、債権の準占有者、代物弁済、弁済の充当等については、判例・実務の明文化・反映がなされました。

(1) 第三者弁済

ア　改正事項

旧法下では、第三者弁済について、表示されるとは限らない債務者の意思に法律効果を認めており、債権者に過大なリスクを負わせることは不当であると批判されていました。新法では、以下のとおり、債権者の主観的要件に合わせて第三者弁済の効力を定めることとし、債権者の立場に配慮した規律に変更されました（新474条）。

① 弁済をするについて正当な利益を有する第三者による弁済は、有効

② 弁済をするについて正当な利益を有しない第三者による弁済

・71・

第2章　債権法改正

(1)　債務者の意思に反する場合

原則無効

債権者が債務者の意思に反することを知らなかったときは、有効

(2)　債権者の意思に反する場合

原則無効

第三者が債務者の委託を受けて弁済する場合で、そのことを債権者が知っていたときは、有効

③　債務の性質が第三者の弁済を許さないとき、または当事者が第三者の弁済を禁止し、若しくは制限する旨の意思表示をしたときは、無効

イ　事例の検討

《事例》

　AはBに3年後に一括返済することを約して300万円を貸し付けたが、その後Bは行方不明になった。そこで、Bの弟Cにおいて、Aに対し300万円を持参してBの債務を弁済したいと申し出た。Cは弁済をするについて正当な利益を有する第三者（物上保証人、担保不動産の第三取得者、後順位抵当権者等）ではない。

《検討》

　旧法下では、Cには弁済をするについて正当な利益がないため、Aは、この弁済を受領する場合、それが債務者Bの意思に反するものだったときは、受領した弁済金を返還する義務を負っていました。しかし、新法では、債務者の意思に反する弁済であっても、そのことを債権者Aが知らなかったときは、弁済は有効となります（新474条2項）。

　また、新法では、第三者は債権者の意思に反して弁済できないことになったため、AはCからの弁済の受領を拒むこともできます（同条3項）。

(2)　一部弁済による代位

　旧法下では、①代位者は債権者の同意がないと一部弁済による代位

・72・

は認められないこと（東京高決昭和55年10月20日判タ429号106頁）、②抵当権実行の事案において、権利行使の結果得られる金銭について、債権者は一部弁済による代位者に優先すること（最判昭和60年5月23日民集39巻4号940頁）が認められていましたが、新法では、この判例法理が明文化されました（新502条1項、3項）。

　また、新法では、債権者は一部弁済による代位が生じる場合であっても単独で権利行使できる旨規定され、債権者が一部代位者に優先することが明示されました（同条2項）。

(3)　債権の準占有者、受領権者としての外観を有する者

　原則として、弁済は債権者・弁済受領権限を有する第三者に対してしなければ無効ですが、例外的に、債権の準占有者に対する弁済は、弁済者が善意・無過失であれば有効です。

　新法では、「債権の準占有者」という文言が「受領権者以外の者であって取引上の社会通念に照らして受領権者としての外観を有するもの」に変更され、判例を踏まえて要件が明確に規定されました（新478条）。

(4)　特定物ドグマの否定

　旧483条は、特定物に原始的な瑕疵がある場合であっても、その物を引き渡せば履行として足りるという考え方の根拠とされていましたが、このいわゆる特定物ドグマという考え方に対しては批判がされていました。

　新483条は、契約その他の債権の発生原因および取引上の社会通念に照らしてその引渡しをすべき時の品質が定まることを前提とした規定に変更されました。

第2章　債権法改正

⑸　供　託

　新法では、①債権者の受領拒絶、②債権者の受領不能、③債権者不確知という供託原因のうち、①について、弁済の提供が必要であることが明示され（新494条1項1号）、③について、弁済者の無過失の立証責任について、弁済者ではなく債権者が負う旨の規定に変更されました（同条2項）。その他、自助売却の利用可能場面が追加され（新497条）、供託がされた場合に債権者が還付請求権を取得することが明文化されました（新498条）。

⑹　経過措置（2020年4月1日）

　施行日前に生じた債務については、旧法が適用されます（附則25条1項）。

　施行日前に弁済がされた場合、その弁済の充当については旧法が適用されます（同条2項）。

⑺　実務上のポイント

　判例・通説の明文化が多く、実務への影響は少ないと思われます。

9　相殺、更改（新505条〜）

ポイント

　相殺は、①相殺制限特約および②不法行為債権を受働債権とする相殺の禁止については旧法下と異なる規律に変更され、③差押えと相殺については判例が明文化されました。

　更改は、要件について旧法下の判例および一般的解釈が反映された一方、債務者の交替による更改、更改によって生じた新債務に無効・取消原因がある場合の処理、更改による担保の移転等については、旧法下とは異なる規律に変更されました。

・74・

(1) 相　殺（新505条〜新512条の2）

ア　相殺制限特約

旧法下では、相殺適状にあっても、相殺制限特約がある場合には原則として相殺できないが、例外的に特約について善意の第三者に対しては特約を対抗できないとされていました（旧505条2項）。

しかし、新法では、債権譲渡制限特約の規律と平仄を合わせ、原則として第三者に対しては特約の効力は及ばず、第三者は相殺制限特約があっても相殺できるとし、例外として第三者が相殺制限特約について悪意・重過失である場合に相殺制限特約の効果を当該第三者に対抗できるという規律に変更されました（新505条2項）。

イ　不法行為債権を受働債権とする相殺の禁止

旧法下では、不法行為債権を受働債権とする相殺は一律に禁止されていましたが、不法行為債権者に対する現実の給付という制度趣旨に鑑み、過度の制限だという批判がありました。

そこで、新法では、①悪意による不法行為に基づく損害賠償債務、②人の生命または身体の侵害による損害賠償債務についてのみ相殺禁止とされました（新509条本文）。ただし、①②の債権を不法行為債権者から譲り受けた者については、現実の給付を確保させる必要はないため、相殺できることになりました（同条ただし書）。

ウ　差押えと相殺

旧511条では、「支払の差止めを受けた第三債務者は、その後に取得した債権による相殺をもって差押債権者に対抗することができない」と定められていました。

同条には、差押え前に取得した債権による相殺については明記されていませんが、旧法下では、相殺の担保的機能を重視し、自働債権と受働債権の弁済期の前後を問わず、差押え前に取得した債権については相殺適状に達しさえすれば、差押え後においても相殺できるとされていました（最判昭和45年6月24日民集24巻6号587頁。無制限説）。

・75・

新法では、この判例法理が明文化されました（新511条1項）。

　また、新法では、差押え後に取得した債権であっても、差押え前の原因に基づいて生じたものであるときは、その第三債務者はその債権による相殺を差押債権者に対抗できる旨の規定が新設されました（同条2項本文）。

エ　相殺の充当

　新法でも旧法下と同様、相殺の充当について、弁済の充当に関する規定が準用され（新512条）、かつ旧法下の判例法理が明文化されました。

　すなわち、新法では、相殺の充当の順序について、①まず当事者の合意が優先される（新512条1項）、②合意がない場合は、相殺適状となった時期の順序に従って充当する（同項）、③それにより「債務」の全部を消滅させるのに足りない場合は、法定充当の規定（新488条4項2号〜4号）および費用、利息、元本の順で充当するとの規定（新489条）を準用する（新512条2項）、④相殺により「債権」の全部を消滅させるのに足りない場合は③と同様とする（同条3項）と定められました。

　ただし、新法では、自働債権または受働債権に複数の元本債権を含む数個の債権がある場合で、当事者双方が元本債権について相殺の順序を指定しなかった場合に、どの債権から相殺に供するかについて、旧法下とは異なり、指定充当の規定は準用されないことになりました（同条2項）。

　また、新法では、債権者が債務者に対して有する債権に、一個の債権の弁済として数個の給付をすべきものがある場合の相殺についても、以上の新512条を準用する旨の規定が新設されました（新512条の2）。

オ　経過措置（2020年4月1日施行）

　新法の施行日前において、自働債権・受働債権・それらの原因が生

じた場合、または相殺の充当がされた場合は、旧法によって規律されます（附則26条）。

カ　実務上のポイント

新法では、相殺制限特約があっても、特約の効力を主張しようとする者が第三者の悪意・重過失を立証する必要があります。

また、不法行為債権を受働債権とする相殺についても、相殺可能な範囲が旧法下より広がるため、債権管理上、注意が必要です。

(2)　更　改（新513条～新518条）

ア　改正事項

要件について、旧法下の判例および一般的解釈が反映されました。

また、債務者の交替による更改、債権者の交替による更改、更改によって生じた新債務に無効・取消原因がある場合の処理、および更改による担保の移転について、旧法下とは異なる規律が採られることになりました。これらは免責的債務引受の改正と平仄を合わせること等を意図しています。

イ　経過措置（2020年4月1日施行）

新法の施行日前に更改契約が締結された場合は、旧法によって規律されます（附則27条）。

ウ　実務上のポイント

債務者の交替による更改の場合、旧債務者の意思に反しないことは要件ではなくなりましたが、旧債務者への通知は効力発生要件であるため（新514条1項）、通知漏れがないように注意してください。

また、新債務に無効・取消原因があることを当事者が知っていた場合、一律に旧債務について免除するということはなくなるため（旧517条の削除）、債権管理上、個別に免除の意思表示の有無を判断する必要があります。

第2章　債権法改正

3-1 契約管理—契約総則

1 契約自由の原則（新521条）

> **ポイント**
>
> 　法令の制限内で契約自由の原則が認められることが明文化されました。

　誰と、どのように、どのような内容の契約をするかは、原則として当事者が自由に決定することができます。民法の任意規定と契約条項が異なっている場合、原則として契約条項が優先されます。

　もっとも、弱い立場にある一方当事者が相手方から不利な契約を強制されること等から保護するため、契約自由の原則は法令により一定の制限を受けます（新521条）。

　例えば、事業者と消費者との契約については消費者契約法、親事業者と下請事業者との契約については下請代金支払遅延等防止法、労働契約については労働基準法等、割賦販売については割賦販売法、ガスや水道といったライフラインに関する契約等についてはガス事業法や水道法等による制限があり、その他、公序良俗に違反する契約は無効とされます（新90条）。

2　契約の成立と方式

ポイント

　契約は契約の申込みに対する相手方の承諾が到達したときに成立します。

⑴　改正事項

ア　申込みと承諾による契約成立

　契約は、方式を問わず「契約の内容を示してその締結を申し入れる意思表示」（申込み）に対し、相手方が承諾したときに成立するのが原則であり、新法で明文化されました（新522条）。

　もっとも、申込者の意思表示または取引上の慣習により承諾の通知を必要としない場合は、承諾の意思表示と認める事実があった時に契約が成立します（新527条）。

イ　遅延した承諾の効力

　申込みにおいて承諾の期間を定めていた場合、その期間が経過すると申込みの効果はなくなります。そのため、期間が過ぎた後に相手方が承諾をしても契約は成立しませんが（新523条2項）、申込者がこの承諾を新たな申込みとみなして（新524条）、これに対し承諾をした場合、契約は成立します。

　旧法では、隔地者間の意思表示は原則として到達時に効力が発生し（到達主義、旧97条1項）、例外として承諾の通知は発信時に効力が生じるとされていました（発信主義、旧526条1項）。

　新法では、「隔地者間」であるか「承諾」であるかを問わず、意思表示には全て到達主義が採用されます（新97条1項）。そのため、例えば承諾の意思を伝える文書を郵送したとしても、申込者に到着したのが承諾の期間を経過した後だった場合、契約が成立しないことになります。

ウ　申込の撤回

承諾の期間を定めて申込みをした場合、原則として、この期間中は申込みを撤回することはできません（新523条1項本文）。承諾の期間を定めずに申込みをした場合は、原則として、承諾の通知を受けるのに相当な期間を経過するまでは、申込みを撤回することはできません（新525条1項）。この原則は、旧法から変更されていません。

ただし新法では、あらかじめ申込みにおいて撤回する権利を留保していた場合は、期間制限なく申込みを撤回することができることが定められました（新523条1項ただし書、新525条1項ただし書）。

エ　対話中の申込みの撤回

新法では旧法と異なり、隔地者間の意思表示か否かは問題となりませんが、対話中の意思表示については別途規定が設けられました。

対話中であれば、条件を検討しながら様々な申込みがされることが考えられるため、相手方も申込みがその場で撤回されることを想定して話合いをしていると考えられます。そこで、申込者は対話の継続中はいつでも申込みの撤回をすることができ（新525条2項）、対話中に承諾がない場合には原則として申込みは効力を失うことが定められました（同条3項本文）。もっとも、申込者から、「今月末までにご回答ください。」等、対話終了後も申込みが効力を失わない旨の意思表示をした場合には申込みの効力が継続します（同項ただし書）。

また、旧商法507条は、商人間で対話中にされた申込みは直ちに承諾がなければ失効すると定めていましたが、ほぼ同様の内容である新525条3項が新設されたことから、改正により削除されました。

オ　申込者が通知後に死亡等した場合

申込者が申込みの通知を発した後に死亡したり、意思能力を喪失したり、行為能力の制限を受けたりした場合であっても、原則として意思表示の効力に影響はありません（新97条3項）。

しかし、申込者があらかじめ自己が死亡等の事実が生じた場合に申

込みが無効となるという意思表示をしていた場合または相手方が通知を発する前に死亡等の事実を知った場合には、その申込みが無効となることが定められました（新526条）。

(2) 経過措置（2020年4月1日施行）

施行日前に申込みがされた場合、その申込みおよびこれに対する承諾については、旧法が適用されます（附則29条1項、2項）。

(3) 実務上のポイント

申込みにおいて「契約の内容」を示す必要があることが明文化されたため、契約の内容を具体的に特定した上で申込みをすることがより重要となります。

承諾にも到達主義が採用されたことにより、到達しないリスクは承諾者が負うことになります。そのため、承諾において相手方に受領の連絡をするよう依頼する等、承諾の到達を確認することがより重要となります。

契約の成立に関する規定は任意規定なので、当事者が異なる合意をすることができます。

3 定型約款

ポイント

　定型約款に該当するかどうかを判断し、定型約款に該当する場合には、新法にしたがって、定型約款を作成し、変更する必要があります。定型約款の変更にあたっては、利用者の一般の利益に適合し、合理的なものでなければならないといった要件が定められています。

　定型約款の定義に該当するものは、施行日以前に新法の適用に反対する意思表示をしない限りは、施行日以前に作成したものでも新法が適用されることに注意が必要です。施行日前に新法の適用に反対する意思表示を行うか検討する必要があります。

(1) 立法の経緯

　現代社会では、大量の取引を迅速かつ安定に行うために、契約に際して約款を用いることが多いですが、約款について旧法は特段の規定を設けていませんでした。約款を用いた取引をする顧客は、個別条項の内容を認識していないことが多く、約款の内容に個々の顧客が拘束されることについて整理が必要と考えられました。

　そこで、約款を用いた取引の安定性を確保するため、民法に定型約款の規定を新設することとなりました。

(2) 定型約款の規定の内容

ア 定型約款の定義（新548条の2）

（定型約款の合意）

第548条の2

　定型取引（ある特定の者が不特定多数の者を相手方として行う取引であって、その内容の全部又は一部が画一的であることがその双方にとって合理的なものをいう。以下同じ。）を行うことの合意（次条において「定型取引合意」

という。）をした者は、次に掲げる場合には、定型約款（定型取引において、契約の内容とすることを目的としてその特定の者により準備された条項の総体をいう。以下同じ。）の個別の条項についても合意をしたものとみなす。

一　定型約款を契約の内容とする旨の合意をしたとき。

二　定型約款を準備した者（以下「定型約款準備者」という。）があらかじめその定型約款を契約の内容とする旨を相手方に表示していたとき。

2　前項の規定にかかわらず、同項の条項のうち、相手方の権利を制限し、又は相手方の義務を加重する条項であって、その定型取引の態様及びその実情並びに取引上の社会通念に照らして第一条第二項に規定する基本原則に反して相手方の利益を一方的に害すると認められるものについては、合意をしなかったものとみなす。

㋐　定型約款の定義の概要

定型約款とは、定型取引において、契約の内容とすることを目的としてその特定の者により準備された条項の総体をいうとされています。この定型取引とは、ある特定の者が不特定多数の者を相手方として行う取引であって、その内容の全部または一部が画一的であることがその双方にとって合理的なものとされています（新548条の2第1項）。なお、定型約款を準備する事業者を定型約款準備者（同項第2号）と定義されています。

㋑　定型取引の要件1：不特定多数の者を相手方として行う取引

製品の原材料の供給契約等のような事業者間取引に用いられる契約や労働者と会社との雇用契約などは、相手方の個性に着目して作成されるものと考えられ、「不特定多数の者を相手方として行う取引」に該当せず、定型約款には含まれません。

他方、婚活サービスなどは、特定の条件を満たす限り基本的に契約を締結することとしており、その意味で、相手方の個性を重視しないで多数の顧客を相手方として取引が行われている評価される場合は「不特定多数の者を相手方として行う取引」に該当する可能性があります。

(ｳ) 定型取引の要件２：内容の全部または一部が画一的であることが双方にとって合理的

　事業者間取引において、ひな形が使われることがありますが、最終的に当事者間の交渉によって契約内容が決せられると考えられます。当事者の一方からすれば、内容の全部または一部が画一的であることが合理的だとしても、相手方からすれば合理的であるとはいえず、仮に、ひな形どおりの内容で契約したとしても、契約交渉の結果であるとすれば、ひな形どおりの内容であるからといって、当該契約につき「内容の全部または一部が画一的であることが双方にとって合理的」とはいえず、定型約款とはいえないと考えられます。

(ｴ) 定型約款の要件：定型取引において、契約の内容とすること目的として当事者の一方が準備した契約条項の総体

　当事者の一方が、契約内容を補充する目的で、事前に作成していた定型的な契約条項を対象とすることを示すものです。したがって、飲食店のメニューやサービスの料金表など目的物と金額が明示されていたとしても、それだけで定型約款であるとはいえません。

(ｵ) 定型約款に該当するものの例

　例えば、鉄道の旅客運送取引における運送約款、宅配便契約における運送約款、電気供給契約における電気供給約款、普通預金規定、保険取引における保険約款、ECサイトでの購入にかかる約款、インターネットサイトの利用取引における利用規約、市販のコンピューターソフトウェアのライセンス契約等が挙げられます。

イ　定型約款の成立要件

　旧法では、約款による契約の成立要件について、約款の個別の条項を認識していなくても、特定の約款によることとの合意があれば、原則として約款の条項が契約の内容となると理解されていました。

　定型約款の規定でも、この考え方が踏襲され、定型約款を契約の内容とする旨の合意があったときには、定型約款の個別の条項につ

いて合意があったものとみなされることとなりました（新548条の2第1項第1号）。この合意には黙示の合意も含まれると考えられています。

　他方で、黙示の合意の認定は必ずしも容易ではないこともあり、定型約款準備者があらかじめその定型約款を契約の内容とする旨を相手方に表示していたときにも定型約款の個別の条項について合意があったものとみなされるとされました（同項2号）。ここでいう表示とは、ホームページなどにおいて一般的にその旨を公表するだけでは足りず、インターネットを介した取引などであれば契約締結画面までの間に画面上で認識可能な状態に置くことが必要であると解されています。ただし、鉄道、飛行機、乗合バス等による旅客運送取引、高速道路等の通行に係る取引、電話サービスに係る取引等においては、特別法にて「表示していた」との要件が、「表示し、又は公表していた」との要件に改められ、これらの取引では、ホームページに一般的に公表すれば足りるとされています。

　なお、定型約款の中に、相手方の権利を制限し、または相手方の義務を加重する条項であって、その定型取引の態様およびその実情ならびに取引上の社会通念に照らして信義則（民法1条2項）に反して相手方の利益を一方的に害すると認められるものについては、合意をしなかったものとみなすとされています（新548条の2第2項）。例えば、相手方に対して過大な違約罰を求める条項、定型約款準備者の故意または重過失による損害賠償責任を免責する条項などの条項内容自体に強い不当性が認められるものや、売買契約において本来の目的となっていた商品に加えて他の商品の購入を義務付ける抱き合わせ販売を行う場合などには、不当な不意打ち要素があるものなどが考えられます。

第2章　債権法改正

ウ　定型約款の表示義務（新548条の3）

（定型約款の内容の表示）
第548条の3
　定型取引を行い、又は行おうとする定型約款準備者は、定型取引合意の前又は定型取引合意の後相当の期間内に相手方から請求があった場合には、遅滞なく、相当な方法でその定型約款の内容を示さなければならない。ただし、定型約款準備者が既に相手方に対して定型約款を記載した書面を交付し、又はこれを記録した電磁的記録を提供していたときは、この限りでない。
2　定型約款準備者が定型取引合意の前において前項の請求を拒んだときは、前条の規定は、適用しない。ただし、一時的な通信障害が発生した場合その他正当な事由がある場合は、この限りでない。

　定型取引の当事者に定型約款の内容を知る権利を保障するため、定型約款準備者は、定型取引合意の前または定型取引合意の後相当の期間内に相手方から請求があった場合には、遅滞なく、相当な方法でその定型約款の内容を示さなければならないとされています（新548条の3第1項）。もっとも、定款約款準備者が、既に相手方に対して、定型約款を記載した書面を交付し、または内容が記録されたCDなどの電磁的記録を提供していた場合には、さらなる相手方の表示請求に応じる必要はありません（同条1項ただし書）。

　なお、定型取引を合意する前に、定型約款準備者が、相手方からの表示請求を拒んだときには、一時的な通信障害が発生した場合その他正当な事由がある場合を除き、定型約款の個別の条項について同意したものとみなされないこととなります（新548条の3第2項）。

エ　定型約款の変更

（定型約款の変更）
第548条の4
　定型約款準備者は、次に掲げる場合には、定型約款の変更をすることにより、変更後の定型約款の条項について合意があったものとみなし、個別に相

手方と合意をすることなく契約の内容を変更することができる。

　一　定型約款の変更が、相手方の一般の利益に適合するとき。

　二　定型約款の変更が、契約をした目的に反せず、かつ、変更の必要性、変更後の内容の相当性、この条の規定により定型約款の変更をすることがある旨の定めの有無及びその内容その他の変更に係る事情に照らして合理的なものであるとき。

2　定型約款準備者は、前項の規定による定型約款の変更をするときは、その効力発生時期を定め、かつ、定型約款を変更する旨及び変更後の定型約款の内容並びにその効力発生時期をインターネットの利用その他の適切な方法により周知しなければならない。

3　第一項第二号の規定による定型約款の変更は、前項の効力発生時期が到来するまでに同項の規定による周知をしなければ、その効力を生じない。

4　第548条の2第2項の規定は、第一項の規定による定型約款の変更については、適用しない。

　定型取引合意後に、定型約款を変更する場合には、契約の事後的な変更に当たるため、民法の一般的な理論によれば相手方の同意を要するものです。しかし、定型約款を用いる不特定多数の者を相手方として行う取引では、相手方の所在の把握が困難である場合があり、相手方の承諾を得るのに多大な時間やコストが要することが考えられます。

　そのため、定型約款の変更が下記実体的要件および手続的要件を満たす場合には、変更後の定型約款の条項について合意があったものとみなされるとされました（新548条の4第1項）。

　㋐　**実体的要件（新548条の4第1項）**

　定型約款の変更が、

①　相手方の一般の利益に適合する場合（第1号）

　　または

②　契約をした目的に反せず、かつ、変更の必要性、変更後の内容の相当性、この条の規定により定型約款の変更をすることがある

旨の定めの有無およびその内容その他の変更に係る事情に照らして合理的なものである場合（第2号）

いずれかの要件を満たす必要があります。①の例としては、利用料金の減額や、利用料金据え置きでのサービス拡充などが考えられます。②の検討にあたっては、契約上、相手方に解除権を与えるなどの措置が採られているか、個別の同意を得ることがどれほど困難かといった事情も考慮されます。

なお、定型約款の合意時にある不当条項規制の要件（新548条の2第2項）よりも、内容が「合理的」であると積極的に認められなければならないという点で②の要件の方がより厳格であると考えられているため、別途不当条項規制は適用されません（新548条の2第4項）。

　(イ)　手続的要件（新548条の4第2項）

定款約款準備者は、定型約款の変更の効力発生時期を定め、定型約款を変更する旨および変更後の定型約款の内容ならびにその効力発生時期をインターネットの利用その他の適切な方法により周知する必要があります。なお、②の事由による定型約款の変更の場合には、相手方の保護の観点から効力発生時期の到来までに周知しなければならないとされています（新548条の4第3項）。

(3)　経過措置（2020年4月1日施行）

ア　新法主義の採用

定型約款に関する新法の規定については、他の規定と異なり、施行日前に締結された契約に係る定型約款についても全体として適用されますが、旧法の規定によって生じた効力を妨げないとされています(附則33条1項)。

イ　反対の意思表示について

定型約款の施行日前に、契約の当事者の一方が、新法が適用されることにつき、反対の意思を書面またはメール等によって表示した場合

には、引き続き旧法が適用されることとなります。もっとも、あくまで契約関係から離脱できるものについては、反対の意思表示の特例を認める必要はないとされ、契約または法律の規定により解除権を現に行使することができる者は除かれています（附則33条2項）。

なお、この反対の意思表示は、2018年4月1日から行うことができるとされており、2020年4月1日の施行日前に対応を検討する必要があります。

（反対の意思表示の例）

　当社は、貴殿が利用されている●●サービスに係る平成○年○月○日付「サービス利用約款」につきまして、改正民法（民法の一部を改正する法律（平成29年法律第44号）548条の2ないし548条の4の適用に反対いたしますので、その旨通知いたします。

4　解　除

⑴　催告による解除（新541条）

ポイント

　債務の履行がないことについて債務者の帰責性がない場合であっても、債権者から解除できることが定められました。

　もっとも、契約の履行を催告し相当期間が経過した時点で、債務不履行が軽微であった場合には、解除はできません。

　また、債務不履行が債権者の帰責事由によるときは解除できません。

ア　改正事項

㋐　債務者の帰責事由不要

旧法下では、債務不履行を理由とする解除は債務不履行が債務者の帰責事由によることが必要とされていました。

・89・

新法では、解除を契約の拘束力からの解放と考え、債権者が相当期間を定めて催告をしても期間内に履行がなされなかった場合には、債務者の帰責性がなくとも解除が可能となりました（新541条本文）。ただし、債務不履行が軽微である場合には解除はできません。「軽微」といえるかの判断は、催告から相当期間を経過した時点の事情について、「契約及び取引上の社会通念」を基準に判断されます（同条ただし書）。

なお、債務不履行が債権者の帰責事由によるときは、債権者は解除をすることはできません（新543条）。

　㈡　解除規定の統一化

旧法において特定物売買の目的物に瑕疵があった場合の解除は瑕疵担保責任に基づきなされるものであり、その要件として売主の帰責性は不要ですが、買主が瑕疵について知らず、かつ、瑕疵により契約目的が達成できないことが必要です（旧570条、旧566条1項）。

新法では、特定物売買についても新541条が適用されるため、解除の要件が変わります（新564条、新541条）。

　㈢　原状回復義務・果実返還義務

解除により契約当事者は原状回復義務を負います（新545条1項本文）。金銭を返還するときは受領時からの利息を付けなければなりません（同条2項）。これらは旧法から変更はありません。

一方、金銭以外の物を返還する場合について、旧法には規定がありませんが、受領以後に生じた果実を返還しなければならないと考えられていました。新法では、この果実を返還する義務が明文化されました（新545条3項）。

　㈣　目的物の損傷等による解除権の消滅

旧法では、解除権を有する者が「自己の行為若しくは過失」により目的物を著しく損傷し、もしくは返還不能となり、または加工改造により他の種類の物に変えた場合には解除権は消滅します（旧548条1項）。

新法では「自己の行為若しくは過失」という部分が「故意若しくは

過失」という文言に変更され、ただし書として、解除権を有すること
を知らずに損傷等した場合は解除権は消滅しないとの規定が追加され
ました。ただし書が追加されたのは、解除権を有することを知らない
者による目的物の損傷等は、解除権を放棄する行為と評価できないた
めです。

　また、旧法は、目的物の滅失または損傷が「解除権を有する者の行
為又は過失によらない」場合には解除権は消滅しない（旧548条2項）
と定めていましたが、同項の規定がなくとも、その内容は1項の規定
により明らかであるため、新法においては削除されました。

イ　実務上のポイント

　以上のとおり、解除に関する規定は大きく改正されていますが、こ
れらはあくまで契約書上に規定がなくとも認められる、法定解除に関
するものです。契約書上に規定される約定解除条項については、改正
による影響はありません。したがって、解除に関する条項を改定する
必要はないでしょう。

(2)　催告によらない解除（新542条）

> **ポイント**
>
> 　催告をしても契約目的を達成する見込みがないことが明らかで
> ある場合、無催告解除ができます。
> 　また、契約の一部について履行不能または債務者が明確に履行
> 拒絶した場合、催告なく契約の一部のみを解除できることが定め
> られました。

ア　改正事項

㋐　無催告解除が認められる場合

　旧法では、定期行為の履行遅滞や債務者の帰責性のない場合を除く
履行不能の場合に限り、債権者は催告をすることなく契約を解除でき

ると定められていました（旧542条、旧543条）。

　新法では、以下のとおり、催告をしても契約目的達成の見込みがない一定の場合に債権者は催告をすることなく契約を解除できることが定められました。催告による解除と同様に、債務者の帰責事由がなくとも解除が可能です（新542条1項）。

（催告によらない解除）
第542条

1　次に掲げる場合には、債権者は、前条の催告をすることなく、直ちに契約の解除をすることができる。

　⑴　債務の全部の履行が不能であるとき。

　⑵　債務者がその債務の全部の履行を拒絶する意思を明確に表示したとき。

　⑶　債務の一部の履行が不能である場合又は債務者がその債務の一部の履行を拒絶する意思を明確に表示した場合において、残存する部分のみでは契約をした目的を達することができないとき。

　⑷　契約の性質又は当事者の意思表示により、特定の日時又は一定の期間内に履行をしなければ契約をした目的を達することができない場合において、債務者が履行をしないでその時期を経過したとき。

　⑸　前各号に掲げる場合のほか、債務者がその債務の履行をせず、債権者が前条の催告をしても契約をした目的を達するのに足りる履行がされる見込みがないことが明らかであるとき。

　このうち、同項4号は、定期行為に関する旧法542条の枠組みを維持したものです。

　なお、定期売買が商人間でされた場合、履行遅滞があれば、債権者から直ちに履行の請求をした場合を除いて契約を解除したものとみなされます。つまり、催告だけでなく、解除の意思表示も不要です（商法525条）。

【催告解除・無催告解除の要件】

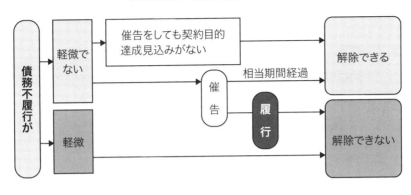

(イ) 無催告一部解除

債務の一部について、履行が不能であるときまたは債務者が履行を拒絶した場合、債権者は催告をすることなく契約の一部のみを解除することができるという規定が新設されました（新542条2項）。

これにより、残りの債務の履行があれば契約目的を達成することができるために契約全部を無催告解除することができない場合であっても、契約の一部のみであれば無催告解除することができます。

(3) **経過措置（2020年4月1日施行）**

施行日前に締結された契約に関しては、解除に関する改正規定（新541条～新543条、新545条3項、新548条）は適用されず、旧法が適用されます（附則32条）。

5 危険負担

ポイント

　当事者双方に帰責性なく債務を履行することができなくなった場合、債権者の反対給付義務は当然には消滅しませんが、履行を拒むことができます。

⑴　改正事項

ア　債権者の履行拒絶権

　債権者および債務者に帰責しない事由により履行不能となった場合に一方当事者が負う負担を危険負担といいます。

　旧法では、債務者が危険を負担する場合、債務者が反対給付を受ける権利を「有しない」と定められ（旧536条1項）、債権者の給付義務は消滅すると考えられていました。

　しかし、新法では、履行不能が債務者の帰責事由によらない場合であっても契約を解除できる（新542条1項1号）とされており、これによれば、履行不能があっても解除権が行使されるまでは契約が存続することになります。そこで、かかる規定との整合性を保つため、危険負担においては、反対給付義務は消滅せず、給付を「拒むことができる」にとどまるとされました（新536条1項）。

イ　債権者の帰責事由による場合

　履行不能が債権者の帰責事由による場合、債務者に負担を課してまで債権者の利益を保護する必要はないので、債権者は反対給付の履行を拒むことはできません（新536条2項前段）。

　もっとも、債務者は履行不能の場合は履行を請求されないので（新412条の2第1項）、履行の費用負担を免れる等の利益を得る場合があります。そのため、債務者は、かかる利益を債権者に償還する義務が定められました（新536条2項後段）。

ウ　債権者主義規定の削除

旧534条では、特定物に関する物権の設定または移転を双務契約の目的とした場合、この特定物が滅失または損傷したときの危険負担は、契約成立時点から債権者が負うと定められていました（債権者主義）。

これによれば、特定物売買において契約直後に売主および買主の帰責事由によることなく目的物が滅失した場合、買主は目的物の引渡しを受けることができないにもかかわらず、代金を支払わなければなりません。

しかし、その他の契約では、旧536条により、履行不能となった債務の反対債務は消滅するにもかかわらず、特定物に関する契約のみ債権者に負担を負わせることは不当であるという批判もあり、新法では、旧534条および同条を前提とした旧535条が削除されました。したがって、危険負担については一律に新536条が適用されます。

なお、売買契約の危険負担は、目的物の引渡し時に買主に移転することが定められました（新567条）。こちらについては、別途売買の項目で触れます。

(2)　経過措置（2020年4月1日施行）

施行日前に締結された契約に関しては、危険負担に関する新法は適用されず、旧法（旧534条〜旧536条）が適用されます（附則30条）。

(3)　実務上のポイント

債権者はあくまで履行不能となった債権の反対給付義務の履行拒絶権を有するにすぎず、かかる義務を消滅させるには、解除権を行使する必要があるため注意が必要です。

第2章 債権法改正

3-2 契約管理―契約各則

1 贈 与

ポイント

　贈与は、用語の整理が行われ、判例や通説を踏まえ改正がなされました。実質的には旧法下での運用と変わりません。

⑴ 改正事項

ア　担保責任（新551条）

　新法では、旧法で定められていた担保責任について、いわゆる契約責任説の考えに立って、条文のタイトルが「贈与者の引渡義務等」に改められ、贈与者の義務は、贈与の目的として特定したときの状態でその目的物を引き渡すと約したものと推定するとされています（新551条）。贈与者の担保責任を軽減しようという趣旨は旧法に引き続き維持されています。旧法のように、贈与者に一定の責任を負担させたい場合には、契約書上に当該責任の内容を具体的に規定した方がよいでしょう（旧551条1項ただし書参照）。

イ　他人の物の贈与（新549条）

　旧法では、「自己の財産」を無償で相手方に与えることを贈与としていましたが、新法では、判例を踏まえ、「ある財産」と改められ、他人の財産を贈与する契約も有効であるとされました（新549条）。

ウ　書面によらない贈与（新550条）

　旧法では、書面によらない贈与を取りやめることを「撤回」と表現していましたが、契約の成立後にその効力を消滅させる行為は、民法の他の条文の解除と記されており、用語の統一を図るため、「解除」との表記に改められています（新550条）。

　なお、贈与の無償性に鑑み、催告によって解除権を消滅させる規定

・96・

3-2 契約管理─契約各則

は適用されないと解釈されています。

(2) 経過措置（2020年4月1日施行）

　贈与契約がいつ成立したかによって変わります。施行日前に成立した場合には、旧法が適法され、施行日後に成立した場合には新法が適用されます（附則34条1項）。

2　売　買

(1) 手付解除（新557条）

ア　改正事項

　売買契約を手付解除する場合、売主は手付の倍額を現実に提供する必要があるとする判例（最判平成6年3月22日民集48巻3号859頁）を踏まえて、新557条は手付解除の要件を「償還して」から、「現実に提供して」という文言に変更しました。また、相手方が履行に着手した後は手付解除ができないことを明文化しました。

イ　経過措置（2020年4月1日施行）

　施行日前に締結された売買契約に関しては、旧法が適用されます（附則34条）。

(2) 売主の義務

ア　改正事項

　売主は、買主に対し対抗要件を具備させる義務があること（対抗要件具備義務（新560条））、および他人物売買について権利の一部のみが他人に属する場合にも、売主は、権利を取得して買主に移転する義務を負うこと（権利移転義務（新561条））が明文化されました。

イ　経過措置（2020年4月1日施行）

　施行日前に締結された売買契約に関しては、旧法が適用されます（附則34条）。

・97・

第2章　債権法改正

⑶　売主の担保責任

ア　引き渡された売買目的物に契約不適合があった場合の選択肢

> **ポイント**
>
> 　売買契約に基づき引き渡された目的物の種類、品質または数量が契約内容に適合しない場合（契約不適合）や、移転された権利が契約の内容に適合しない場合、買主は売主に対して以下の請求ができます。
> ①　追完請求
> ②　代金減額請求
> ③　損害賠償請求
> ④　解除
> 旧法で瑕疵担保責任の問題とされていた特定物売買について、一般規定が適用されることにより、損害賠償や解除の要件、損害賠償の範囲が変わります。

　㈎　改正事項

　　a　要　　件

　旧法では、売買契約に基づき引き渡された目的物に瑕疵があった場合、不特定物については債務不履行責任が生じますが、特定物については債務不履行責任は生じず、瑕疵担保責任に基づく損害賠償および解除ができるとされていました。

　新法では、目的物が特定物か不特定物かを問わず、「契約内容に適合しない」場合に債務不履行に基づく損害賠償請求や解除ができるとされ、また、追完請求や代金減額請求ができることが定められました。

　そこで、新法では、どのような場合に目的物が契約内容に適合しないといえるかを明確にするため、契約の目的条項や品質保証条項において契約の目的や目的物の仕様を定めておくことがより重要となると考えられます。

・98・

b 契約不適合における債権者の選択肢増加

　新法では、目的物が特定物か不特定物かにかかわらず、売買契約に基づき引き渡された目的物の種類、品質または数量が契約内容に適合しない場合（契約不適合）や、移転された権利が契約の内容に適合しない場合（新565条）、買主は売主に対して以下の請求ができます。

① 追完請求（新562条1項）

② 代金減額請求（新563条1項・2項）

③ 損害賠償請求（新564条、新415条）

④ 解除（新564条、新541条、新542条）

　契約不適合が買主の帰責事由による場合は、①②④は認められません（新562条2項、新563条3項、新543条）。また、契約不適合が売主の帰責事由によらないときは③は認められません（新415条）。

　商人間の取引では、買主は目的物の契約適合性について検査・通知義務を負い、この義務をはたさなければ追完請求や解除等ができません（新商法526条）。

c 担保責任の改正事項一覧

	旧法	新法	
目的物	特定物	不特定物および特定物	
対象	隠れた瑕疵	契約不適合	
追完請求	規定なし	種類・品質・数量の契約不適合（新562条1項）	債権者（買主）の帰責事由によるときは不可（新562条2項、新563条3項、新543条）
代金減額	数量指示売買の数量不足（旧565条、旧563条1項）のみ	種類・品質・数量の契約不適合原則として追完の催告後相当期間内に履行がないことが必要（新563条1項・2項）	
解除	隠れた瑕疵により契約目的が達成できない場合のみ（旧570条、旧566条1項）	債務不履行の一般規定による（新564条、新541条、新542条）不履行が軽微な場合は不可	

	旧法	新法	
損害賠償	無過失責任（旧570条、旧566条1項）信頼利益に限定	債権の一般規定による（新564条、新415条）履行利益	債務者の帰責事由によらないときは不可（新415条）
期間制限	引渡しから1年以内の請求が必要（旧570条、旧566条3項）	引渡しから1年以内に不適合があることの通知が必要（新566条本文）売主が不適合を知りまたは重過失により知らなかったときは制限されない（同条ただし書）	

㈧ 実務上のポイント

新法では、買主は、売主の帰責事由がないため損害賠償請求ができない場合であっても追完請求や代金減額請求が可能です。もっとも、商人間の取引ではその行使にあたり、検査通知義務を果たす必要があるため注意が必要です。

イ 買主の追完請求権（新562条）

ポイント

　新法では追完請求権が明文化され、修補、または代替物や不足分の引渡しを求めることができることが定められました。

㈦ 要 件

旧法では、売買の目的物に瑕疵があった場合の履行の追完請求について規定がありませんでした。もっとも、不特定物については瑕疵のない物を引き渡しても履行とならないため、買主は瑕疵のない物を引き渡すよう請求することができました。

新法では、引き渡された目的物の種類、品質または数量が契約の内容に適合しない場合、目的物が特定物であるか不特定物であるかにかかわらず、追完請求ができるとする規定が新設されました（新562条1項）。もっとも、契約不適合が買主の帰責事由による場合は、追完請求できません（同条2項）。

また、商人間の売買においては買主が検査・通知義務を履行したこ

とも要件となります（新商法526条1項、2項）。

　⑷　追完方法

　買主が売主に対し履行の追完として選択できる方法は次の3つです（新562条1項本文）。

①　目的物の修補

②　代替物の引渡し

③　不足分の引渡し

　しかし、売主にとって、例えば修理するよりも別の新品を渡す方が便宜な場合もあります。そこで、新562条1項ただし書においては、買主に不相当な負担を課すものでないときは、売主は買主が選択した方法と異なる追完方法を選択できることが定められました。

ウ　買主の代金減額請求権（新563条）

ポイント

　旧法では、代金減額請求は目的物の数量が不足している場合に限定されていましたが、新法では、目的物の種類または品質が契約内容に適合していない場合にも代金減額請求ができることが定められました。

　代金減額請求をするには、原則として追完の催告をしても相当期間内に追完がされないことが要件となります。

　⑺　趣　　旨

　旧法では、代金減額請求権は数量不足および権利の一部移転不能の場合については定められていましたが（旧565条、旧563条1項）、目的物に瑕疵がある場合については定められていませんでした。

　しかし、品質に問題があっても代金を安くしてもらえるのであればそれで良いという場合もあります。また、旧法下でも商人間の売買については、数量不足だけでなく、目的物に瑕疵がある場合も代金減額請求権が定められていました（旧商法526条）。

・101・

第2章　債権法改正

　そこで、新法では、目的物の数量が不足している場合だけでなく、種類や品質が契約に適合していない場合にも代金減額請求をすることができると定められました（新563条1項、2項）。

　損害賠償請求と異なり、代金減額請求は契約不適合が売主の帰責事由によらない場合であってもできます。もっとも、買主の帰責事由によるときは請求できません（新563条3項）。

　㈡　代金減額請求の手順

　代金減額請求をするためには、原則として、まず買主から売主に対して履行の追完をするよう催告する必要があります。そして、相当の期間内に履行の追完がない場合に初めて、代金の減額を請求することができます（新563条1項）。

　もっとも、以下の場合には、追完を求める意味がないので催告をすることなくいきなり代金減額請求をすることができます（新563条2項）。

---

　a　履行の追完が不能であるとき
　b　売主が履行の追完を拒絶する意思を明確に表示したとき
　c　特定の日時または一定の期間内に履行しないと契約目的を達成できない場合に、売主が履行の追完をすることなくその時期が経過したとき
　d　その他買主が催告をしても履行の追完がなされる見込みがないことが明らかなとき

　エ　買主の損害賠償請求および解除権の行使（新564条）

ポイント

　売買の目的物として引き渡された物に契約不適合があった場合にも、債務不履行の一般規定に基づく損害賠償請求や解除ができることが定められました。これにより、特定物に瑕疵がある場合の損害賠償や解除の要件、賠償の範囲が変わります。

・102・

㋐　解除の要件

　旧法では、不特定物売買の目的物に瑕疵があった場合は債務不履行の問題となり、解除には売主の帰責性が必要でした。一方、特定物については瑕疵担保責任の問題となり、買主が契約を解除することができるのは、この瑕疵を買主が知らず、かつ、瑕疵により契約目的を達成することができない場合に限られていました（旧570条、旧566条1項）。

　新法では、解除について、特定物か不特定物かを問わず、一元的に債務不履行の一般条項が適用され（新564条、新541条、新542条）、債務不履行が軽微でなければ、売主の帰責事由がなくとも解除ができます。条文上、買主が契約不適合を知っていたことは直ちに解除権を否定するものではありません（新541条、新542条）。

㋑　損害賠償請求の要件

　旧法では、不特定物売買の目的物に瑕疵があった場合、損害賠償請求は債務不履行責任を根拠とし、売主の帰責性が要件とされていました。一方、特定物については、損害賠償請求は瑕疵担保責任を根拠とし、売主は無過失責任を負いますが、買主が瑕疵について知っていたときは賠償請求はできませんでした（旧570条、旧566条1項）。

　新法では、目的物が特定物であっても不特定物であっても、一元的に債務不履行に基づき賠償請求できます。そのため、特定物売買において目的物に瑕疵がある場合にも、売主の帰責性が必要となります。一方、買主が契約不適合を知っていたことは直ちに賠償請求権を否定するものではありません。

　買主が売主に対して追完請求等ができる場合であっても、併せて損害賠償請求ができます（新564条、新415条）。

㈦　損害賠償の範囲

　旧法下では、瑕疵担保責任における損害賠償の範囲は、債務不履行の場合よりも狭く、信頼利益についてのみ認められていました。新法では、賠償請求権は債務不履行責任を根拠とするため、賠償の範囲は履行利益にまで拡大すると考えられます。

オ　担保責任の期間制限（新566条）

> **ポイント**
>
> 　買主が売主に対し、種類または品質に関する契約不適合を理由に追完、代金減額、損害賠償の請求をし、または解除をするためには、契約不適合を知ったときから1年以内に売主に不適合の事実を通知する必要があります。

㈠　改正事項

a　担保責任に基づく請求の要件

　旧法では、買主は瑕疵を知ってから1年以内に請求をしなければ瑕疵担保責任に基づく損害賠償請求や解除をすることができないと定められていました（旧570条、旧566条3項）。

　新法では、買主が売主に対し、種類または品質に関する契約不適合を理由に売主に担保責任を追及するためには、契約不適合を知ったときから1年以内に売主に不適合の事実を通知しなければならないと定められました（新566条）。

　この期間制限には更新や完成猶予の規定は適用されません。

b　通知の内容

　旧法下では、「具体的に瑕疵の内容とそれに基づく損害賠償請求をする旨を表明し、請求する損害額の算定の根拠を示す」ことなどが必要とされていました（最判平成4年10月20日民集46巻7号1129頁）。

　新法では、契約不適合があったことの通知をすれば足ります。

c　期間制限が適用されない場合

　1年という期間制限は、引渡しにより履行を終了したと考えるであろう売主を保護するためにあります。そのため、売主が、目的物を引き渡した時点で目的物に契約不適合があることを知っていた場合や、重大な過失により知らなかった場合にまで売主を保護する必要はありませんので、この期間制限は適用されません（新566条ただし書）。

　また、数量不足や、権利に関する不適合の場合はこの期間制限は適用されません。

㈤　実務上のポイント

　どのような場合に「不適合を知った」といえるのか、また、売主への通知にはどの程度まで記載する必要があるのかについては、今後の裁判実務の集積が待たれます。契約において期間制限の起算点や要件を明確にしておくことが紛争予防のため重要です。

カ　商人間の売買における検査・通知義務

　瑕疵担保責任が契約不適合責任に改正されたことに伴い、商法上の検査・通知義務も、以下のとおり改正されました。

　商人間の売買では、買主が目的物を受領後遅滞なく検査を行い、契約に適合しないことを発見したときは、直ちに売主に通知する義務を負います。受領から6か月以内に直ちに発見することができない契約不適合を発見したときは、発見後直ちに通知をする義務を負います。買主が追完請求、代金減額請求、損害賠償請求または解除をするためには、この通知をしなければなりません。ただし、売主が契約不適合について悪意であったときには通知は不要です（新商法526条1～3項）。

第2章　債権法改正

（契約条項例）

1　買主は、本商品受領後遅滞なく、別途定める検査方法により検査を行い、検査の結果、本商品が種類、品質または数量に関して本契約の内容に適合するものであったときは、これを検収する。

2　前項の検査の結果、買主は、本商品が種類、品質または数量に関して本契約の内容に適合しないこと（以下「契約不適合」という。）を発見した場合、売主に対し直ちにその旨を通知する。

キ　担保責任の契約条項例

　旧法下における瑕疵担保責任は新法では契約不適合責任となり、権利の内容、行使できる場面・要件が大きく改正されました。これに伴い、契約条項についても改定を検討した方がよいでしょう。

　具体的には、旧法下の制度に基づいて「瑕疵」と表記されているものは、「種類、品質、または数量に関して契約の内容に適合しないこと」といった表記に改定した上で、解除、履行の追完請求、代金減額請求、損害賠償請求については、各々の立場に則した契約条項の改定を検討すべきでしょう。

　契約不適合責任に関する契約条項例としては、以下のような内容が考えられます。

（契約条項例）

1　売主は、第●条に定める通知を受けた場合、買主の選択に従い、商品の修補、代替品の提供、不足分の引渡し、または代金の減額をするものとする。ただし、契約不適合が買主の帰責事由による場合は、この限りでない。

2　前項の規定は、買主による損害賠償請求または本契約の解除を妨げない。

3　本商品の種類または品質に関して、第●条に定める検査では直ちに発見できない契約不適合があった場合で、買主が、検収後6か月以内にその旨を通知したときも、前2項に定める例による。

　1項については、買主が追完請求権及び代金減額請求権を自らの選択により、行使できるものとしています（新562条・新563条参照）。

・106・

ただし、契約不適合について買主に帰責事由がある場合を除外しています（新562条2項、新563条3項参照）。

2項については、契約不適合がある場合、買主は損害賠償請求または解除をすることができることを確認するものです（新564条参照）。

3項については、新商法526条2項の規定を具体化したものです。

上記の条項例については、追完方法の決定を売主の権限とする（1項）、減額請求をする場合に催告を必要とする（1項・新563条1項参照）、直ちに発見できない契約不適合がある場合の通知期間を6か月より長期間とする（3項）等、様々な調整が考えられます。

ク　経過措置（2020年4月1日施行）

施行日前に締結された売買契約に関しては、旧法が適用されます（附則34条）。

⑷　危険の移転等（新567条）

ア　改正事項

旧法では、特定物に関する売買等において目的物が債務者の帰責事由によらずに滅失した場合、債権者が危険を負担することが定められていました（旧534条）。

しかし、買主が目的物の引渡しを受ける前に目的物が滅失した場合であっても、買主が危険を負担し代金を支払わなければならないというのは不当であるという批判がありました。

そこで、新法では、旧法534条を削除し、売買契約における危険の移転時期を目的物の引渡し時としました。また、危険移転の効果として危険移転後に目的物が滅失または損傷しても、買主から売主に対し追完請求や代金減額請求、損害賠償請求、代金の支払拒絶、解除をすることができないことが定められました（新567条1項）。ただし、不特定物売買において、契約に適合しない目的物を引き渡しても、特定の効果が生じませんので、この場合は、新567条1項は

適用されません。

また、売主が引渡しをしようとしたにもかかわらず買主が受領しなかった場合や受領できなかった場合は、目的物の滅失が引渡し前であっても買主は各請求権を行使できません（新567条2項）。

イ　経過措置（2020年4月1日施行）

施行日前に締結された契約に関しては、危険負担に関する改正規定は適用されず、旧法が適用されます（附則30条1項）。

ウ　実務上のポイント

危険負担に関する規定は任意規定であることから、旧法下における契約実務においても、特定物に関する売買等における債権者主義の規定（旧534条）については、その適用を排除する内容の条項を定めることが一般的であったといえます。

そのため、改正後も、危険負担に関する条項を変更する必要はないことが大半でしょう。

⑸　買戻し（新579条）

ア　改正事項

不動産の売主は、売買契約時に買戻しの特約を定めていた場合、支払われた当該不動産の代金および契約の費用を返還して、売買の解除をすることができます（買戻し）。新法では、買戻しの際、返還すべき金額について代金とは異なる額とする合意をすることができることが定められました（新579条前段かっこ書）。

イ　経過措置（2020年4月1日施行）

施行日前に締結された売買契約に関しては、旧法が適用されます(附則34条)。

3-2 契約管理―契約各則

3 消費貸借

ポイント

　金銭等の交付前に消費貸借契約を成立させること、利息は特約がなければ請求できず、利息の発生日は金銭等を受け取った日とすることが新法に明文化されました。

　担保責任の規定が整理され、借主は、返還時期の定めの有無にかかわらず、いつでも金銭等が返還できるとされましたが、返還時期前の返還によって貸主に損害があった場合には、その賠償責任を負うと明示されました。その損害については、法文上は明らかにはなっていませんので、今後の運用に注視する必要があります。

(1)　改正事項

ア　諾成的消費貸借契約（新587条の2）

　旧法では、消費貸借は、金銭等の目的物が相手方に交付されたときに成立する、要物契約とされていました。ただし、判例では、当事者間の合意のみで貸主に目的物を貸すことを義務付ける契約（諾成的消費貸借）が認められていました。

　新法では、諾成的消費貸借が明文で認められることとなりました。判例と異なり、諾成的消費貸借が成立するためには、書面を作成することが必要であることに注意が必要です。

　諾成的消費貸借において、目的物を受け取るまで、借主は、契約の解除をすることができます。貸主はこの契約の解除によって損害が生じた場合には、貸主は、借主に対し損害賠償をすることができます（新587条の2第2項）。ここでいう損害とは、貸主が金銭等を調達するために負担した費用相当額等をいい、弁済期までの利息相当額は損害

・109・

に含まれないと考えられています。

（目的物を受け取る前の契約解除についての条項例）
1　借主は、目的物を受け取るまで契約を解除することができる。
2　前項に基づき解除がされた場合において、貸主に現に損害が発生した場合には、借主は、貸主に対し、その損害を賠償する責任を負うものとする。

イ　利息の発生日（新589条）

新法では、貸主は、借主に対し、特約がなければ利息は請求できないとされ、特約で請求できる場合には、金銭等を借主が受け取った日以降に利息が生じるとされ、判例法理が明文化されました（新589条）。

ウ　貸主の担保責任（新590条1項）

新法では、目的物の引渡し義務につき贈与の規定を準用し、貸主が目的物の瑕疵を知っていたかどうかにかかわらず、目的物が特定されているかどうかに着目し、無利息の消費貸借については、原則として、目的物が特定した時の状態で引き渡せば足りるとされています（新590条1項、新551条1項）。

エ　借主の返還義務および責任（新590条2項、新591条）

新法では、利息の特約の有無にかかわらず、瑕疵のある物に代えて、その物の価額を返還することができるとされました（新590条2項）。

また、旧法では、当事者間に返還時期の定めがある場合において、借主が、返還時期の前に目的物を返還することができるかどうか規定上は明らかではありませんでした。

新法では、返還時期の定めがあったとしてもいつでも返還可能であると定め（新591条2項）、他方で、返還時期前の返還によって貸主が負った損害があれば、貸主は、借主に対し損害賠償を請求できるとされました（新591条3項）。損害の内容について法文上明らかにされておらず、損害として利息相当額を指すのか等は、個々の事案の解

釈に委ねられています。

> （期限前弁済についての条項例―期限前弁済であっても満期までの利息全額
> を支払うものとする場合）
> 1　借主は、貸主に対し、弁済期より前に元利金全額を返還することができる。
> 2　前項に基づく返還の場合には、借主は、弁済期までの利息全額を付した
> 　元利金を支払わなければならない。

(2)　経過措置（2020年4月1日施行）

　消費貸借契約の合意がいつなされたかによって変わります。施行日前に締結された場合には、旧法が適法され、施行日後に締結された場合には新法が適用されます（附則34条1項）。

(3)　実務上のポイント

　消費貸借の改正は、多くが従前の解釈を明文化したものであり、改正前に実務上対応すべき点はありません。

4　使用貸借

ポイント

　旧法では、使用貸借は要物契約とされ、諾成的使用貸借は判例において認められていましたが、本改正により、使用貸借は要物契約から諾成契約へと改められました。借主の原状回復義務が明文化され、借主の用法違反にかかる損害賠償責任について、貸主が返還を受けたときから1年を経過するまでは、消滅時効の完成が猶予されることとなりました。

(1)　改正事項

ア　諾成的使用貸借（新593条、新593条の2）

　旧法では、使用貸借は、目的物が相手方に交付されたときに成立す

る要物契約と規定されていましたが、当事者の合意のみで使用貸借契約（諾成的使用貸借）は成立させられると解されていました。そこで、新法では、使用貸借は諾成契約に改められました（新593条）。

　他方で、使用貸借は安易な口約束で契約が成立してしまうことがあるため、書面によらない使用貸借については、貸主は、借主が借用物を受け取るまでは、契約を解除することができるとされました（新593条の2）。ただし、書面による使用貸借についてはこの限りではありません（同条ただし書）。

（引渡し前の契約解除についての条項例）
　貸主は、借主への借用物の引渡しまでは、契約を解除することができる。

イ　貸主の引渡義務（新596条）

　本改正では、担保責任について、いわゆる契約責任説の考えに立って、契約の内容に適合する目的物を引き渡すことが貸主の債務であると整理がされています。

　新法でも、旧法と同様に贈与の条文を準用していますが、条文のタイトルが「貸主の引渡義務等」に改められ、その内容は、貸主の義務は、使用貸借の目的として特定したときの状態でその目的物を引き渡せば足りると推定するとされています。使用貸借の担保責任を軽減しようという趣旨は旧法に引き続き維持されています（新596条、新551条1項）。

ウ　返還時期および契約の終了事由（新597条、新598条）

　新法では、契約の終了に伴って目的物の返還義務が生じるとの建付けに整理されましたが、旧法から実質的な内容は変わっていません。

　契約の終了原因としては、使用貸借期間の満了、目的に従った使用および収益の終了、借主の死亡、貸主および借主の解除権の行使が挙げられています（新597条、新598条）。

　貸主は、使用および収益を目的と定めた場合は、使用および収益を

するのに足りる期間を経過したとき、特に目的を定めなかった場合にはいつでも、契約の解除が可能です（新598条1項、2項）。他方、借主は、いつでも契約の解除ができます（新598条3項）。

エ　借主の収去義務および原状回復義務（新599条）

新法では、借主が借用物に附属させた物につき、使用貸借が終了したときに借主が収去義務を負うことが明文化されました（新599条1項）。ただし、借用物から分離することができない物または分離するのに過分の費用を要する物について収去義務は生じません。

原状回復義務について、新法では、借主が借用物を受け取った後に生じた損傷につき、原状に復する義務を負うことが明文化され、その損傷が借主の責めに帰することができない場合には、原状回復義務は生じないとされました（新599条3項）。なお、賃貸借と異なり、通常損耗分について原状回復義務を負うかどうかは、個々の契約に委ねることとされ、明文化されていません。

（使用貸借における原状回復義務の条項例—借主に原状回復義務を負わせる場合）

　本契約終了後、借主は、借用物を直ちに原状に（通常損耗分も含む）借主の費用で復したうえ、これを貸主に返還しなければならない。

オ　損害賠償の消滅時効の完成猶予（新600条2項）

旧法では、借主の用法違反に基づいて発生する貸主の借主に対する損害賠償請求権は、借用物の返還の有無にかかわらず、用法違反から起算して10年の消滅時効に服すると解されていました。

新法では、借主の用法違反に基づいて発生する貸主の借主に対する損害賠償請求権は、貸主が借用物の返還を受けた時から1年を経過するまでは、消滅時効の完成は猶予されることとなりました（新600条2項）。

第2章　債権法改正

⑵　経過措置（2020年4月1日施行）

　使用賃貸借契約がいつ成立したかによって変わります。施行日前に成立した場合には、旧法が適法され、施行日後に成立した場合には新法が適用されます（附則34条1項）。

⑶　実務上のポイント

　使用貸借の改正は、多くが従前の解釈を明文化したものであり、改正前に実務上対応すべき点はありません。

5　賃貸借

ポイント

　借地借家法等の特別法が適用されない賃貸借期間の上限が20年から50年へ伸長になりました。

　敷金が明文化され、保証金や権利金の名目であっても敷金の定義に該当されば、新法が適用されることとなります。

　また、賃貸人交代の取扱い、賃借人による賃借物の修繕や原状回復義務の取扱い、目的物の滅失による賃料の減額、転貸借の場合の賃貸人と転借人との関係などが規定されましたが、いずれもこれまで判例で認められていたものが明文化されたものです。

・114・

(1) 新旧民法の比較

賃貸借期間の上限	旧	20年
	新	50年
敷金について	旧	判例で規律される
	新	明文で規定された（新622条の2）。これまでの判例と大きな変更はなし。
賃貸人の変更	旧	判例および解釈で規律される
	新	明文で規定された（新605条の2）。これまでの判例と大きな変更はなし。
賃借人による修繕、原状回復義務	旧	賃借人が修繕できるとの規定や原状回復規定なし。
	新	賃貸人が相当の期間内に必要な修繕をしないときや、急迫の事情があるときには、賃借人が修繕をすることができると明文化された（新607条の2）。 賃借人の原状回復義務が明文化され、通常の使用および収益によって生じた賃借物の損耗ならびに賃借物の経年劣化は、賃借人の原状回復義務に含まれない（新621条）。
賃借物の滅失等について	旧	一部滅失等の場合に賃料の減額請求が可能。賃借人に責めに帰すべき事由ではなく一部滅失し、残存部分だけでは契約の目的を達成できない場合は、賃借人は契約解除できる。
	新	一部滅失等の場合には、当然に賃料が減額される（新611条1項）。一部滅失の場合で契約の目的が達成されないときには、賃借人に責めに帰すべき事由があっても、賃借人は契約の解除をすることができる（新611条2項）。全部滅失の場合には、契約が終了すると明文化された（新616条の2）。

(2) 改正事項

ア　賃貸借期間の上限について（新604条）

　永小作権の存続期間が50年であることとの均衡を考慮して、賃貸借期間が20年から50年に伸長されました。なお、建物賃貸借契約等においては、引き続き特別法である借地借家法が適用されます。

イ　敷金について（新622条の2）

①　敷金の定義

　旧法においては、「敷金」という用語こそあったものの、敷金の定義や敷金返還債務の発生時期や返還すべき金額など敷金に関する基本的な規律を定めた規定はありませんでした。

　新法においては、敷金の定義として「いかなる名目によるかを問わず、賃料債務その他の賃貸借に基づいて生ずる賃借人の賃貸人に対する金銭の給付を目的とする債務を担保する目的で、賃借人が賃貸人に交付する金銭」と記されました（新622条の2第1項）。保証金や権利金の名目であっても、上記の定義に当てはまれば、新法上「敷金」として解釈されることとなります。

②　敷金の法的性質

　いずれも従前の判例が明文化されました。

　賃借人の敷金返還請求権は、賃貸借が終了して賃借物が返還されたときに、原状回復費用や未払賃料等を控除した残額について発生するとされています（新622条の2第1項）。

　賃貸人は、敷金返還債務が発生する前でも賃貸借に基づいて生じた金銭の給付を目的とする債務に充当することができます。他方、賃借人は未払賃料等を敷金で充当するよう請求することができないとされています（新622条の2第2項）。

③　賃借権の譲渡に伴う敷金の返還

　賃借権が適法に譲渡された場合には、賃貸人は、賃借人（賃借権の譲渡人）に対して、賃貸借に基づいて生じた金銭の給付を目的とする債務の額を控除した残額を返還するとします（新622条の2第1項）。

ウ　賃貸人の変更（新605条の2）

　新法では、従前の判例が明文化され、賃貸不動産が譲渡されたときは、賃貸人の地位が新所有者に移転します（新605条の2第1項）。

賃貸人の地位が移転することにつき賃借人の同意が不要であり、新所有者および旧所有者との間で賃貸人たる地位の移転の合意も不要とされ、所有権移転の登記で賃貸人の地位が新所有者へ移転し、賃借人に対抗できます（新605条の2第3項）。賃貸人の費用償還債務および敷金返還債務は、賃貸人の地位の移転とともに移転されます（新605条の2第4項）。

なお、例外として新所有者および旧所有者双方が、賃貸人たる地位を旧所有者に留保し、新所有者が旧所有者に賃貸する旨の合意をしたときは、賃貸人たる地位は移転しません（新605条の2第2項）。

賃貸人の地位が新所有者に移転することに伴い、賃借人による必要費の償還債務や敷金返還債務は、新所有者に承継されます（新605条の2第4項）。

エ　賃借人による妨害排除、修繕、原状回復義務（新605条の4、新607条の2、新621条）

①　賃借人による妨害排除（新605条の4）

新法では、賃貸人に対し対抗要件を備えた賃借人が、賃借物の占有を妨害する第三者に対し、妨害排除請求をすることができるとのが明文化されました。

（賃借人による妨害排除についての条項例）
　賃借人は、賃借物の占有を妨害している第三者に対し、その妨害の停止および賃借物の返還を請求することができる。

---

②　賃借人による修繕

新法では、賃借人が賃貸人に修繕が必要である旨を通知して賃貸人が相当の期間内に必要な修繕をしないときや、急迫の事情があるときには、賃借人が修繕をすることができると明文化されました（新607条の2）。賃借人は、賃貸人に対して修繕費を必要費として償還を請求できます。なお、賃借人の責めの帰すべき事由による修繕のときは、

賃借人が修繕義務を負うとされ、修繕費は、賃借人の自己負担となると考えられています。

③　原状回復義務

新法では、賃借物を受け取った後に生じた通常の使用および収益によって生じた賃借物の損耗ならびに賃借物の経年変化については、賃借人の原状回復義務に含まれないとされました（新621条）。また、賃借人が、賃借物を受け取った後に賃借物に附属させた物（賃借物に付合して賃貸人の所有となった物を含む）の収去義務が明文化されました（新622条、新599条1項）。いずれも判例が明文化されたものです。

オ　賃借物の滅失等について（新611条、新616条の2）

新法では、滅失に限らず賃借物の一部が、賃借人の責めに帰することができない事由によって使用および収益できなくなった場合には、使用および収益をすることができなく部分の割合に応じて、当然に賃料が減額されるとされました（新611条1項）。また、賃借人の責めに帰すべき事由であっても、残存部分だけでは、契約目的を達せられないときには、賃借人に契約解除権が認められました（新611条2項）。

新法では、賃借物の全部が滅失その他の事由による使用および収益できなくなったときは、賃貸借は終了すると明文化されました（新616条の2）。判例が明文化されたものです。

⑶　経過措置（施行日2020年4月1日）

賃貸借契約が施行日前に締結された場合には、旧法が適法され、施行日後に締結された場合には新法が適用されます。旧法下で締結された賃貸借契約については、法定更新の場合には、施行日後の更新であっても引き続き旧法が適用されることなります。他方、合意更新の場合には、施行日後になされた場合には新法が適用されます。したがっ

3-2 契約管理—契約各則

て、施行日後に賃貸借契約が更新される場合、法定更新か合意更新かによって適用法が変わります。

法定更新とは、賃貸借期間満了後も賃借人が賃借物を使用し続けていることを知りながら賃貸人が異議を述べない場合（619条1項）や借家契約において期間満了の1年前から6か月前に賃貸人が賃借人に対し更新をしない旨を通知しない場合（借地借家法26条1項）など法律の規定に基づいて更新された場合を指します。他方、合意更新とは更新した契約書を新たに交わす場合や、契約書にある自動更新条項に基づく更新が行われる場合など当事者の合意に基づく更新を指します。

なお、施行日以後にその契約の更新に係る合意がされる場合でも賃貸借期間の上限は50年に伸長され（附則34条2項）、施行日以後には賃借人の第三者に対する妨害排除請求も実施可能となります（附則34条3項）。

(4) 実務上のポイント

賃貸借契約の改正は、多くが判例を明文化したものであり、また通常の賃貸借契約であれば、カバーされている事項が明文化されたものが多く、改正前に実務上新たに対応すべき点はありません。施行日後に合意更新の場合をした場合には、新法が適用されることには留意してください。

・119・

第2章 債権法改正

6 雇 用

> **ポイント**
>
> 履行の割合に応じて報酬を請求することが明文化されました。
> また、労働者からの解除予告は、3か月から2週間に短縮され
> ています。

(1) 改正事項

ア 割合に応じた報酬の請求（新624条の2）

新法では、使用者の責めに帰することができない事由によって労働
に従事できなくなった場合や雇用が履行の中途で終了したときは、履
行の割合に応じて報酬が請求できることが明文化されました（新624
条の2）。

（割合に応じた報酬の請求の条項例）

雇用契約が中途で終了したときは、使用者は、労働者に対し、終了時まで
の賃金を支払う。

イ 労働者からの解除までの期間（新626条、新627条）

労働者の自由を過度の制約をしないよう、新法では、期間の定めの
ある雇用の期間が5年を経過した場合および期間の定めのない雇用の
場合は、労働者は2週間前に予告をすれば契約の解除ができるものと
されました（新626条2項、新627条1項、2項）。使用者は、旧法と
同じ3か月の予告期間が必要です。

(2) 経過措置（2020年4月1日施行）

雇用契約がいつ成立したかによって変わります。施行日前に成立し
た場合には、旧法が適法され、施行日後に成立した場合には新法が適
用されます（附則34条1項）。

3-2 契約管理―契約各則

(3) 実務上のポイント

　雇用契約の多くは、労働基準法以下の労働法で規律されるものであり、改正によって実務上対応すべき点はありません。

7 請 負

ポイント

　履行の割合に応じて報酬を請求することが明文化されました。
　また、いわゆる契約責任説から売買の担保責任が見直されたこと等に伴い、担保責任の規定がいくつか変更ないし削除されています。種類または品質に関して契約の内容に適合しない仕事の請負人の担保責任の期間制限の起算点が「注文者がその不適合を知った時」に改められています。

(1) 改正事項

責任追及の手段	履行の追完請求（瑕疵修補に限られない。代物請求でもよい）、損害賠償請求、契約の解除、報酬の減額請求
責任の期間制限	【種類・品質に関する契約不適合】 注文者は請負人に対し、契約不適合を知った時から1年以内にその旨を通知する必要あり 【数量に関する契約不適合】 上記通知の必要なし

ア　請負の担保責任規定の見直し

　旧法では、請負人の担保責任として瑕疵修補請求や損害賠償請求が明文化されていました。

　新法では、売買の担保責任についていわゆる契約責任説の考えに立って、目的物の種類、品質または数量に関して契約の内容に適合しないものであるときには、目的物の修補等による追完請求できると改められ、この規定が請負にも準用されることとなりました（新559条、新562条）。

・121・

したがって、売買の担保責任とは別途に修補請求や損害賠償請求を明文化する必要はないとして、請負人の担保責任の条項は削除されました。

また、建物その他土地の工作物についての担保責任の特則は削除され、建物その他の工作物の請負契約でも、請負一般の規律に基づき、契約解除ができるようになりました。

新法では、注文者は、請負人に対し、目的物が種類または品質に関して契約内容に不適合である旨を注文者が知ってから1年以内に通知し、履行の追完の請求、報酬の減額の請求、損害賠償の請求および契約の解除などの担保責任を追及することになります（新637条1項）。この「通知」は、仕事の目的物が契約の内容に適合しないことの通知を指していますが、これは担保責任追及に関する判例よりも注文者の行為を緩和しています。判例は、担保責任の権利を保存するためには、注文者は、請負人に対し、担保責任の存続期間内に、具体的な瑕疵の内容とそれに基づく損害賠償請求をする旨を表明し、請求する損害額の根拠を示さなくてはいけないと判断していました。

したがって、新法における担保責任の追及においては、注文者は、まず仕事の目的物が契約の内容に適合しないことを通知し、その後どの手法でもって具体的に担保責任を追及するか改めて判断することとなると考えられます。

イ　担保責任の追及および期間の制限（新636条、新637条）

請負人が種類または品質に関する契約不適合が注文者の供した材料の性質または注文者の与えた指図によって生じた場合には、注文者は、担保責任の追及をすることができません（新636条）。この点は、旧法と変わっていません。

担保責任追及の期間制限については、旧法では、注文者は請負人に対し、目的物の引渡時から1年以内に責任追及をしなければならないとされていました（旧637条1項）。新法では、種類・品質に関する契約不適合については、請負人が契約不適合を知っていたとき又は重

過失により知らなかったときを除き、契約不適合を知った時から1年以内にその旨を通知しなければならないことになりました。ただし、売買の担保責任と同様、数量に関する契約不適合については、当該期間内の通知は求められていません（新637条）。

担保責任に基づく権利（種類・品質に関する契約不適合については上記通知により保存された権利）の存続期間は、売買の担保責任と同様、消滅時効の規定に従うことになります（主観的起算点から5年、客観的起算点から10年。新166条1項）。

（請負の担保責任についての条項例）

1　注文者に引き渡された目的物が種類、品質または数量に関して本契約の内容に適合しないものであるときは、注文者は請負人に対し、目的物の修補その他の履行の追完を請求することができる。ただし、請負人は、注文者に不相当な負担を課するものでないときは、注文者が請求した方法と異なる方法による履行の追完をすることができる。

2　前項本文に規定する場合には、注文者が相当の期間を定めて履行の追完の催告をし、その期間内に履行の追完がないときは、注文者は、その不適合の程度に応じて請負代金の減額を請求することができる。

3　前項の規定にかかわらず、次に掲げる場合には、注文者は、同項の催告をすることなく、直ちに代金の減額を請求することができる。

　一　履行の追完が不能であるとき

　二　請負人が履行の追完を拒絶する意思を明確に表示したとき

　三　契約の性質または当事者の意思表示により、特定の日時または一定の期間内に履行をしなければ契約をした目的を達することができない場合において、請負人が履行の追完をしないでその時期を経過したとき

　四　前3号に掲げる場合のほか、注文者が前項の催告をしても履行の追完を受ける見込みがないことが明らかであるとき

4　第1項の不適合が注文者の責めに帰すべき事由によるものであるときは、注文者は、第1項および第2項の請求をすることはできない。

5　第1項ないし前項の規定は、債務不履行に基づく損害賠償請求および解除権の行使を妨げない。

6　前各項の規定にかかわらず、注文者は、注文者の供した材料の性質また

は注文者の与えた指示によって生じた不適合を理由として、履行の追完の請求、請負代金の減額の請求、損害賠償の請求および契約の解除をすることができない。ただし、請負人がその材料または指図が不適当であることを知りながら告げなかったときは、この限りでない。

7　第1項ないし第5項の規定にかかわらず、注文者が種類または品質に関する不適合を知った時から1年以内にその旨を請負人に通知しないときは、注文者は、その不適合を理由として、履行の追完の請求、請負代金の減額の請求、損害賠償の請求および契約の解除をすることができない。ただし、仕事の目的物を注文者に引き渡した時（その引渡しを要しない場合にあっては、仕事が終了した時）において、請負人が契約不適合を知り、または重大な過失によって知らなかったときは、この限りでない。

ウ　割合に応じた請求（新634条）

新法では、注文者が責めに帰することができない事由によって仕事を完成させることができなくなったとき、請負が仕事の完成の前に解除されたときにおいて、請負人が既にした仕事のうち可分な部分の給付によって注文者が利益を受ける場合は、その部分を仕事の完成とみなすと定め、注文者が受ける利益の割合に応じて請負人は報酬が請求できるとされました（新634条）。

（割合に応じた報酬の請求の条項例）
　契約が中途で解除、解約された場合、注文者は、請負人が既にした出来高部分にかかる報酬を支払う。

エ　注文者の破産による解除の制限（新642条1項ただし書）

旧法では、注文者が破産手続開始の決定を受けた場合には、請負人および破産管財人はその時期にかかわらず常に請負契約を解除することができるとされていました（旧642条1項前段）。

しかし、同項の趣旨は、報酬の支払いが危ぶまれる状況で仕事を継続することにより多額の損害が発生する危険から請負人を回避させる

3-2 契約管理―契約各則

という点にありますが、破産手続開始決定時において既に請負人の仕事が完成している場合には当該趣旨は妥当しません。そこで、新法では、請負人が解除権を行使できる場合を請負人が仕事を完成しない間に限定しました（新642条1項ただし書）。

(2) 経過措置（2020年4月1日施行）

請負契約がいつ成立したかによって変わります。施行日前に成立した場合には、旧法が適法され、施行日後に成立した場合には新法が適用されます（附則34条1項）。

(3) 実務上のポイント

担保責任の追及手法の変更、期間制限の起算点の変更や建物その他土地の工作物の特則の削除などの変更があり、実務上の影響は小さくないといえます。

8 委 任

ポイント

履行の割合に応じて報酬を請求することが明文化されました。また、復受任や成果等による報酬の規定が設けられています。

(1) 改正事項

ア 割合に応じた請求（新648条第3項）

旧法では、受任者に帰責事由がある場合には、履行の割合に応じて報酬請求することができるとの規定はありませんでした。しかし、雇用や請負と区別する意味はないとして、新法では、委任者の責めに帰することができない事由によって委任事務の履行することができなくなったとき、委任が履行の中途で終了したときには、履行の割合に応じて報酬請求することができるとされました（新648条第3項）。

・125・

（割合に応じた報酬の請求の条項例）
　契約が中途で解除、解約された場合、委任者は、受任者に対し、解約時点までの期間に相当する報酬を支払う。

イ　成果型報酬（新648条の2）

　新法では、委任事務の履行により得られる成果に対して報酬を支払うことを約した場合の規定が設けられました。成果型報酬において、その成果が引渡しを要するときは、報酬の支払いは、その成果の引渡しと同時履行の関係に立ちます（新648条の2第1項）。成果が一部分であったとしても、委任者が受ける利益の割合に応じて請求が可能です（新648条の2第2項）。

ウ　委任の解除および損害賠償（新651条）

　新法では、判例を踏まえ、相手方に不利な時期に委任を解除したとき、委任者が受任者の利益（もっぱら報酬を得ることによるものを除く。）をも目的とする委任を解除したときに、解除した者が、相手方の損害を賠償しなければならないと規定されました（新651条2項）。

エ　復受任（新644条の2）

　新法では、第三者へ復委任する事由として、委任者の承諾に加え、やむを得ない事由が加えられました（新644条の2第1項）。なお、新法では、復委任した場合の受任者の責任については、委任者の承認を得て選任しても、その選任および監督のみならず、債務不履行の一般原則に従って責任を負うものと改められていますので、仮に、旧法の規律を維持する場合には、新法下では、契約書に「受任者は、複受任者の選任および監督にのみ責任を有する」と明記する必要があります。

3-2 契約管理─契約各則

⑵　経過措置（2020年４月１日施行）

　委任契約がいつ成立したかによって変わります。施行日前に成立した場合には、旧法が適法され、施行日後に成立した場合には新法が適用されます（附則34条１項）。

⑶　実務上のポイント

　実務上の影響は小さいといえます。

9　寄　託

ポイント

　寄託は、諾成契約化されることとなりました。

　混合寄託について明文で認められました。

　消費寄託については、旧法では消費貸借の規定が準用されていましたが、消費寄託は消費貸借とは性格が異なるとして、その準用を限定すると共に、返還の時期の定めに関わらずいつでも返還請求ができるなど寄託の性質に合わせた改正がなされています。消費寄託の中でも預貯金契約は特殊であるとして、寄託者は、返還の時期の定めがあった場合において、受寄者が、寄託者に返還時期前に返還した場合に、寄託者に生じた損害を賠償する責任を負うこととされています。

　また、再寄託、寄託物の第三者ならびに寄託物の一部滅失および損傷にかかる規定も整備されました。

⑴　改正事項

ア　寄託の諾成契約化（新657条、新657条の２）

　新法では、当事者の合意があれば、寄託物の交付がなくてもその効力を生じるとされており（新657条）、書面がなくても契約が成立します。

第2章　債権法改正

　寄託者は、寄託物を受け取るまでに契約を解除することができるとされました。他方、その解除によって受寄者に生じた損害を賠償する責任を負うことになります（新657条の2第1項）。なお、無報酬の寄託契約が書面で作成された場合については、受寄者は、受寄物の受け取る前であっても契約の解除ができません（新657条の2第2項）。

（寄託物を受け取る前の契約解除についての条項例）
1　寄託者は、受寄者が寄託物を受け取るまで契約を解除することができる。
2　寄託者は、前項に基づく契約の解除によって、受寄者に生じた損害を、受寄者の請求に応じて支払うものとする。

イ　再寄託（新658条）

　新法では、第三者へ保管する事由として、寄託者の承諾に加え、やむを得ない事由が加えられました（新658条2項）。なお、新法では、再寄託した場合の受寄者の責任については、寄託者の承認を得て選任しても、その選任および監督のみならず、債務不履行の一般原則に従って責任を負うものと改められています（新658条3項）。そのため、旧法の規律を維持する場合には、契約書に「受寄者は、再受寄者の選任および監督にのみ責任を有する」と明記する必要があります。

ウ　寄託物について権利主張をする第三者との関係（新660条）

　新法では、第三者が寄託物について権利主張をする場合であっても、受寄者は、寄託者の指図がない限り、寄託者に対して寄託物を返還すると明文化されました（新660条2項）。この場合、寄託者に引き渡したことによって第三者に損害が生じても、受寄者は、第三者に対し、賠償責任を負わず（新660条3項）、当該第三者は寄託者に対して直接請求することになります。

　他方、受寄者が、寄託者に対し、第三者からの権利主張があった旨を通知した場合において、寄託物を第三者に引き渡すべき旨を命ずる

・128・

確定判決またはこれを同一の効力を有するものがあったときであれば、受寄者は、第三者に寄託物に引き渡すことができ、寄託者に寄託物を返還すべき義務を負わないとされています（新660条2項ただし書）。

エ　寄託物の一部滅失または損傷の期間制限（新664条の2）

新法では、寄託物の一部滅失および損傷によって生じた損害の賠償および受寄者が支出した費用の償還は、寄託者が寄託物の返還を受けた時から1年以内に請求するものとされ、寄託者の損害賠償請求権に係る消滅時効の完成は1年猶予されると明文化されました。

オ　混合寄託の新設（新665条の2）

新法では、複数の者が寄託した者の種類および品質が同一である場合には、受寄者は、各寄託者の承諾を得た時に限り、これらを混合して保管することができるとされました（新665条の2第1項）。

混合寄託がなされた場合、寄託者は、受寄者に対し、寄託物と同じ数量の返還を請求できます（新665条の2第2項）。仮に寄託物の一部が滅失したときは、総寄託物に対する自己の寄託した物の割合に応じた数量の返還を請求ができ、別途損害賠償請求も可能です（新665条の2第3項）。

カ　消費寄託の改正（新666条）

旧法では、消費貸借の規定を準用していましたが、消費寄託と消費貸借は、構造が異なるとして、新法では、条文が整理されています。

新法では、消費寄託の場合には、受寄者は、寄託された物と種類、品質および数量の同じ物を返還しなければならないと明文化されました（新666条1項）。消費寄託の寄託物は、使用貸借と同様、特定した時の状態で引き渡すものと推定され、寄託された物と種類、品質に関して契約不適合の場合は、受寄者は、その物の価額を返還できます（新666条2項、新590条）。受寄者が寄託者から受け取った物と種類、品質および数量の同じ物をもって返還をすることができなくなった

きは、受寄者はその時における受寄物の価額を償還する必要があります（新666条2項、新592条）。

　寄託者は、返還の時期の定めにかかわらず、いつでも返還を請求することができ（新662条1項）、受寄者は、返還の時期の定めがある場合には、やむを得ない事由がなければその期限前に返還することができません（新663条2項）。

　消費寄託の中でも預貯金契約は特殊であるとして、受寄者は、返還の時期の定めがあった場合において、寄託者に返還時期前に返還した場合に、寄託者に生じた損害を賠償する責任を負うこととされています（新666条3項、新591条3項）。この損害については、契約の趣旨や個々の事案における解釈によって判断されることとなります。

⑵　経過措置（2020年4月1日施行）

　寄託契約がいつ成立したかによって変わります。施行日前に成立した場合には、旧法が適法され、施行日後に成立した場合には新法が適用されます（附則34条1項）。

⑶　実務上のポイント

　寄託に関する改正は、多数にわたりますが、いずれも実務を踏まえたものであり、実務への影響は少ないといえます。

3-2 契約管理—契約各則

10 組 合

ポイント

　組合は、組合の業務の決定および執行、他の組合員との関係および組合の債権者との関係について規定が整備されましたが、基本的には旧法下の運用を明文化したものとなります。

(1) 改正事項

ア　他の組合員との関係（新667条の2、新667条の3）

　組合契約には、同時履行の抗弁や危険負担が適用されないことが明文化されました（新667条の2第1項）。また、他の組合員の組合契約に基づく債務不履行を理由として、組合契約を解除されないとの判例も明文化されました（新667条の2第2項）。

　新法では、組合員の一人についての意思表示の無効または取消しの原因があっても、組合が第三者と取引開始を開始したかどうかを問わず、他の組合員の間における組合契約の効力は妨げられないとされました（新667条の3）。

イ　組合の業務の決定・執行、代理（新670条、新670条の2）

　新法では、組合の業務の決定と執行が区別され、業務の決定は、組合員の過半数によって行い、その執行は各組合員がこれを執行するとされました（新670条1項）。

　組合契約の定めによって、組合員または第三者に委任することができるとし（新670条2項）、委任を受けた者（業務執行者）が、もっぱら業務の決定および執行を行うとされました（新670条3項）。

　業務執行者がいる場合でも、総組合員の同意によって決定し、総組合員が執行することを妨げないとされました（新670条4項）。

　組合の常務については、各組合員または各業務執行者が単独で行うことができる点は、旧法と変わりありません。

・131・

新法では、組合の代理について、組合の業務の決定および執行と同様の規定が明文化されました（新670条の2）

ウ　組合および組合員の財産（新675条）

新法では、組合の債権者は、組合の共有する組合財産について権利行使ができると明文化され（新675条1項）、組合員の財産に対しても損失負担の割合または等しい割合いずれかで行使できると明文化されました（新675条2項）。ただし、債権者が債権発生時に損失負担の割合を知っていた場合は、損失負担の割合によって権利行使するものとされています（新675条2項ただし書）。

新法では、組合員は、組合財産である債権について、自らの持分についての権利を行使することができないとの判例が明文化されました（新676条2項）。

エ　組合員の加入および脱退について（新677条の2、新680条、新680条の2）

新法では、組合員全員の同意または組合契約の定めるところにより、新たに組合員を加入させることができること、新たに加入した組合員は加入前に生じた組合の債務については弁済責任を負わないことが明文化されました（新677条の2）。

新法では、脱退した組合員については、脱退前に生じた債務について、引き続き責任を負うものとされる一方、組合に対し、担保を供させ、自己に免責を得させるよう請求することができると明文化されました（新680条の2第1項）。仮に脱退した組合員が組合の債務を弁済した場合には、組合に対して求償権を有するとされました（新680条の2第2項）。

オ　組合の解散事由（新682条）

旧法では、解散事由として組合の目的である事業の成功またはその成功の不能のみが掲げられていましたが、新法では組合契約で定めた存続期間の満了、組合契約で定めた解散の事由の発生、総組合員の同

意を追加されました（新682条）。なお、新法では、組合員は個々の組合員を指し、全員の組合員を指すときは総組合員という用語法に統一されています。

⑵ 経過措置（2020年4月1日施行）

組合契約がいつ成立したかによって変わります。施行日前に成立した場合には、旧法が適法され、施行日後に成立した場合には新法が適用されます（附則34条1項）。

⑶ 実務上のポイント

実務への影響は少ないといえます。

第 **3** 章

相続法改正

第3章　相続法改正

1　相続法改正の趣旨・概要

1　相続法改正の趣旨

(1)　相続法の改正

　2018年、約40年ぶりに、民法相続法を見直す改正がなされ、同年7月6日、民法・家事事件手続法の一部改正法と「法務局における遺言書の保管等に関する法律」（以下「遺言書保管法」といいます。）が成立し、同月13日に公布されました。

(2)　改正の趣旨

　相続法改正の趣旨を端的に述べると、わが国の少子高齢化、介護問題、家族のあり方の大きな変化などの社会情勢の変化に対して、相続に関するルールを適合させることにあったものといえます。

2　相続法改正の概要

(1)　新法における新たな制度

改正項目	改正内容	対応箇所
配偶者の居住権を保護するための権利新設		
配偶者の居住権の短期的な保護	配偶者短期居住権の創設（新1037条）	**4-1** (2)
配偶者の居住権の長期的な保護	配偶者居住権の創設（新1028条）	**4-1** (3)
遺産分割に関する見直し		
配偶者保護	持戻し免除の意思表示があったとする推定（新903条4項）	**4-2**
可分債権の遺産分割における取扱い	預貯金の仮払制度 仮分割の仮処分等の創設・要件の明確化（新909条の2、新家事事件手続法200条3項）	**5-1・2**
一部分割の可否の明確化	一部分割の明文化（新907条2項）	**5-4**
遺産分割前における遺産を処分した場合の遺産の範囲の明確化	処分をした遺産については、共同相続人全員（処分をした共同相続人を除く）の同意により、遺産分割時に遺産として存在するものとみなす（新906条の2）	**5-3**

・136・

1 相続法改正の趣旨・概要

改正項目	改正内容	対応箇所
遺言制度に関する見直し		
自筆証書遺言の方式緩和	目録等の方式緩和（新968条2項）	**6-1**
遺言事項および遺言の効力等の見直し	遺贈の担保責任の定め（新998条ただし書）	**6-3**
自筆証書遺言の保管制度	法務局における遺言書の保管、保管されている遺言書の検認不要化など（遺言書保管法11条）	**6-2**
遺言執行者の権限の明確化等	相続人の代理人であること（新1015条）遺言の内容を実現するための一切の行為をする権限を有すること（新1012条）復委任が可能であること（新1016条）任務開始後に遅滞なく遺言内容を相続人に通知する義務を負うこと（新1007条）	**6-4**
遺留分制度に関する見直し		
遺留分減殺請求権の効力および法的性質の見直し	遺留分減殺請求権の行使によって生じる権利の金銭債権化（新1046条）	**8-1**
遺留分の算定方法の見直し	相続人以外の者に対する贈与は、相続開始前1年以内、相続人に対する贈与は、相続開始前10年以内にされたもの限って遺留分の算定の基礎に算入する（新1044条3項）	**8-3**(1)
遺留分侵害額の算定における債務の取り扱いに関する見直し	遺留分権利者の負担すべき相続債務を受遺者等が支払ったときの遺留分侵害額請求による金銭債務の消滅（新1047条3項）	**8-5**
相続の効力等に関する見直し		
相続による権利の承継に関する規律	法定相続分を超える部分について対抗要件が求められる（新899条の2）	**7-1・2**
相続による義務の承継に関する規律	相続債務の債権者は、相続分の指定がなされた場合であっても、各共同相続人に対して法定相続分に応じた権利行使が可能（新902条の2）	**7-3**
遺言執行者がある場合における相続人の行為の効果	遺言執行者がある場合に相続人が相続財産の処分等を行ったときは、その行為は原則として無効（新1013条2項）	**7-4**
相続人以外の親族の貢献を考慮するための制度新設		
特別の寄与	特別寄与者（親族に限る）の寄与に応じた額の金銭支払請求（新1050条）	**9**

第3章
相続法改正

1 改正の趣旨・概要

2 施行期日等

3 改正と税務

4 配偶者保護

5 遺産分割

6 遺言

7 相続の効力等

8 遺留分

9 相続人以外の者の貢献

(2) 解　説

ア　配偶者の居住権を保護するための権利新設

相続にあたって、残された配偶者の「現在の住み慣れた住居での生活を継続したい。」という希望を実現するために、配偶者短期居住権と配偶者居住権という2つの権利が創設されました。

配偶者短期居住権は、被相続人死亡直後の少なくとも6か月を経過する日までといった比較的短期間、配偶者が従前居住していた建物に無償で居住することができるように設けられた暫定的な権利です。

配偶者居住権は、被相続人の死亡後、特段の定めがある場合を除き配偶者が死亡するまでの間、継続的に、配偶者が従前居住していた建物に無償で居住することができるという権利です。

イ　遺産分割に関する見直し

配偶者保護に関し、被相続人が配偶者に対して居住用不動産の遺贈や生前贈与をした場合に、いわゆる持戻し免除の意思表示があったものと法律上推定する旨の規定を設けました。

また、各共同相続人が、遺産に含まれる預貯金のうちの一定額までは、単独で金融機関に対して払戻しを求めることができる制度(預貯金の仮払制度)が創設されました。

その他にも、家事事件手続法における保全処分について、預貯金債権に限って要件が緩和され、遺産分割前に一部の相続人によって遺産に属する財産が処分された場合に当該財産を遺産分割協議の対象とすることができるものとし、許容されているのか明文上明らかでなかった遺産の一部分割が可能であることおよびその要件が明文化されました。

ウ　遺言制度に関する見直し

遺言制度に関しては、遺言自体について、財産目録をワープロソフト等で作成したり、代筆や資料を添付して目録として使用したりすることができるものとし、要件を緩和しました。

自筆証書遺言を公的に保管する制度も創設されています。

1 相続法改正の趣旨・概要

遺贈の担保責任に関しては、債権法改正により贈与に関する規定が改正されたのを受けて、遺贈義務者の担保責任の対象を、特定物不特定物に限定せず、遺贈義務者は目的物を相続開始時の状態で引き渡しまたは移転すれば足りることとしました。

また、遺言執行者の法的地位や権限も明らかにされました。

エ　遺留分制度に関する見直し

遺留分侵害に対する減殺請求の効果について、旧法では、遺言や贈与を一部取り消せるという物権的効果を持つものとされていましたが、新法では、遺留分侵害額分の金銭債権を発生させるという債権的効果を持つものとなりました。

遺留分侵害額の算定方法についても、判例・実務が明文化されたほか、相続人に対する贈与のうち、遺留分の計算に参入されるのが、相続開始前10年以内かつ特別受益にあたる贈与に限定されるなどの見直しがなされました。

また、遺留分権利者の遺留分を侵害している受遺者・受贈者が複数いる場合に、遺留分侵害額をどのような順番・割合で負担するかという点に関して、旧法の規律の整理がなされています。

さらに、受贈者・受遺者が、遺留分権利者が負担する相続債務を消滅させた場合は、その分だけ、遺留分権利者からその受遺者・受贈者に対する遺留分侵害額に相当する金銭請求権を消滅させることができる、という制度も創設されています。

オ　相続の効力等に関する見直し

相続の効力等に関しても見直しがされ、相続による権利の承継に関し、法定相続分を超える部分については、第三者との関係において一律に対抗要件主義が適用されることになります。

債権の承継については、相続により法定相続分を超える部分を承継した場合には、対抗要件の具備が必要となりますが、当該相続人が単独で対抗要件を具備できる方法が、新たに追加されています。

・139・

第3章　相続法改正

　債務の承継についても、原則として、各共同相続人に法定相続分に応じて帰属するところ、遺言によって相続分の指定がされている場合は、相続債務の債権者は、各共同相続人に対し、法定相続分に応じて権利を行使することも認められています。

　また、遺言執行者がある場合における相続人の行為の効力も明確化され、相続人が遺言の内容に反する財産処分など遺言の執行を妨げる行為をしても、その行為は原則として無効とされます。

カ　相続人以外の親族の貢献を考慮するための制度の新設

　相続人以外の親族が、無償で労務を提供して被相続人の財産の維持・増加に特別の寄与をした場合に、相続人に対し金銭の支払を請求できるという制度が、新たに創設されました。

2 施行期日等

　改正相続法は、2019年7月1日に施行されました。

　ただし、自筆証書遺言の方式緩和については、2019年1月13日に既に施行済みであり、配偶者の居住権を保護するための方策については、改正債権法の施行日と同日の2020年4月1日に施行されます。

　また、法務局における自筆証書遺言の保管制度は、2020年7月10日に施行されます。

　施行日前に開始した相続については、特別の定めがない限り、改正前の法律が適用されます（附則2条）。

第3章　相続法改正

3 改正と税務

　民法改正項目に対応する令和元年度（平成31年度）税制改正の有無等は次のとおりです。

民法改正項目	令和元年度税制改正の有無等
配偶者短期居住権の新設	配偶者短期居住権については改正による手当てはありません。相続税法上、配偶者短期居住権は財産評価を要しないまたは評価を零とする実務の定着が予想されます。
配偶者居住権の新設	改正により、配偶者居住権の価額、その目的となっている建物の所有権の価額、その建物の敷地の利用に関する権利の価額、およびその建物の敷地の用に供される土地の価額の評価方法が法定されました。
相続人以外の者の貢献を考慮するための方策（特別寄与料制度の新設）	改正により、特別寄与者は、特別寄与料額相当額を被相続人から遺贈により取得したものとみなして、相続税を課すこととされました。特別寄与料を負担する各相続人は、その者の負担に属する特別寄与料の額を各人の相続税の課税価格の計算上、控除することとされました。
遺留分減殺請求権から生ずる権利の金銭債権化	改正により、更正の請求の該当事由について所要の整備がなされました。

　民法改正項目のうち税務に与える影響が大きいのは、配偶者居住権と特別寄与料に係る改正です。

▌1　配偶者居住権

　高齢化の進展等の社会経済情勢の変化に対応するために、今回の民法改正では、相続が開始した場合における配偶者の居住の権利が新設されました（新1028条等）。配偶者居住権等の評価方法について、民法上も議論がある中で、相続税法が法律中に明定したことは法的安定性や予測可能性に資すると考えます。相続税法上、配偶者居住権は、その目的となっている建物の時価をベースに、その建物の残存耐用年数、配偶者居住権の存続年数、存続年数に応じた民法の法定利率によ

・142・

る複利現価率を用いて評価することとされました。

2 特別寄与料

　特別寄与料の改正について、今回の民法改正で、被相続人の療養看護等を行った相続人等以外の親族が、相続人に対して特別寄与料の支払を請求することができるようになりました（新1050条1項）。これに伴い、令和元年度税制改正では、特別寄与者は、特別寄与料の額相当額を被相続人から遺贈により取得したものとみなして、相続税を課することとされました。これによって、特別寄与者は相続税の納税義務者となります。他方、各相続人は、その者の負担に属する特別寄与料の額を相続税の課税価格の計算上、控除することとされました。なお、特別寄与者については、相続税の2割加算の規定の対象となります（相続税法18条）。

3 その他

　上記のほか、税制改正で特段の手当てがなされなかったものにも触れておきます。今回の民法改正で、遺産の一部分割が明記され（新907条1項）、共同相続人による遺産分割前の預貯金払戻しが認められましたが（新909条の2）、相続税実務への影響はほとんどないと考えます。

　共同相続における権利の承継の対抗要件に係る民法の改正については、相続に基づく確実かつ迅速な登記等を迫られるなどの影響はありますが、相続税実務への直接的な影響は少ないと考えます。

　今回の民法改正で、婚姻期間20年以上の夫婦間でされた居住用不動産の贈与等について、特別受益の持戻し免除の意思表示を推定する規定が創設されました（新903条4項）。創設に当たって参考にしたともいわれる贈与税の配偶者控除の規定（相続税法21条の6）とは相違点があること（同規定は①遺贈を対象外、②居住用不動産取得資金も対象、③非課税枠2000万円）に注意が必要です。

COLUMN

相続法改正と事業承継

1 相続と事業承継

　中小企業の経営者の引退年齢は、65歳を超えているといわれています。わが国の企業の大多数を占める中小企業が事業承継をスムーズに進めることは、日本経済の今後を左右する重要な課題といえます。このため、政府は、補助金の交付や事業承継税制の特例など、様々な政策をもって事業承継をバックアップしています。

　事業承継には、第三者に対して事業を譲渡する方法もありますが、子どもを中心とする親族に対して事業を承継させる場合（親族内承継）には、生前贈与や相続というスキームを用いることになりますので、相続法との関係は、切っても切れないものといえます。

　今回の相続法の改正に伴い、事業承継に関連する「中小企業における経営の承継の円滑化に関する法律」（経営承継円滑法）も形式的な改正がなされていますが、相続法の改正は、このような形式的な条文の修正を超えて、事業承継に対して強い影響を及ぼすものです。

2 事業承継への影響

(1) 遺留分減殺請求権の行使によって生じる権利の金銭債権化

　相続法改正が事業承継に対して与える影響の一番大きなものとして、遺留分減殺請求権の行使によって生じる権利の金銭債権化を挙げることができます。

　旧法においては、遺留分が侵害された遺留分権利者が遺留分減殺請求を行う場合、遺留分を侵害する現物の財産移転を一部取り

消すことしかできませんでした（物権的効果）。例えば、自社株に相応の価値があったような場合に、遺留分権利者が、株式に対する減殺請求を行うと、株式は相続人の共有状態になってしまいます。これでは、特定の親族に自社株を集中して承継させても、自社株が分散することになってしまい、安定的な経営が成立しません。事業用不動産についても、同様の問題が生じます。

　相続法の改正により、遺留分減殺請求権は遺留分侵害請求権へと姿を変え、同請求権の行使によって生じる権利は金銭請求権となりましたので、自社株自体が共有化されるリスクは低下しました。事業を承継した相続人は、金融機関等から、金銭債務の支払のために必要な資金調達を行えばよいということになります。さらに、事業を承継した相続人等は、裁判所に対し、遺留分侵害に係る債務の支払につき、期限の許可を求めることができるようになりました。

⑵　遺留分を計算する基礎財産に含める贈与の範囲の変更

　次に、遺留分の算定にあたっては、被相続人の相続人に対する生前贈与については、期限なく対象となっていましたが、相続法の改正により、新法では、原則として、相続開始前10年以内かつ特別受益にあたる贈与に限り、遺留分の基礎財産に含められます。すなわち、事業承継の過程において、自社株を後継者である相続人等に贈与した場合、20年前の贈与でも30年前の贈与でも、遺留分減殺請求の対象でしたが、改正後は遺留分侵害請求権の対象に含める必要がなくなりました。

　したがって、早期に自社株式を後継者に贈与し、贈与から10年が経過すれば、原則として、遺留分の問題が生じないことになります。

第3章　相続法改正

4　配偶者保護

1　配偶者居住権

(1)　配偶者の居住権の保護とは

ポイント

残された配偶者の「現在の住み慣れた住居での生活を継続したい。」という希望を実現するために、配偶者短期居住権と配偶者居住権という2つの権利が創設されました。

ア　解　説

(ア)　遺産分割における配偶者の希望

近年の社会の高齢化の進展や平均寿命の伸長に伴い、被相続人の死亡後も、残された配偶者が長期間にわたって生活を続けるケースが増加しています。このような残された配偶者は、現在の住み慣れた住居での生活を承継しながら、生活資金として相応の預貯金等の財産を確保することを希望するのが通常です。

旧法の下では、このような配偶者の希望を実現するためには、遺産分割において居住建物の所有権を取得する必要がありました。

しかし、居住建物の評価額が高額であるような場合、生活資金まで確保することが難しいケースもままみられたところです。

(イ)　改正により創設した2つの権利

改正相続法は、配偶者が希望する現在の住み慣れた住居の居住権を確保するための制度として、配偶者短期居住権と配偶者居住権の2つの権利を創設しました（新1028条〜新1041条）。

まず、配偶者短期居住権は、居住建物が遺産分割の対象となる場合には遺産分割が終了するまでの期間中、居住建物が遺産分割によらずに権利者が確定される場合にはある一定の期間、配偶者が従前居住し

・146・

4 配偶者保護

ていた建物に被相続人の死亡後も引き続き無償で居住することができ
るように定められた、いわば暫定的な債権です。配偶者居住権とは異
なり、遺産分割において、配偶者の具体的相続分からその価値相当額
を控除する必要もありません。

　次に、配偶者居住権は、遺贈または遺産分割の結果として、配偶者
が従前居住していた建物に被相続人の死亡後も引き続き無償で居住す
ることができるという権利です。

これら2つの権利は、次の項目において、詳しく解説します。

	配偶者短期居住権	配偶者居住権
権利主体	配偶者	配偶者
成立要件	相続開始時に、被相続人が所有する建物に無償で居住していたこと	①相続開始時に、被相続人の所有する建物に居住していたこと ②遺産分割・遺贈・審判により取得
相続分	具体的相続分に含まれない。	具体的相続分に含まれる。
対抗要件	不要（当然対抗）	必要
登記制度	なし	あり
存続期間	【1号配偶者短期居住権】 遺産分割確定まで（最低6か月間） 【2号配偶者短期居住権】 居住建物の所有者から消滅請求を受けてから6か月	配偶者の終身の間。 ただし、期間を定められる。
消滅事由	①存続期間の満了 ②善管注意義務違反・用法遵守義務違反等があり、居住建物取得者が消滅の意思表示をした場合 ③配偶者が配偶者居住権を取得した場合 ④存続期間満了前の配偶者の死亡 ⑤建物の全部滅失等	①（存続期間がある場合）存続期間の満了 ②用法遵守義務違反、無断譲渡等があり居住建物所有者が消滅の意思表示をした場合 ③居住建物が配偶者の財産に属することとなった場合 ④配偶者の死亡 ⑤居住建物の全部滅失 ⑥配偶者による放棄

・147・

第3章 相続法改正

イ 経過措置（2020年4月1日施行）

　配偶者の居住の権利に関する規定は、施行日前に発生した相続や遺贈には、適用されません。また、施行日前に被相続人が配偶者に対して配偶者居住権を遺贈することを内容とする遺言書を作成していた場合、施行日以後に相続が開始されたとしても、配偶者の居住に関する規定は適用されません（附則10条）。

(2) 配偶者短期居住権

> **ポイント**
>
> 　配偶者短期居住権は、居住建物について配偶者を含む共同相続人間で遺産の分割をすべき場合には遺産分割が終了するまでの期間中、居住建物が遺産分割によらずに権利者が確定される場合には一定の期間中、配偶者に従前居住していた建物に無償で居住することができるように定められた、暫定的な債権です。

ア 新法の規定

第1037条

　配偶者は、被相続人の財産に属した建物に相続開始の時に無償で居住していた場合には、次の各号に掲げる区分に応じてそれぞれ当該各号に定める日までの間、その居住していた建物（以下この節において「居住建物」という。）の所有権を相続または遺贈により取得した者（以下この節において「居住建物取得者」という。）に対し、居住建物について無償で使用する権利（居住建物の一部のみを無償で使用していた場合にあっては、その部分について無償で使用する権利。以下この節において「配偶者短期居住権」という。）を有する。ただし、配偶者が、相続開始の時において居住建物に係る配偶者居住権を取得したとき、または第八百九十一条の規定に該当し若しくは廃除によってその相続権を失ったときは、この限りでない。

　一　居住建物について配偶者を含む共同相続人間で遺産の分割をすべき場合　遺産の分割により居住建物の帰属が確定した日または相続開始の時から六箇月を経過する日のいずれか遅い日

4 配偶者保護

　二　前号に掲げる場合以外の場合　第三項の申入れの日から六箇月を経過
　する日

イ　解　説

㋐　趣　旨

　判例（最判平成8・12・17民集50巻10号2778頁）は、相続人の
1人が被相続人の許諾を得て被相続人所有の建物に同居していた場
合、特段の事情のない限り、被相続人とその相続人との間で、相続開
始時を始期とし、遺産分割終了時までの間、使用貸借契約が成立して
いたものと推認されると判断しています。相続人である配偶者は、こ
の判決の要件を満たす限り、遺産分割が終了するまでの間は、被相続
人の建物に無償で居住することができることされました。

　しかし、判決が認めた居住は、あくまでも、当事者の意思の合理的解
釈に基づくものであるため、被相続人が明確にこれとは異なる意思を表
示していた場合には、配偶者の居住権は、保護されないことになります。

　配偶者が被相続人の財産に属した建物に相続開始の時に無償で居住
していたという事実があるだけで、短期間に限っては、被相続人の意
思にかかわらず配偶者の従前の居住環境での生活を保障することを目
的として、配偶者短期居住権は創設されました。

㋑　成立要件

　「配偶者」が、「被相続人の財産に属した建物」に「相続開始の時に」
「無償で居住していた」ことが成立要件です。

　「居住していた」とは、居住建物を生活の本拠としていたことを意
味します。例えば、配偶者が相続開始の時点では入院していた場合で
も、退院後は居住建物に帰ることが予定されていた場合には、居住建
物が生活の本拠であると評価することもあり得るところです。

　なお、配偶者が相続放棄をした場合でも成立することとされていま
すが、配偶者が相続欠格事由に該当し、または廃除により相続人でな

- 149 -

第3章 相続法改正

くなった場合には、成立しません（新1037条1項ただし書）。

　㈥　**法的性質**

　被相続人の意思にかかわらず、法律によって当然に成立する債権（法定債権）です。民法の定める使用借権と類似した性質を有する権利であり、存続期間も短期間であるため、対抗要件を具備していなくても第三者に対して権利の主張が可能であり、登記の対象とはなりません。

　㈦　**遺産分割時の取扱い**

　配偶者居住権と異なり、配偶者短期居住権によって受けた利益は、配偶者の具体的相続分からその価額を控除する必要がありません。

　㈧　**存続期間**

　　a　**1号配偶者短期居住権**

　居住建物について配偶者を含む共同相続人間で遺産の分割をすべき場合、遺産の分割により居住建物の帰属が確定した日または相続開始の時から6か月を経過する日のいずれか遅い日まで存続します（新1037条1項1号）。

　共同相続人間で遺産分割協議を早期に成立させることが可能である場合、遺産分割協議の成立時までしか配偶者短期居住権が存続しないとすると、退去を望まない配偶者が遺産分割協議の成立に応じないことが想定されます。そこで、早期に遺産分割協議が成立した場合であっても、配偶者が転居するために必要な猶予期間として、少なくとも相続開始の時から6か月間は配偶者短期居住権が存続することとしています。

　なお、遺産の分割により居住建物の帰属が確定した日とは、具体的には、遺産分割協議の成立時や遺産分割の審判の確定時をいいます。

　　b　**2号配偶者短期居住権（1号以外の場合）**

　居住建物について配偶者を含む共同相続人間で遺産の分割をすべき場合には、居住建物は、遺産の分割の対象にはなりません。このような場合、配偶者短期居住権は、相続開始の時を始期、居住建物取得者による配偶者短期居住権の消滅の申入れから6か月が経過する日を終

・150・

期として存続します（新1037条1項2号）。

(カ) 配偶者と債務者（居住建物取得者）間の法律関係

配偶者短期居住権は、居住建物の「使用」のみを認めるもので、「収益」する権限を認めるものではありません（新1037条1項本文）。配偶者は、従前の用法に従い、善良な管理者の注意をもって、居住建物の使用をしなければなりません（新1038条1項）。

したがって、居住建物取得者の承諾を得なければ、第三者に対して居住建物を転貸することはできません（新1038条2項）。例えば、配偶者短期居住権の対象となる建物を民泊用物件として活用することなどは認められないことになります。

また、配偶者短期居住権は、配偶者が相続開始時に得ていた居住の利益を一定期間保護することを目的とするものですので、建物の一部のみを無償で使用していた場合には、配偶者短期居住権も、当該使用部分にのみ成立します（新1037条1項柱書本文かっこ書）。

(キ) 消滅

配偶者短期居住権の消滅原因は、以下のとおりです。

① 存続期間の満了（新1037条1項各号）

② 居住建物取得者による消滅請求（新1038条3項）

③ 配偶者による配偶者居住権の取得（新1039条）

④ 配偶者の死亡（新1041条、新597条3項）

⑤ 居住建物の全部滅失等（新1041条、新616条の2）

②の居住建物取得者による消滅請求は、配偶者が用法遵守義務や善管注意義務等（新1038条1項、2項）に違反した場合に、居住建物取得者の意思表示により配偶者短期居住権を消滅させることができるというものです。

③配偶者による配偶者居住権の取得は、配偶者居住権を取得した場合には、登記を備えることで第三者に対抗することができる占有権原を有することとなりますから、配偶者短期居住権による保護の必要性

がなくなることが理由です。

　(ク)　配偶者短期居住権の消滅後の法律関係

　配偶者短期居住権が消滅した場合には、配偶者は、居住建物取得者に対し、居住建物の返還義務を負います（新1040条1項本文）。ただし、配偶者が配偶者居住権を取得した場合には、当然ながら、返還義務を負いません（同項本文）。

　配偶者が相続開始後に居住建物に附属させた物がある場合には、配偶者は、これを収去する権利を有し、また、義務を負うことになります（新1040条2項、新599条1項2項）。

　さらに、相続開始後に居住建物に損傷が生じた場合には、配偶者は、通常の使用によって生じた居住建物の損耗および居住建物の経年劣化を除き、原状回復義務を負います（新1040条2項、新621条）。

　(ケ)　事例の検討

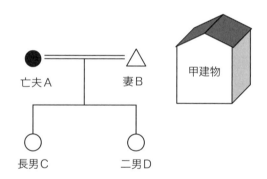

《事例》

　Aが死亡し、妻Bと子CおよびDがAを相続した。Bは、Aが生前所有していた甲建物に居住していた。BCD間では、Aの遺産の分割について、争いが生じており、いまだに遺産分割は終了していない。Bは、現在も、甲建物に居住している。

《検討》

　Bは、遺産分割が完了して甲建物の帰属が確定するまでの間（遺産

分割がA死亡時から6か月以内に完了した場合には、この6か月が経過するまでの間）、配偶者短期居住権をCおよびDのそれぞれに対して主張できるため、無償で甲建物に居住することができる。

ウ　実務上のポイント

相続が発生した場合、遺産に属する建物が遺産分割の対象になるものなのか、そうではないのかを切り分けた上で、生存配偶者が当該建物を無償で使用している場合には、配偶者短期居住権が成立することおよびその期間を検討することになります。

遺産分割が完了するまでの間の生存配偶者の居住権は、判例によって認められていたところでもあり、遺産分割に関する実務に対し、大きな影響を与えるものではないと思われます。もっとも、建物所有者は、配偶者に対して居住建物を使用させる法律上の義務（新1037条2項）を負うことになりますので、不履行の場合には損害賠償義務を負う可能性があることを、念頭に置く必要があります。

(3)　**配偶者居住権**

> **ポイント**
>
> 　配偶者居住権は、遺贈または遺産分割の結果に基づいて、配偶者が従前居住していた建物に被相続人の死亡後も引き続き無償で居住することができるという権利です。
> 　配偶者居住権は、登記を経由することで第三者に対抗することができるので、不動産に担保を設定する際には、この配偶者居住権の登記の有無を確認する必要があります。

ア　新法の規定

（配偶者居住権）

第1028条

1　被相続人の配偶者（以下この章において単に「配偶者」という。）は、被

相続人の財産に属した建物に相続開始の時に居住していた場合において、次の各号のいずれかに該当するときは、その居住していた建物（以下この節において「居住建物」という。）の全部について無償で使用及び収益をする権利（以下この章において「配偶者居住権」という。）を取得する。ただし、被相続人が相続開始の時に居住建物を配偶者以外の者と共有していた場合にあっては、この限りでない。

一　遺産の分割によって配偶者居住権を取得するものとされたとき。
二　配偶者居住権が遺贈の目的とされたとき。

イ　解　説

㋐　趣　旨

　配偶者居住権の制度は、配偶者に居住建物の使用収益権限を認めることによって、遺産分割の際に、配偶者が居住建物の所有権を取得する場合よりも低廉な価額で居住権を確保することができるようにすること等を目的として創設されたものです。

㋑　成立要件

　「配偶者」が、「被相続人の財産に属した建物」に「相続開始の時に」「無償で居住していた」という配偶者短期居住権の要件に加え、その建物について、①残された配偶者に配偶者居住権を取得させる旨の遺産分割が成立したこと、もしくは、②配偶者居住権が遺贈の目的とされたことが要件とされています（新1028条1項本文）。

a　遺産分割の成立

　「遺産の分割」（新1028条1項1号）には協議による遺産分割だけでなく、家庭裁判所による審判も含まれ、他の相続人が反対している場合であっても、家庭裁判所が審判によって配偶者に配偶者居住権を取得させることも可能です。家庭裁判所は、

①　共同相続人の間で、配偶者に配偶者居住権を取得させることについて合意が成立しているとき

②　配偶者が家庭裁判所に対して配偶者居住権の取得を希望する旨

を申し出た場合において、居住建物の所有者の受ける不利益の程度を考慮してもなお配偶者の生活を維持するために特に必要があると認めるとき

のいずれかの場合に限り、配偶者に配偶者居住権を取得させる旨の審判をすることができます（新1029条）。

なお、配偶者が遺産分割により配偶者居住権を取得する場合には、他の遺産を取得する場合と同様、自らの具体的相続分の中からこれを取得することになります。

b 配偶者居住権が遺贈の目的とされたこと

被相続人が自らの遺言によって配偶者に配偶者居住権を取得させるためには、遺贈によることを要します（新1028条1項2号）。また、配偶者が、被相続人の生前に配偶者居住権を目的とする死因贈与契約を締結することによっても配偶者居住権を取得できます（554条、新1028条1項2号）。

㈦ 法的性質

法的性質については、賃借権類似の法定の債権であると考えられます。

配偶者居住権は、配偶者の居住権を保護するために特に認められた権利であり、帰属上の一身専属権です。そのため、配偶者は、配偶者居住権を第三者に譲渡することができません（新1032条2項）。

配偶者が死亡した場合には当然に消滅し、配偶者の相続財産にはなりません（新1036条、新597条3項）。

㈢ 遺産分割時の取扱い

生存配偶者が配偶者居住権を取得した場合、配偶者居住権の財産的価値に相当する金額を相続したものとして取り扱われますので、配偶者の具体的相続分からその価額を控除する必要があります。配偶者居住権の価額については、今後の実務における運用・解釈に委ねられています。

第3章 相続法改正

㈢ 存続期間

配偶者居住権は、配偶者が生存している間、存続します（新1030条本文）。ただし、遺産分割や遺言において、自由に存続期間を定めることもできます（新1030条ただし書）。存続期間が定められた場合には、期間の延長や更新をすることはできません。

㈣ 配偶者と債務者（居住建物の所有者）の法律関係

a 居住建物の使用および収益

配偶者居住権は、無償で、居住建物の使用収益をすることができる権利です。居住建物の使用収益をする場合には、必要な限度で、敷地を利用することができます。

また、配偶者居住権が成立した場合、配偶者の使用収益権限は建物の全部に及ぶとされていますので、配偶者は、相続開始の前には居住建物の一部のみを使用していた場合であっても、配偶者居住権を取得した場合には、居住建物の全部について使用および収益をすることができます（新1028条1項本文）。

b 用法遵守義務・善管注意義務

配偶者は、従前の用法に従い、善良な管理者の注意をもって、居住建物の使用および収益をしなければなりません（新1032条1項本文）。

もっとも、配偶者の居住権を保護するという配偶者居住権の制度趣旨に照らし、相続開始前には配偶者が使用していなかった部分や居住の用に供していなかった部分について、新たに居住の用に供することは妨げられないこととしており（新1032条1項ただし書）、その限度において、用法の変更が認められています。

c 譲渡禁止

配偶者居住権は、第三者に譲渡することができません（新1032条2項）。

d 第三者に使用収益をさせることや無断増改築の禁止

配偶者は、居住建物の所有者の承諾を得なければ、第三者に居住建

4 配偶者保護

物の使用または収益をさせたり、居住建物の増改築をしたりすること
はできません（新1032条3項）。

e 居住建物の修繕等

居住建物の修繕が必要な場合、第一次的には、配偶者において修繕
をすることができ（新1033条1項）、居住建物の所有者は、配偶者が
相当の期間内に必要な修繕をしないときに修繕をすることができるも
のとされています（同条2項）。また、修繕を要するとき（配偶者が
自ら修繕するときは除く）または居住建物について権利主張者がある
ときは、配偶者は所有者に対して通知義務を負うものとされています
(同条3項本文)。ただし、所有者がこれを知っているときは通知義務
を負いません（同条3項ただし書）。

f 費用負担

居住建物の保存に必要な通常の修繕費のほか、居住建物やその敷地
の固定資産税等（通常の必要費）は、配偶者が負担するものとされて
います（新1034条1項）。

㈮ 配偶者居住権の第三者に対する関係

配偶者が配偶者居住権を第三者に対抗するためには、配偶者居住権
の設定登記をしなければなりません（新1031条2項、新605条）。配
偶者居住権は、建物賃借権とは異なり、居住建物の引渡しを対抗要件
とはしていません（借地借家法31条参照）。配偶者居住権の場合、建
物所有者は賃料などを得ることができず、第三者に権利の内容を適切
に公示すべき必要性が高いこと等を考慮したものです。

㈯ 配偶者居住権の消滅

配偶者居住権の消滅原因としては、

① 存続期間の満了（新1036条、新597条1項）

② 配偶者の死亡（新1036条、新597条3項）

③ 居住建物の全部滅失等（新1036条、新616条の2）

④ 配偶者居住権の放棄

・157・

⑤　居住建物の所有者による消滅請求（新1032条4項）
等が挙げられます。

⑤の配偶者居住権の消滅請求は、使用および収益に関する用法遵守
義務または善管注意義務の違反があった場合（新1032条1項）、無断
増改築をした場合または第三者に使用収益させた場合（同条3項）に、
居住建物の所有者は、配偶者に対して相当の期間を定めて是正の催告
を行い、その期間内に是正されないときは、配偶者に対する意思表示
によって、配偶者居住権を消滅させることができるというものです(同
条4項)。

㈰　配偶者居住権が消滅した後の法律関係

配偶者は、配偶者居住権が消滅した場合、居住建物の返還義務を負
います（新1035条1項本文）。ただし、配偶者が居住建物の共有持分
を有する場合には、共有持分に基づき居住建物を占有できますので、
配偶者居住権が消滅しても居住建物の返還義務は負いません（同項た
だし書）。

また、配偶者が相続開始後に居住建物に附属させた物がある場合に
は、配偶者は、居住建物の返還をするときに、附属させたものを収去
する義務を負います（新1035条2項、新599条1項）。

さらに、居住建物について相続開始後に生じた損傷がある場合には、
配偶者は、通常の使用によって生じた居住建物の損耗および居住建物
の経年劣化を除き、相続開始時の状態に復する義務を負います（新
1035条2項、新621条）。

㈡　事例の検討

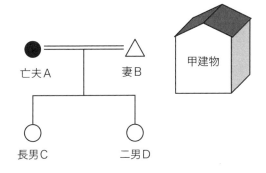

《事例》

　Aが死亡し、妻Bと子のCおよびDがAを相続した。AとBは、婚姻中、Aが所有する甲土地上にある甲建物に居住し、Aが死亡後も、Bは甲建物に居住していた。B、CおよびDは、遺産分割において、Bが、相応の預貯金に加え、甲建物について、特に期限を定めることなく、居住することのできる権利を取得することに合意した。

《検討》

　Bは、遺産分割により、甲建物について、配偶者居住権を取得する。Aが、Bに対し「甲建物について配偶者居住権をBに取得させる」旨の遺言により遺贈をした場合も、同様にBは配偶者居住権を取得する。

ウ　実務上のポイント

　配偶者居住権は、登記を経由することにより建物の所有権譲渡を受けた第三者や金融機関が設定した抵当権にも対抗することができるので、債権者の立場として債権回収を行う際にも、配偶者居住権の登記の有無や評価を厳密に行う必要があります。

第3章　相続法改正

2 配偶者に対する遺贈・贈与に関する持戻し免除の意思表示の推定

ポイント

　婚姻期間が20年以上の夫婦の一方が他方の配偶者に対し、居住している建物またはその敷地を遺贈または贈与した場合、被相続人が、相続分とは別枠で贈与または遺贈したものと認められ、原則として、この遺贈または贈与は、遺産の先渡しとしては取り扱われません。配偶者は、相続によることなく「現在の住み慣れた住居での生活を継続したい。」という希望をかなえることができます。

(1) 解　説

ア　趣　旨

　夫婦の一方が他方に対して居住用不動産の贈与または遺贈をした場合、遺産分割においては、この贈与または遺贈は、特別受益として取り扱われます。この場合、特別受益として取り扱われた財産の価額は、原則として配偶者の遺産分割における取得額から控除される（持ち戻す）ことになります（新903条）。

　旧法の下では、例外的に持戻し免除の意思表示が認められる場合（明示であるか黙示であるかを問いません。）には、被相続人が相続分とは別枠で贈与または遺贈したものとして、例外的に、持ち戻す必要はないものとされていました（旧903条3項）。

　新法では、配偶者保護を進めるという観点から、一定の要件を満たす配偶者間の居住用不動産の贈与または遺贈が行われた場合については、持戻し免除の意思表示があったものと推定することとしました（新903条4項）。

・160・

イ　要　件

① 婚姻期間が20年以上の夫婦であること

　婚姻期間が20年以上の夫婦であることが必要です。通常、長期間婚姻関係にある夫婦においては、一方配偶者の財産形成における他方配偶者の貢献・協力の度合いが高いと考えられることから、特別受益としないための要件としたものです。

② 贈与または遺贈の対象が居住用不動産であること

　新903条4項は、贈与または遺贈の対象物を、居住用不動産に限定しています。居住用不動産は、老後の生活保障という観点から特に重要なものであり、その贈与等は、類型的に残された配偶者の老後の生活保障を考慮して行われる場合が多いと考えられるからです。

ウ　効　果

要件を満たす贈与または遺贈がなされた場合、被相続人は、持戻し免除の意思表示をしたものと推定されます。その結果、遺産分割においては、当該贈与等を特別受益として扱わずに計算をすることができ、その分配偶者の遺産分割における取得額が増えることとなります。

エ　事例の検討

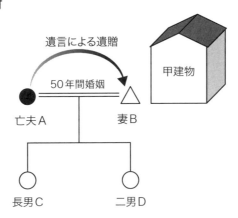

《事例》

　Aは、妻Bと50年間の婚姻生活を送り、死亡した。AとBは、婚姻中、Aが所有する甲土地上にある甲建物に居住していた。Aは、

第3章　相続法改正

遺言により、甲土地建物を、Bに遺贈した。Bは、Aの死亡時に、甲建物に居住していた。Aの相続人は、Bのほかに、ABの子どものCおよびDがいる。

《検討》

　Aが遺贈をした時点において、Bは、遺贈の対象である甲建物に居住しており、Bが遺贈を受けた甲土地建物については、持戻し免除の意思表示がなされたものと推定されるため、これと矛盾するような事情が特に存在しない限り、甲土地建物は、Aの遺産から除かれ、残余の財産について、B、CおよびDが遺産分割を行うことになる。

⑵　経過措置（2019年7月1日施行）

　施行日より前にされた、婚姻期間が20年以上の夫婦間の居住用に供する建物またはその敷地にかかる遺贈または贈与については、持戻しの免除の意思表示をしたものとの推定が働きません（附則4条）。

⑶　実務上のポイント

　持戻し免除の意思表示が推定されるということは、被相続人が何らの意思表示もしていなければ、持戻し免除の意思表示があったものとして取り扱われるということです。

　被相続人が持戻しの免除を望まない場合には、実務上の措置として、遺言書等にその旨を記載しておく必要があります。

・162・

4 配偶者保護

3 配偶者保護と税務

> **ポイント**
>
> 　今回の民法改正で、配偶者居住権と配偶者短期居住権が新たに
> 創設されました。相続税法上、配偶者短期居住権については財産
> 評価を要しないと解されます。配偶者居住権については、令和元
> 年度税制改正において評価方法が法定されました。

(1) 配偶者短期居住権の評価

　配偶者短期居住権は、被相続人の配偶者が、自己が無償で居住して
いた被相続人所有の居住建物を比較的短い期間ではあるものの、無償
で使用する権利です（新1037条）。

　私見では、配偶者短期居住権について、その財産性を肯定する余地
がある一方、相続税法上の評価を議論する前に、そもそも「相続又は
遺贈により取得した」財産（相続税法2条、11条の2等）に該当する
か否かが問われるのではないかと考えます。

　令和元年度税制改正では、配偶者短期居住権の評価について相続税
法において何ら手当てされませんでした。仮に、配偶者短期居住権が
「相続又は遺贈により取得した」財産に該当するとしても、以下の点
からすれば、配偶者短期居住権は財産評価を要しないまたは評価を零
とするという取扱いが定着すると考えます（なお、配偶者短期居住権
および配偶者居住権はいずれも配偶者の死亡により消滅するため、そ
もそも当該配偶者の死亡時においては相続財産にはなりません）。

---

　① 「配偶者短期居住権によって受けた利益については、配偶者の具体的相
　　　続分からその価額を控除することを要しない」と説明されていること（平
　　　成30年1月の第26回法制審議会民法（相続関係）部会で決定された「民
　　　法（相続関係）等の改正に関する要綱案」4頁など）
　② 配偶者短期居住権は使用借権類似の権利として説明しうること

第3章
相続法改正

1
改正の趣旨
・概要

2
施行期日等

3
改正と税務

4
配偶者保護

5
遺産分割

6
遺　言

7
相　続　の
効　力　等

8
遺　留　分

9
相続人以外
の者の貢献

・ 163 ・

第3章　相続法改正

(2)　配偶者居住権の評価

　配偶者居住権は、被相続人の配偶者が、これまで居住していた被相続人所有の建物の全部について、原則として終身の間、無償で使用および収益をする権利です（新1028条）。このことから、経済的価値があることは明らかですし、配偶者短期居住権のように財産評価額を零とすべき事情も認められません。配偶者居住権は譲渡が禁止されていますが（新1032条2項）、このことをもって直ちに、経済的価値がないとか、財産権に該当しないということはできません。よって、配偶者居住権は相続税法上の財産に該当し、財産評価の問題が生じます。令和元年度税制改正では、次のとおり、配偶者居住権等の評価方法が法定化されました（新相続税法23条の2、新相続税法施行令5条の8、新相続税法施行規則12の2～12の4）。よって、他の評価方法を用いることはできません。

【1】配偶者居住権の価額

$$建物の時価^{※1} - 建物の時価^{※1} \times \frac{残存耐用年数^{※2} - 存続年数^{※3}}{残存耐用年数^{※2}} \times 複利現価率^{※4}$$

※1　相続開始時における配偶者居住権が設定されていないものとした場合の建物の時価（建物の一部が賃貸の用に供されている場合または被相続人が相続開始の直前において建物をその配偶者と共有していた場合には政令で定める一定の金額）

※2　次の①から②を控除した年数
　①　建物の所得税法に基づいて定められている耐用年数（住宅用）に1.5を乗じて計算した年数（端数について、6か月以上は1年とし、6か月未満は切捨て。②において同じ。）
　②　建物の建築後経過年数（居住建物の新築時から配偶者居住権の設定時までの年数）
　　ただし、残存耐用年数または残存耐用年数から存続年数を控除した年数が零以下の場合には、上記算式中の「残存耐用年数－存続年数/残存耐用年数」は零

※3　次の区分に応じそれぞれに定める年数（配偶者居住権の存続年数。端

数について、6か月以上は1年とし、6か月未満は切捨て）
① 配偶者居住権の存続期間が配偶者の終身の間である場合
　配偶者居住権が設定された時点の配偶者の平均余命年数
② 上記①以外の場合
　遺産分割協議等により定められた配偶者居住権の存続期間の年数（配偶者の平均余命年数が上限）
※4　配偶者居住権設定時における※3の存続年数に応じた民法の法定利率による複利現価率

【2】配偶者居住権の目的となっている建物の価額

建物の時価$^{(※)}$ － 上記の算式で求めた配偶者居住権の価額

※相続開始時における配偶者居住権が設定されていないものとした場合の建物の時価

【3】配偶者居住権の目的となっている建物の敷地の利用に関する権利の価額

土地の時価$^{(※1)}$ － $\left[$ 土地の時価$^{(※1)}$ × 複利現価率$^{(※2)}$ $\right]$

※1　相続開始時における配偶者居住権が設定されていないものとした場合の土地（土地の上に存する権利を含む）の時価（建物の一部が賃貸の用に供されている場合または被相続人が相続開始の直前において当該土地を他の者と共有し、もしくは建物をその配偶者と共有していた場合には、政令で定める一定の金額）
※2　上記「【1】配偶者居住権の価額」の※4と同じ

【4】配偶者居住権の目的となっている建物の敷地の用に供される土地の価額

土地の時価$^{(※)}$ － 上記【3】の算式で求めた敷地の利用に関する権利の価額

※相続開始時における配偶者居住権が設定されていないものとした場合の土地（土地の上に存する権利を含む）の時価

第3章 相続法改正

《事例の検討》

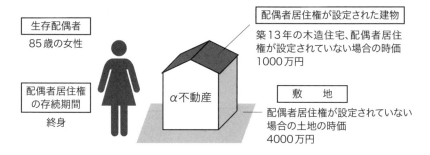

【1】配偶者居住権の価額

$$1000万円 - 1000万円 \times \frac{20年^{(※1)} - 8年^{(※2)}}{20年^{(※1)}} \times 0.789^{(※3)}$$

$= 526万6000円$

※1　（耐用年数22年 × 1.5）− 13年

※2　厚生労働省「平成29年簡易生命表」により算出したもので1年未満切捨ての場合

※3　法定利率3％（法定利率については本書第2の5(2)参照）、存続年数8年の場合で小数点以下第3位未満を四捨五入

【2】配偶者居住権の目的となっている建物の価額

$1000万円 - 526万6000円 = 473万4000円$

【3】配偶者居住権の目的となっている建物の敷地の利用に関する権利の価額

$4000万円 - \left[4000万円 \times 0.789 \right] = 844万円$

【4】配偶者居住権の目的となっている建物の敷地の用に供される土地の価額

$4000万円 - 844万円 = 3156万円$

なお、【3】の権利および【4】の土地については、小規模宅地等の課税価格の特例（措置法69条の4、新措置法施行令40条の2第6項）の対象となりえます。

このほか、令和元年度税制改正により、物納劣後財産の範囲に、配偶者居住権の目的となっている建物およびその敷地が加えられています（相続税法41条4項、新相続税法施行令19条5号）。ただし、配偶者居住権自体は物納の対象外です。また、配偶者居住権の設定登記について、居住建物の価額（固定資産税評価額）に対し1,000分の2の税率により登録免許税が課されることとされました（新登録免許税法別表第一）。

なお、上記の改正は、令和2年4月1以後に開始する相続により取得する財産に係る相続税について適用されます（改正法附則1条7号ロ等）。

(3) 配偶者居住権が消滅した場合の相続税の取扱い

配偶者居住権の消滅事由	相続税の取扱い
配偶者の死亡	配偶者から居住建物の所有者に相続を原因として移転する財産はないため、相続税の課税関係は生じません。
配偶者より先に所有者が死亡	居住建物の所有権部分について所有者の相続人に相続税が課されます。この場合、配偶者居住権は存続中であるため、所有者の相続開始時において上記の所有権部分と同様に評価することが考えられます。居住建物の敷地についても同様です。
期間の中途で合意解除、放棄等	居住建物等の所有者が対価を支払わなかったとき又は著しく低い価額の対価を支払ったときは、原則として、当該所有者が、配偶者居住権の消滅直前に、配偶者が有していた配偶者居住権の価額に相当する利益又は土地を配偶者居住権に基づき使用する権利の価額に相当する利益に相当する額（支払った対価の額を控除した金額）を、配偶者から贈与によって取得したものとして贈与税が課税されます（相続税法9条）。

（財務省『令和元年度　税制改正の解説』503〜504頁、相続税法基本通達9-13の2）

第3章　相続法改正

5　遺産分割

1　預貯金の払戻し制度の創設（新909条の2）

ポイント

　各共同相続人が、遺産に含まれる預貯金のうちの一定額までは、単独で金融機関に払戻しを求めることができる制度が創設されました。払戻しを受けた預貯金債権は、当該共同相続人が一部分割により取得したものとして扱われます。

(1)　新法の規定

（遺産の分割前における預貯金債権の行使）新設
第909条の2
　各共同相続人は、遺産に属する預貯金債権のうち相続開始の時の債権額の3分の1に第900条及び第901条の規定により算定した当該共同相続人の相続分を乗じた額（標準的な当面の必要生計費、平均的な葬式の費用の額その他の事情を勘案して預貯金債権の債務者ごとに法務省令で定める額を限度とする。）については、単独でその権利を行使することができる。この場合において、当該権利の行使をした預貯金債権については、当該共同相続人が遺産の一部の分割によりこれを取得したものとみなす。

(2)　解　説

ア　趣　旨

　従前の判例では、預貯金債権などの可分債権は相続の発生とともに当然に法定相続分に従って分割され、遺産分割の対象とはならないとされていました（最判昭和29年4月8日民集8巻4号819頁、最判平成16年4月20日最判民集214号13頁等）。しかし、最決平成28年12月19日（民集70巻8号2121頁、以下「平成28年決定」といいます。）は従来の判例を変更し、預貯金債権も遺産の範囲に含まれると

・168・

の判断を示しました。

　そもそも平成28年決定前であっても、金融機関は相続人全員の同意がない限り被相続人の預貯金の払戻しを認めない扱いをしている場合がほとんどであったため、実務上は各共同相続人が単独で払戻しを受けることはできませんでしたが、本決定により、各共同相続人が単独で預貯金の払戻請求をできないことが明確になりました。一方で、医療費等の被相続人の生前の債務を支払ったり、葬儀費用や、被相続人と生計を共にしていた相続人の生活費を被相続人の預貯金債権から支出したりする必要がある場合もあり、遺産分割協議が成立するまで、被相続人の預貯金債権の払戻しが一切できないとすると不都合も生じます。

　共同相続人の一部が預貯金の払戻しを受ける方法として、遺産分割調停または審判の申立てをして保全処分の申立てをする方法もありますが、裁判所に申立てをすること自体が相続人にとって負担であり、また、そもそも相続人間で争いがあるわけではなく、審判や調停の申立てをする必要がないケースも考えられます。

　そこで、平成28年決定の趣旨に反しない範囲で遺産分割協議成立前に払戻しを受ける必要がある事態に対応できるよう、他の共同相続人の利益を害することがないと認められる限度で、家庭裁判所の判断を経ずに預貯金債権の払戻しを受けられるようにする本制度が創設されました。

イ　制度の概要

㈠　払戻しが認められる範囲

　各共同相続人による払戻しが認められる範囲は以下のように規定されています。

① 　相続開始の時の預貯金債権の額の3分の1に払戻しを求める相続人の法定相続分を乗じた額（割合および額は個々の預貯金債権ごとに判断され、同一の金融機関に対して複数の預貯金債権があった場合もその預貯金債権ごとに考える。）

・169・

② 一つの金融機関に対しては法務省令で定める額（平成30年法務省令第29号により150万円）

　㈤　払戻しの効果

各共同相続人が払戻しを受けた預貯金債権の使途に制限はありませんが、払戻しを受けた預貯金債権は、当該共同相続人が一部分割により取得したものとみなされます。一方で、遺産分割の対象自体は払戻しを受ける前の預貯金債権全体であるので、払戻しを受けた共同相続人がその具体的相続分を超えた払戻しを受けている場合は精算の必要が生じます。

　㈥　払戻請求権の性質

本条に基づく権利行使は通常の預貯金債権の払戻請求権の行使と実体上同一であるので、預貯金債権の約定による制約（定期預金の一部払戻禁止等）はそのまま受けます。また、預貯金債権が差し押さえられている場合には、差押えによる処分禁止効・弁済禁止効により、本条に基づく権利行使もできません。

　ウ　事例の検討

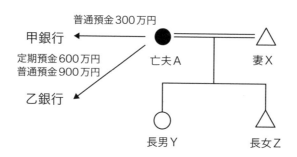

《事例》

Aが死亡し、相続人は妻Xと子Y、Zである。Aの相続財産は、不動産のほか、甲銀行に対する300万円の普通預金債権と、乙銀行に対する600万円の定期預金債権、900万円の普通預金債権である。相続人間で遺産の分け方について特に争いはないが、Yが海外にいるため

に遺産分割協議書の作成等の手続には時間がかかる見込みである。そこで、XはAの葬儀費用の支払いや当面の生活費のために、A名義の預金の一部の払戻しを受けたいと考えている。

《検討》

Xの法定相続分は2分の1であるので、単独で払戻しを請求できる預金債権の額は、以下の通りである。

① 甲銀行については50万円

300万円×1／3×1／2＝50万円

② 乙銀行については150万円

600万円×1／3×1／2＋900万円×1／3×1／2＝250万円

ただし、金融機関ごとの上限額150万円に制限される。

⑶ 経過措置（2019年7月1日施行）

施行日前に発生した相続であっても、施行日以後であれば、新909条の2に基づく預貯金債権の払戻請求が可能です（附則5条）。

⑷ 実務上のポイント

共同相続人が金融機関から払戻しを受けるには、金融機関に対し、自己が相続人であること、および自己の法定相続分を明らかにする必要があり、そのために金融機関に対して戸籍謄本等を提示するよう求められることが想定されます（具体的に必要な資料については金融機関に確認を取る必要があります。）。また、遺産分割協議をする際には、相続開始後に払戻しを受けた相続人の有無および払戻しを受けた額を確認して協議内容に反映させることが必要となるので、金融機関においては各相続人に対する払戻しの経過を記録し、他の相続人からの照会に応じる体制を整備することが必要になると考えられます。

・171・

第3章　相続法改正

2　遺産分割の審判事件を本案とする保全処分の要件緩和
（家事事件手続法200条3項）

> **ポイント**
>
> 　家事事件手続法における保全処分（仮分割の仮処分の制度）について、「強制執行を保全し、または事件の関係人の急迫の危険を防止するために必要があるとき」という要件を充たすことが必要とされていましたが、預貯金債権に限って要件が緩和されました。

(1)　新法の規定

　遺産の分割の審判事件を本案とする保全処分に関し、家事事件手続法第200条3項が新設されました。

(2)　解　説

ア　趣　旨

　平成28年決定により、遺産分割前に各共同相続人が単独で預貯金債権の一部の払戻しを受けることができないことが明確になりましたが、同補足意見では、家事事件手続法第200条2項の仮分割の仮処分を活用することが考えられる旨が述べられています。しかし、旧法下では同保全処分の手続を利用して遺産分割前に遺産に属する預貯金債権の払戻しができるのは、「急迫の危険を防止」する必要がある場合のみと要件が厳格であったため、預貯金債権を払い戻す必要がある場面に十分に対応できる制度とは言えませんでした。そこで、新909条の2の払戻し制度を創設するのと合わせて、預貯金債権に限って審判事件を本案とする保全処分の要件が緩和されました。

・172・

イ　制度の概要

㈠　預貯金の仮分割が認められるための要件

①　遺産の分割の審判または調停の申立てがなされていること（本案係属要件）

②　遺産分割の審判または調停の申立人または相手方による申立てであること

③　相続財産に属する債務の弁済、相続人の生活費の支弁など遺産に属する預貯金債権を行使する必要があること（必要性）

④　他の共同相続人の利益を害しないこと

要件④についての具体的な判断は個々の裁判官に委ねられますが、想定される審査の基準について、追加試案補足説明13頁以下では、以下のように述べられています。

　　ⅰ）仮分割を認める額が、原則として遺産の総額に申立人の法定相続分を乗じた額の範囲内であること

　　ⅱ）被相続人の債務を弁済する場合など事後的な精算も含めると相続人間の公平が担保されうる場合は、ⅰ）の額を超えた仮分割も認めうること

　　ⅲ）ⅰ）の範囲内で仮分割を認めることも相当でなく、預貯金債権の額に申立人の法定相続分を乗じた額の範囲内に限定するのが相当な場合はその部分に限定することもありうること

㈡　仮分割の効果

新909条2項の払戻し制度と異なり、本手続による払戻しは仮処分であり、本制度を利用して特定の相続人に給付された預貯金債権の全部または一部も含めて遺産分割の審判（または調停）がなされます。したがって、払戻しを受けた金額が審判（または調停）における取得額を超える場合は、精算義務が生じるのは払戻し制度の場合と同じです。ただし、仮払いの仮処分ではなく仮分割の仮処分であるので、債務者（金融機関）との関係では有効な払戻しとして扱われます。

・173・

第3章　相続法改正

⑶　**経過措置（2019年7月1日施行）**

　施行日前に開始した相続については、旧法が適用されます（附則2条）。

⑷　**実務上のポイント**

　本制度は、各共同相続人が遺産分割協議成立前に預貯金債権から給付を受ける手段として、預貯金債権の払戻し制度と合わせて利用することが可能です。本手続においては、払戻し制度のような明確な権利行使の範囲（払戻額の上限）は規定されておらず、金額については必要性および許容性を裁判官が判断して決めます。そこで、迅速に少額の金額を必要とする場合は払戻し制度を利用し、払戻し制度の上限額を超えるような額が具体的に必要な場面においては仮処分の仮分割の制度を活用するなど、場面に応じて利用することが考えられます。

3　遺産分割前に遺産に属する財産が処分された場合の遺産の範囲（新906条の2）

ポイント

　遺産分割前に一部の相続人によって遺産に属する財産が処分された場合、当該処分した相続人以外の相続人が同意すれば、当該財産も遺産に含まれるものとみなして遺産分割協議を行うことを可能とする制度が創設されました。これにより、遺産分割協議の枠組みの中で共同相続人間の公平を実現する途が開かれました。

5 遺産分割

第3章 相続法改正

1 改正の趣旨・概要

2 施行期日等

3 改正と税務

4 配偶者保護

5 遺産分割

6 遺言

7 相続の効力等

8 遺留分

9 相続人以外の者の貢献

(1) 新法の規定

（遺産の分割前に遺産に属する財産が処分された場合の遺産の範囲）新設

第906条の2

1　遺産の分割前に遺産に属する財産が処分された場合であっても、共同相続人は、その全員の同意により、当該処分された財産が遺産の分割時に遺産として存在するものとみなすことができる。

2　前項の規定にかかわらず、共同相続人の一人又は数人により同項の財産が処分されたときは、当該共同相続人については、同項の同意を得ることを要しない。

(2) 解説

ア 趣旨

　共同相続人は自己の法定相続分の限度内で遺産に属する財産を処分することが可能です（遺産に含まれる不動産の法定相続分相当を処分すること等）。そして、遺産分割の対象となる財産は、原則として、①被相続人が相続開始時に所有し、②分割時も存在する、③未分割の、④積極財産であることを要するとされていることから、相続開始後遺産分割前に処分された財産は②の要件を満たさないため遺産分割の対象に含まれないこととなります。しかし、判例および実務上は、共同相続人全員が合意すれば、分割前に処分された遺産も分割の対象に含めるとされていることから、改正法で明文化されました（新906条の2第1項）。

　さらに、共同相続人の一部が遺産の一部を処分した結果、処分をしなかった場合と比べて取得額が増えるといった共同相続人間での不公平な事態が生じるのを防ぐため、同条2項において、処分をした者を除く共同相続人全員の同意により処分した財産が分割時に遺産として存在するものとみなすことができる制度が創設されました。これにより、遺産分割協議の手続内で共同相続人間の公平を図ることが可能となりました。

・175・

イ　制度の概要

(ア)　処分された財産が遺産とみなされるための要件

①　当該財産が相続開始時に遺産に属していたこと

②　第三者または共同相続人の一人もしくは数人が当該財産を処分したこと

③　処分をした共同相続人以外の共同相続人全員が、当該財産を遺産分割の対象に含めることに同意していること

　　この同意は当該財産を遺産分割の対象に含めることへの同意であり、誰によって処分されたかは同意の対象ではありません。したがって、処分したのが誰であるかについて争いがあったとしても、遺産分割の対象とすることについて共同相続人全員の同意があれば足ります。

(イ)　同意の効果

　共同相続人全員が同意することで、遺産分割時に遺産として存在しているとみなされるという実体法上の効果が生じます（新906条の2第1項）。そして、かかる実体法上の効果を、一人の相続人の意思によって変更することは相当ではないので、同意は撤回することができません。

(ウ)　処分した者について争いがある場合

　上述の通り、処分した者が誰かという点について争いがあっても、遺産分割の対象とすることについて相続人全員の同意があれば足ります。他方で、財産の処分が第三者によってなされたのか相続人の一人によってなされたのか争いがあり、当該財産を遺産分割の対象とすることについて共同相続人全員の同意が得られない場合、共同相続人の一人が、他の共同相続人に対して、処分された財産が遺産分割時に遺産として存在していたことの確認を求める「遺産確認の訴え」を提起することが考えられます（最判昭和61年3月13日民集40巻2号389頁）。そして、新906条の2第2項の要件が満たされて請求が認容される場合、主文は、「処分財産が被相続人の遺産に属することを確認

する」となります。なお、処分財産が特定の相続人によって処分されたことの確認の訴えが許されるかについて、明文規定を置くことも部会で検討されましたが、必要性が乏しいとして見送られており、その許容性については解釈に委ねられることとなります。

　ウ　事例の検討

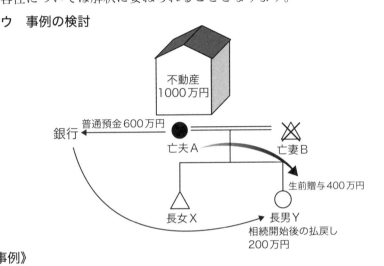

《事例》

　Aが死亡し、相続人は子であるXとYである。Aの遺産は不動産(評価額1000万円)と預貯金600万円であるが、Yは相続開始後に200万円を無断で払い戻した。なお、YはAから400万円の生前贈与を受けている。

《検討》

　①　Yが払戻しを受けなかった場合の具体的相続分

　　X　(1000 + 600 + 400) × 1/2 = 1000万円

　　Y　(1000 + 600 + 400) × 1/2 − 400 = 600万円

　②　Yが払戻しを受けている場合の取得分(旧法)

　具体的相続分は①のとおり、Xが1000万円、Yが600万円であり、遺産分割時の遺産(1400万円)を具体的相続分に従って分配します。

　　X　1400 × 1000 / 1600 = 875万円

　　Y　1400 × 600 / 1600 = 525万円

第3章　相続法改正

すなわち、Yは相続開始後に払戻しを受けなかった場合は生前贈与分を含めて1000万円を取得しますが、払戻しを受けた場合には生前贈与分を含めて1125万円（525万円＋200万円＋400万円）を取得することとなります。払戻し分を取り戻すため、XがYに対しては不法行為基づく損害賠償請求訴訟を提起することが考えられますが、従前の判例等にならうとXには法定相続分を前提とした損害しか認められない可能性があり、その場合Xは100万円分（200万円の2分の1）の損害賠償請求しかできず、Xの救済は限定的なものにとどまります。また、そもそもXに、無断で処分したYに対して別途民事訴訟を提起して解決する負担を課すのは酷であり、遺産分割協議の長期化を招くことになります。

③　新法の下での考え方

Yが相続開始後に遺産の一部を処分したことが明らかであるか、またはその旨を家庭裁判所が認定した場合には、家庭裁判所は、Yが財産を処分していない前提での各自の具体的相続分（X1000万円、Y600万円）を取得させる審判をすることになります。例えば、Xに不動産の2分の1（評価額500万円相当）と預貯金のうちの500万円を、Yに不動産の2分の1と預貯金のうちの100万円を取得させる旨の審判をします。

⑶　経過措置（2019年7月1日施行）

施行日前に開始した相続については、旧法が適用されます（附則2条）。

⑷　実務上のポイント

相続開始後に共同相続人の一部が遺産を処分した場合の権利回復の方法として、従前は不当利得や不法行為に基づく損害賠償請求（民事訴訟）を別途提起する方法によらざるを得ませんでしたが、本規定に

・178・

5 遺産分割

より、生前の特定の相続人への贈与等の特別受益があっても遺産分割手続内での解決の方法が提供されることとなり、遺産分割に関する紛争の早期・一回的解決に資することが期待されます。

4 一部分割およびその要件の明文化（新907条）

ポイント

　遺産の一部分割について、従前は、そもそも許容されているのか、許容されているとしていかなる要件の下で許されるのかが明らかではありませんでしたが、新法では、遺産の一部分割が許容されることおよびその要件が明文化されました。

⑴　新法の規定

第907条（改正）

⑵　解　説

　ア　趣　旨

　遺産のうち争いのない部分については、相続人全員の合意があれば、先行して分割を行うことが有効な場合があり、そうすることが遺産分割事件の早期解決に資すると考えられます。このような遺産の一部分割は実務上行われているものの、許容されているかが法文上は明らかではありませんでした。

　そこで、907条の「協議で、遺産の分割をすることができる」との規定が「協議で、遺産の全部または一部の分割をすることができる」と改正され、一部分割が認められることが明らかとなり、その要件も定められました。

　イ　制度の概要

　　㋐　改正の骨子

　本条の改正では、共同相続人間の協議による遺産の一部分割が可能

・179・

第3章　相続法改正

であることを明示し（新907条1項）、協議が調わない場合に、各共同相続人が家庭裁判所に一部分割の申立てをすることを認めています。

　一部分割が認められるための要件として、他の共同相続人の利益を害さないことが必要とされており、害すると裁判所が判断した場合は、一部分割の請求は不適法として却下されます（同条2項、3項）。

　　(イ)　一部分割の効果

　遺産の一部についての分割を求める審判（調停）の申立ての結果、一部分割の審判（調停）がなされた場合、残余財産についても審判（調停）は継続せず、当該事件は終了します。ただし、後に残余財産に関する遺産分割協議をする際、特別利益や寄与分による調整を行う場合には、一部分割の結果も勘案して各相続人が最終的に取得することとなる財産を前提とするものと考えられます。

(3)　**実務上のポイント**

　遺産全体の分割協議に時間がかかることが見込まれる場合、本条の一部分割の制度を利用して、換価や評価に時間を要する遺産に先行して預貯金債権の分割を行うことが考えられます。

5　遺産分割と税務

> **ポイント**
>
> 　申告期限までに遺産分割が行われていない場合には、一旦は、民法の規定による相続分等の割合に従って申告しますが、その後の更正の請求や各種特例の適用の手続を確認しておく必要があります。
>
> 　今回の民法改正で、遺産の一部分割が明記され、また、共同相続人が遺産分割前において預貯金債権を行使することが認められましたが、相続税実務への影響はほとんどありません。

5 遺産分割

⑴ 遺産未分割の場合の留意点

　相続税の申告期限は、相続の開始があったこと（被相続人が死亡したこと）を知った日の翌日から10か月以内です（相続税法27条1項）。遺産分割協議が未成立の場合、未分割のまま、民法の規定（900条〜902条および903条。904条の2（寄与分）は含まない）による相続分または包括遺贈の割合に従って申告します。その後、分割が行われ、分割に基づき計算した税額と申告額とが異なる場合は、申告額が過少であるときは修正申告を行うことができます。加算税や延滞税は課されません。申告額が過大である場合にはその異なることとなったことを知った日の翌日から4か月以内に更正の請求をできます（相続税法32条、51条2項、55条、相続税法基本通達55-1、国税通則法65条4項、66条1項）。

　注意点として、配偶者の税額軽減の特例（相続税法19条の2）および小規模宅地等の課税価格の特例（措置法69条の4）などについて、相続税の申告期限までに遺産分割が行われていない場合、当初の申告においては、その未分割遺産について、これらの特例の適用を受けることはできません。ただし、未分割遺産が申告期限から3年以内に分割され、かつ、所定の手続を踏むことにより、その後において、これらの特定の適用を受けることが可能です。

　具体的には、相続税の申告書に「申告期限後3年以内の分割見込書」を添付して提出しておき、その後、相続税の申告期限から3年以内に分割された場合には、上記の各特例を適用できます。この場合、分割が行われた日の翌日から4か月以内に更正の請求を行うことができます。

　また、相続税の申告期限の翌日から3年を経過する日において、その相続または遺贈に関する訴えが提起されているなどやむを得ない事情がある場合には、申告期限後3年を経過する日の翌日から2か月を経過する日までに、「遺産が未分割であることについてやむを得ない事由がある旨の承認申請書」を提出し、所轄税務署長の承認を受けて

第3章　相続法改正

おきます（相続税法施行令4条の2、同法施行規則1条の6、措置法施行令40条の2第19項、同法施行規則23条の2第9項）。この手続を踏んでおけば、判決の確定の日など一定の日の翌日から4か月以内に分割されたときに、上記の各特例の適用を受けることができます。この場合、分割が行われた日の翌日から4か月以内に更正の請求を行うことになります。

⑵　遺産の一部分割

　遺産分割協議について、改正前の旧907条1項は、共同相続人は、被相続人が遺言で遺産の分割を禁止した場合を除き、「いつでも、その協議で、遺産の分割をすることができる」と定めていました。今回の民法改正で、下線部分の直後に「全部又は一部の」という文言が追加されました（新907条1項）。相続税の観点からすると、遺産の一部を分割することはこれまでも行われてきたことであり、この意味では上記の改正の影響はほとんどないといえます。

　また、共同相続人が遺産分割前において預貯金債権を行使することが認められ、行使すると遺産の一部分割によりこれを取得したものとみなされることとなりました（新909条の2）。相続税の課税価格は、通常、相続または遺贈により取得した財産の価額の合計額であり、財産の価額は当該財産の取得時の時価であるため（相続税法11条の2、22条）、上記の改正の影響はほとんどありません。

・182・

6 遺 言

6 遺 言

1 自筆証書遺言の様式緩和（新968条2項）

ポイント

　旧法においては、自筆証書遺言について、全文、日付および氏名を全て自書しなければならないとされていたものを、財産目録については自書せずに、パソコン等で作成したり、代筆したり、資料を添付して目録として使用することができるものとしてその要件を緩和しました。

(1) 新法の規定

968条2項（新設）

(2) 解 説

ア 趣 旨

　旧法の下では、自筆証書遺言について全て自書することが要求されていましたが、遺産目録の細かい点（不動産の地番、地積、預貯金債権の金融機関名、口座番号等）まで誤りなく自書することは特に高齢者にとって負担であり、自筆証書遺言を作ることの妨げになっていたと考えられます。また、全て自書することで、作成した自筆証書遺言に記載の誤りが生じやすくなり、遺言の有効性やその意味について紛争が生じる要因になっていたと考えられます。そこで、新法では、偽造や変造を防止して遺言者の最終意思の確実さを担保するために遺言事項については従前どおりに自書が必要とする一方で、相続財産を特定するための形式的な事項については、自書せずに、パソコンで作成したり、代筆したり、登記事項証明書や預貯金通帳の写し等を添付して目録として使用することを認めるというように自筆証書遺言の要件

・183・

第3章　相続法改正

を緩和しています（新968条2項）。

イ　自筆証書遺言の方式

　新法では、自筆証書に一体となった相続財産の全部または一部の目録を添付する場合には自書によることを要しないと定めるのみで、その書式について特段の様式は指定されていません。ただし、偽造・変造を防止する観点から、自書されていない財産目録の各頁に署名捺印をすることが求められています（新968条2項）。

　さらに、財産目録の加除訂正等の変更も、自書によらない方法によることが認められていますが、自筆部分と同様の形式（遺言者がその場所を指示し、これを変更した旨を付記して署名し、かつ変更の場所に印を押す）で行うことが必要です。なお、新968条2項は、自書によらない財産目録を添付することを認めてはいますが、1頁の遺言書の中に自書による遺言事項の部分と自書によらない目録部分とを混在させるような方式は認められないので、本文部分を自書で作成し、それとは別紙で自筆によらない財産目録を作成して添付することが必要です。

(3)　経過措置（2019年1月13日施行）

　施行日前になされた自筆証書遺言について、新968条2項、3項は適用されません（附則6条）。

6 遺　言

2　自筆証書遺言の保管制度の創設

ポイント

　自筆証書遺言を公的に保管する制度が創設され、自筆証書遺言が確実に保管されてその隠匿や紛失を予防するとともに、相続人がその存在を把握することが従前より容易になります。

(1)　新法の制定

　法務局における遺言書の保管等に関する法律（新設）

(2)　解　説

ア　趣　旨

　旧法の制度のもとでは、自筆証書遺言を作成した後、遺言者が自宅で保管する場合が大半であったと考えられますが、相続が発生するまでに、紛失したり、一部の相続人によって廃棄、隠匿や改ざんが行われるおそれがあったりして、遺言書の存否や内容をめぐる争いが生じる原因の一つにもなっていました。また、相続人が遺言書の存在を把握していないために、遺言書を確認しないまま遺産分割が完了したり、協議をある程度進めた段階になって遺言書の存在が明らかになったりすることもあり、相続人が相続開始後速やかにかつ容易に遺言の有無および内容を確認できるようにすることが求められていました。そこで、自筆証書遺言を確実に保管し、相続人がその存在を把握しやすくするべく、遺言者の自筆証書遺言を公的機関で保管する本制度が創設されました。

・185・

イ 遺言書保管法による制度の概要

遺言者の生前	
作成・申請	遺言者が自筆証書遺言（法務省令で定める様式に従って作成し、封をしないもの）を作成した上で、遺言書保管官に対して保管の申請をします。申請の際は、遺言者自らが遺言保管所（遺言者の住所地、本籍地、または遺言者が所有する不動産の所在地のいずれかを管轄する遺言書保管所）に出頭し、所定の事項を記載した保管申請書を提出することを要します（法4条）。
保管	遺言書に関する情報の管理は、磁気ディスク等をもって調整する「遺言書保管ファイル」にて行われ、遺言書保管ファイルは、保管日から、遺言者死亡日から政令で定める一定の日まで保管されます（法7条2項）。
閲覧	遺言者はいつでも、自ら出頭して遺言書の閲覧を求めることができます（法6条2項、4項）。
申請の撤回	遺言者はいつでも、出頭して申請の撤回をすることができます。撤回した場合、遺言書は返還され画像情報等が消去されます（法8条）。
遺言の有無の確認	誰でも、最寄りの遺言書保管所の遺言書保管官に対して、自身が関係する遺言の有無を確認できます。存在する場合、遺言書に記載されている作成の年月日と保管されている遺言書保管所の名称および保管番号が記載された書面（遺言書保管事実証明書）の交付を申請できます（法10条1項）。
遺言者の死後	
関係相続人等による交付・閲覧請求	遺言者の相続人、遺言書に受遺者として記載がある者、遺言書で遺言執行者に指定された者等（以下、「関係相続人等」という。）は、遺言者が死亡した後は、遺言書保管ファイルに記録されている事項を証明した書面（遺言書情報証明書）の交付を請求でき、遺言書の閲覧を請求できます（法9条1項〜4項）。その際、遺言書自体は関係相続人等に交付されず、所定の期間保管されます。
関係相続人等による交付・閲覧があった場合の通知	遺言書保管官は、関係相続人等に対し、遺言書情報証明書を交付し、または遺言書を閲覧させたときは、速やかに、当該遺言書を保管している旨を遺言者の相続人、受遺者、遺言執行者に対して通知します（法9条5項）。
廃棄	遺言書保管官は、遺言者の死亡日（生死不明の場合はこれに相当する日として政令で定める日）から、政令で定める一定の期間が経過した後は、遺言書を廃棄することができます（法6条5項）。

⑶ 経過措置（2020年7月10日施行）

施行日前に開始した相続については、旧法が適用されます（附則2条）。

6 遺 言

(4) 実務上のポイント

　本制度を利用して自筆証書遺言を保管している者が亡くなったとしても、関係相続人等が遺言書情報証明書の交付・閲覧を求めない限り、自筆証書遺言が保管されていることについて、遺言者の相続人・受遺者や遺言執行者には何ら通知はされません。したがって、本制度による遺言が確実に執行されるようにするには、遺言書を作成・保管するのと合わせて、保管している事実を関係者あるいは第三者に伝えておき、自身が死亡した後に関係相続人等にその事実が伝わるようにしておく必要があります。

3　遺贈の担保責任等

> **ポイント**
>
> 　民法の一部を改正する法律により贈与の規定が改正されたのを受けて、遺贈においても、遺贈義務者の担保責任の対象を不特定物に限らないこととした一方で、その無償性に鑑み、遺贈義務者は目的物を相続開始時の状態で引き渡しまたは移転する義務を負うことで足りることとしました。

(1)　新法の規定

998条	旧998条
遺贈義務者は、遺贈の目的である物又は権利を、相続開始の時（その後に当該物又は権利について遺贈の目的として特定した場合にあっては、その特定した時）の状態で引渡し、又は移転する義務を負う。ただし、遺言者がその遺言に別段の意思を表示したときは、その意思に従う。	1　不特定物を遺贈の目的とした場合において、受遺者がこれにつき第三者から追奪を受けたときは、遺贈義務者は、これに対して、売主と同じく、担保の責任を負う。 2　不特定物を遺贈の目的とした場合において、物に瑕疵があったときは、遺贈義務者は、瑕疵のない物をもってこれに代えなければならない。

・187・

⑵ **解　説**

　ア　趣　旨

　新法では、贈与に関する規定の見直しも行われ、特定物不特定物を問わず、契約内容に適合する物または権利を引渡し、または移転する義務を負うことを前提とした上で、その無償性に鑑み、贈与の目的として特定した時の状態で引き渡し、または移転することを約したものと推定するとの規定を設け、担保責任を緩和しました（新551条1項）。

　そこで、贈与と同じく無償行為である遺贈についても、原則としてその物または権利を相続開始の時の状態で引き渡し、または移転する義務を負うという遺贈義務者の担保責任について規定し、追完義務や損害賠償義務を負わないことを明示しました。ただし、本規定は遺言者の意思の推定規定であるので、遺言において別段の意思を示していた場合は適用されません。

　イ　遺贈の目的物が相続財産に属さない場合

　遺贈の目的物が相続財産に属さない場合も、本規定は適用されます。996条1項ただし書によりかかる遺贈が有効となる場合、遺贈義務者はその権利を取得して受遺者に移転する義務を負います（997条1項）。その場合、本条にしたがい、現状のまま引き渡せば足りることとなります。

⑶ **経過措置（2019年7月1日施行）**

　施行日前になされた遺贈に係る遺贈義務者の引渡義務については、旧法が適用されます（附則7条）。

6 遺 言

4 遺言執行者の権限の明確化

ポイント

　遺言執行者について、旧法においては相続人の代理人とみなすとの規定しかなく、その法的地位や権限について明確でなかったところ、法的地位や権限を明らかにする規定等を新たに設けました。

(1) 新法の規定

　新1007条2項（新設）、新1012条1項（改正）・2項（新設）、新1014条2項～4項（新設）、新1015条（改正）、新1016条1項（改正）・2項（改正）

(2) 解 説

ア 趣 旨

　遺言執行者の法的地位や権限については、「遺言執行者は、相続財産の管理その他遺言の執行に必要な一切の権利義務を有する」（旧1012条1項）、「遺言執行者は、相続人の代理人とみなす」（旧1015条1項）という抽象的・一般的な規定が存在するのみで、具体的権限等については判例によって規律が図られてきました。

　このように遺言執行者の権限について明確な規定がないことで、相続人の意思と遺言者の意思とが対立する場合に、遺言執行者と相続人の間でトラブルになるという事態が生じていました。そこで、遺言執行者の権限の内容をめぐる紛争をできる限り防止し、円滑な遺言の執行を促進する趣旨で、遺言執行者に関する規定の改正が行われ、その権限や法的地位について従前の判例等の議論を踏まえて明文化しました。

・189・

第3章 相続法改正

イ 改正の骨子

(ア) 遺言執行者の法的地位

遺言執行者は代理人とみなすという規定により、遺言者の意思と相続人の利益が対立した場合に、遺言執行者と相続人との間のトラブルが生じていたことから、遺言執行者の職務が遺言の内容を実現することにあることを明示し（新1012条1項）、その法的地位を明確にしました。

(イ) 遺言執行者の通知義務

遺言の内容の実現は遺言執行者がある場合は遺言執行者がなし、遺言執行者がない場合は相続人がなすことになるので、相続人としては遺言の内容および遺言執行者の存否について重大な利害関係を有しています。さらに、遺留分減殺請求権の行使等、相続人が権利行使する機会を保障する必要性にも鑑みて、遺言執行者が就任した際には、相続人に遺言の内容を通知する義務を定めました（新1007条2項）。

(ウ) 遺言執行者と遺贈義務者との関係

遺贈義務者は、「遺贈の履行をする義務を負うものをいう」（987条）と規定されていますが、遺贈義務者と遺言執行者の権限の関係等について法文上明確ではありませんでした。判例上は「特定遺贈がされた場合、一時的には相続人が遺贈義務者になるが、遺言執行者がある場合は遺言執行者のみが遺贈義務者となる。」（最判昭和43年5月31日民集22巻5号1137頁）とされているため、同判例を明文化する形で、遺言執行者がある場合は遺贈の履行は遺言執行者のみが行うことができる旨を定めたのです（新1012条2項）。これにより、遺贈を受ける受遺者は、遺言執行者が定められている場合は遺言執行者に対して遺贈の履行を求め、定められていない場合には相続人に対して請求するというように、遺贈の履行を請求すべき相手が明確となりました。

ただし、本規定は遺言執行者の権限を定めること自体が目的の規定ではなく、遺贈の履行を相続人と遺言執行者とのいずれがすべきなの

かを明確にした規定です。したがって、例えば、預金の遺贈がされた
場合において、金融機関との関係で払戻し・解約権限を当然に遺言執
行者が有するものではなく、個別具体的に遺言者の意思を判断し遺言
執行者にその権限が与えられているかを判断する必要があります。

㈗ 特定財産承継遺言がされた場合の遺言執行者の権限

a 対抗要件具備の権限

　相続させる旨の遺言がなされた場合、遺言執行者は原則として、そ
の遺言によって財産を承継する受益相続人が対抗要件を備えるために
必要な行為をする権限を有することを明文化しました（新1014条2
項）。最判平成11年12月16日（民集53巻9号1989頁）は、特定の
相続人に不動産を相続させる旨の遺言がなされた場合において、「当
該不動産の所有権移転登記を取得させることは1012条1項に定める
遺言の執行に必要な行為にあたり、遺言執行者の職務権限に属する。」
と判示していました。さらに、新899条の2が、相続させる旨の遺言
がなされた場合においても、遺贈や遺産分割と同様に対抗要件主義を
導入し、法定相続分を超える権利の承継については対抗要件を具備し
ない限り第三者に対抗できないこととしたのを受けて、遺言の内容を
実現するという遺言執行者の職務を果たすためには、対抗要件の具備
をさせる必要性が高まりました。そこで、遺言執行者が対抗要件を備
えるために必要な行為をする権限を有することを明らかにしたので
す。ただし、必要な行為をすることが「できる」との規定にとどまっ
ており、受益相続人が単独で不動産の所有権移転登記申請を行うこと
を妨げるものではありません。

b 預貯金債権についての払戻し・解約に関する権限

　預貯金債権を特定の相続人に相続させる旨の遺言がなされた場合、
遺言執行者が当然に当該預貯金の払戻しや預貯金契約の解約の申入れ
をできるかについて明文の規定はなく、下級審の判断が分かれている
状況でした。これにより、実務上、遺言執行者が金融機関に対して払

戻しの請求をした場合、金融機関ごとの解釈や扱いが異なるなどして円滑な遺言執行を妨げる事態も生じ得ました。そこで、預貯金債権を特定の相続人に相続させる旨の遺言がなされた場合、原則として、遺言執行者は預貯金の払戻しや預貯金契約の解約の申入れをする権限を有することが明確化されました（新1014条3項）。ただし、一部のみを相続させる旨の遺言がなされた場合にも全部の解約ができるとすると、執行に必要な範囲を超えて相続財産の処分を認めることになるため、預貯金債権の全部を相続させる旨の遺言となっている場合に限られています。一部のみを相続させる旨の遺言がなされている場合は、対象となっている預貯金債権の一部について払戻しを申し入れることはできるとされています。

　　　㈹　遺言執行者の行為の効果
　遺言執行者は相続人の代理人とみなすとの規定を、遺言執行者の行為の効果が相続人に帰属すると改正することで、従前の規定の実質的な意味を明らかにし、遺言執行者の行為の効果を明確にしました（新1015条）。この改正により遺言者の意思と相続人の利益が対立する場合には、遺言執行者は遺言者の意思を実現するために職務を遂行すればよいことが明確になりました。

　　　㈫　遺言執行者の復任権
　従前、遺言執行者はやむを得ない事由がない限り、第三者にその任務を負わせることはできないとされていました。しかし、遺言執行者は、法定代理一般の場合と類似していることから、民法上の他の法定代理人と同様の要件で復任権が認められることとなりました（新1016条）。

⑶　経過措置（2019年7月1日施行）
　新1007条2項および新1012条は、施行日前に開始した相続に関して、施行日以後に遺言執行者になった者に対しても適用されます（附

則8条1項）。一方で、新1014条2項から4項は、施行日前になされた遺言には適用されません（附則8条2項）。また、施行日前になされた遺言における遺言執行者の復任権について、新1016条は適用されません（附則8条3項）。

⑷　実務上のポイント

遺言執行者の権利義務に関する改正がなされ、その中で、遺言執行者の相続人に対する通知義務が明示されました。通知の対象となる相続人の範囲に限定はない（遺言書に記載されている相続人に限られない）ことから、遺言執行者は就任後、速やかに相続人の調査を行い、遺言書の記載されていない相続人（遺留分を有しない相続人も含む）に対しても通知する義務が生じます。

5　遺言と税務

ポイント

遺言により相続分の割合が指定され、申告期限までに遺産分割が行われていない場合には、一旦は、民法の規定による相続分等の割合に従って申告しますが、その後の更正の請求や各種特例の適用の手続を確認しておく必要があります。

遺言書の内容と異なる遺産の分割がなされたとしても、一定の場合には、贈与税はかかりません。

⑴　遺言による相続分の指定と遺産分割協議等

遺言において、「私の全財産の3分の1をそれぞれ妻、長男、次男に相続させる」などのように、特定の財産ではなく相続分の割合が指定された場合、遺産分割協議によって、誰がどの財産を取得するのかを決める必要があります。この遺産分割協議がまとまらず、遺産が未分割のまま、相続税の法定申告期限を迎えてしまうような場合、一旦、

・193・

各相続人等が民法に規定する相続分または包括遺贈の割合に従って財産を取得したものとして相続税を計算し、申告します。

その後、分割が行われ、分割に基づき計算した税額と申告した税額とが異なる場合は、申告額が過少であるときは修正申告を行うことができます。配偶者の税額軽減の特例（相続税法19条の2）および小規模宅地等の課税価格の特例（措置法69条の4）などの適用手続を確認し、手配しておく必要があります（本章の**5-5**参照）。

(2) 遺言書の内容と異なる遺産の分割と贈与税

遺言書の内容と異なる遺産の分割が行われることがあります。この場合、①各人の相続税の課税価格をどのように考えるか、②贈与税の課税関係が生じるか、という点が問題となります。これらの点について、国税庁の質疑応答事例では、次のとおり回答されています（タックスアンサー No.4176 も同旨）。

【照会要旨】
　被相続人甲は、全遺産を丙（三男）に与える旨（包括遺贈）の公正証書による遺言書を残していましたが、相続人全員で遺言書の内容と異なる遺産の分割協議を行い、その遺産は、乙（甲の妻）が1/2、丙が1/2それぞれ取得しました。この場合、贈与税の課税関係は生じないものと解してよろしいですか。

《遺言書の内容＝全財産を丙（包括遺贈）》

《遺産分割協議の内容＝乙と丙に各2分の1》

出典：質疑応答事例の照会要旨に基づいて筆者作成

【回答要旨】
　相続人全員の協議で遺言書の内容と異なる遺産の分割をしたということは（仮に放棄の手続きがされていなくても）、包括受遺者である丙が包括遺贈を事実上放棄し（この場合、丙は相続人としての権利・義務は有しています。）、共同相続人間で遺産分割が行われたとみて差し支えありません。したがって、照会の場合には、原則として贈与税の課税は生じないことになります。

第3章　相続法改正

7 相続の効力等（権利および義務の承継等）

1 相続による権利の承継〜一般（新899条の2第1項）

ポイント

・相続による権利の承継において、法定相続分を超える部分については、第三者との関係において一律に対抗要件主義が適用されることとなります（新899条の2第1項）。

・なお、法定相続分の部分については、これまでと同様に、相続人は対抗要件なくして第三者に対して権利の取得を対抗できます。

(1) 趣 旨

　旧法下では、判例上、相続分の指定・遺産分割方法の指定をする遺言があった場合には、相続人は、権利取得の登記をしなくても、いつまでも第三者にその権利取得を対抗することができるとされていました。しかし、第三者としてはそのような遺言が存在するかどうか確認しようがない場合もありますから、この判例では第三者の取引の安全を害するおそれがある上、登記制度に対する信頼も損なわれるおそれがある、と批判されてきました。そこで、本条では従前の判例法理を変更して、対抗要件主義の適用対象としています。

　なお、上記判例は主に不動産に関するものですが、新899条の2第1項は「権利」一般に関する規律であり、不動産・動産・債権などを広く対象としています。

・196・

(2) 各場面における比較

取得事由	相続人が権利取得を第三者に対抗するために、第三者対抗要件（登記等）が必要か	
	旧法	新法
法定相続分	不要 （最判昭和38年2月22日民集17巻1号235頁）	不要 （変更なし）
遺産分割	要 （最判昭和46年1月26日民集25巻1号90頁）※1	要 （新899条の2第1項で判例を明文化）
遺贈 （964条）	要 （最判昭和39年3月6日民集18巻3号437頁）※2	要 （変更なし。なお、遺贈は新899条の2第1項の適用対象外）
相続させる旨の遺言 （908条等）	不要 （最判平成14年6月10日家月55巻1号77頁）	要 （新899条の2第1項）※3
相続分の指定 （902条）	不要 （最判平成5年7月19日家月46巻5号23頁）	要 （新899条の2第1項）
（他の相続人の）相続放棄	不要 （最判昭和42年1月20日民集21巻1号16頁）	不要 （変更なし）

※1 遺産分割後の第三者に関する判例です。遺産分割前の第三者については、旧法下・新法下とも、909条ただし書によって保護されることになります。
※2 包括遺贈についても特定遺贈と同様に考える見解が通説です（大阪高判平成18年8月29日判時1963号77頁等）。
※3 なお、新法では、いわゆる特定の財産を「相続させる旨の遺言」は、「特定財産承継遺言」（新1014条2項）と呼ばれます。

(3) 事例の検討（相続させる旨の遺言〜特定財産承継遺言）

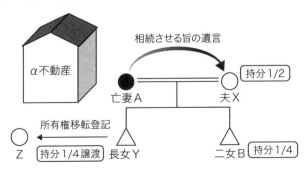

《事例》

　Aが死亡し、配偶者X・子Y・子Bが相続人となった。子Yは、α不動産について法定相続分による共同相続登記をして、自己の4分の1の持分を第三者Zへ譲渡し、Zへの所有権移転登記をした。しかし、実はAは「α不動産（全体）を配偶者Xに相続させる」という遺言を遺していた。

《検討》

　旧法では、「相続させる」趣旨の遺言による権利の移転がされた場合、登記なくしてその権利の取得を第三者に対抗することができました。したがって、XはZに対して、自らがα不動産全体を取得したことを、登記なくして対抗することができました。

　新法では、受益相続人は第三者との間で、自己の法定相続分を超える部分について対抗関係に立ちます（新899条の2第1項）。したがって、配偶者Xは、自らの法定相続分（2分の1の持分）の取得については、登記なくしてZに対抗できるものの、法定相続分を超える部分（YからZに譲渡された4分の1の持分など）の取得については、自己名義の登記がないので、原則としてZに対抗することができません（177条）。

⑷　**経過措置（2019年7月1日施行）**

　施行日前に開始した相続については、原則として旧法が適用されますが（附則2条）、施行日後に債権の承継の通知がされるときには、債務者保護の観点から、新899条の2が適用されます（附則3条）。

⑸　**実務上のポイント**

　この改正により、ある相続財産につき、法定相続分を超える部分を取得した相続人は、速やかに登記手続等の対抗要件具備手続をとる必要が生じます。

　また、相続債権者が各相続人の法定相続分について差押えをした場

7 相続の効力等（権利および義務の承継等）

合に、「相続させる」遺言や相続分の指定によって予想外に回収が妨げられることがなくなりますので、債権回収の実務に与える影響も大きいでしょう。

2 相続による権利の承継～債権における対抗要件具備方法の特例（新899条の2第2項）

ポイント

法定相続分を超える部分を取得した場合の対抗要件具備方法として、債権については、受益相続人が単独で対抗要件を具備できる方法が、新たに追加されました（新899条の2第2項）。

(1) 趣旨

上記**1**で説明したとおり、相続による債権の取得についても、法定相続分を超える部分について対抗要件主義が適用されることになります（新899条の2第1項）。債権譲渡の対抗要件具備は、譲渡人による通知等の方法によるところ（新467条）、相続による債権の取得の場合、この譲渡人にあたる者は共同相続人全員ということになります。

しかし、他の共同相続人の中に非協力的な者がいると、共同相続人全員からの通知はできません。また、他の共同相続人が通知義務を負うと考えられるのであれば、意思表示を求める訴訟による解決も考えられなくはありませんが、他の共同相続人は必ずしも通知義務を負うものではないと考えられるため、その解決方法も採れません。

そこで、相続により法定相続分を超える部分を取得した相続人（以下「受益相続人」といいます）が、単独でも対抗要件を具備できるように、受益相続人が債務者に対し単独で通知することで対抗要件を具備できるという方法が新たに認められました（新899条の2第2項）。この方法では、通知の際に、遺言や遺産分割の内容を、確実な方法で（下記(5)参照）示す必要があります。

・199・

(2) 相続による債権の承継における対抗要件具備方法（まとめ）

ア　対債務者対抗要件

次の方法のうちいずれかの方法による。

・共同相続人全員がする債務者に対する通知（新467条1項）
・受益相続人が遺言の内容を明らかにしてする債務者に対する承継の通知（新899条の2第2項）
・債務者による承諾（新467条1項）

イ　対第三者対抗要件

上記アの通知または承諾を、確定日付ある証書によって行う（新467条2項）。

(3) 事例の検討

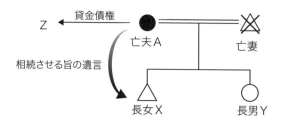

《事例》

Aが死亡し、子であるXとYが相続した。Aは、「第三者Zに対する貸金債権（の全体）をXに相続させる」旨の遺言を遺していたため、XはZに対して貸金債権の全額を請求したいと思っている。Xはどうすればよいか。

《検討》

新法下では、Xが貸金債権の全てを自分が取得したことを債務者Zに対し主張するためには、債権譲渡の場合と同様の対抗要件を具備する必要があります（新899条の2第1項）。

通知（新467条1項）によって対抗要件を具備しようとする場合に

7 相続の効力等（権利および義務の承継等）

は、XとYの連名で、債権全体がXに承継された旨をZに対し通知する必要があります。そして、受益相続人Xのみで遺言の内容を明らかにして承継の通知をすれば、連名での通知（新467条1項）がされたものとみなされます（新899条の2第2項）。

　また、Xが、債務者Z以外の第三者（例えばYの債権者など）に対する第三者対抗要件をも備えたい場合には、当該通知を確定日付ある証書によって行う必要があります（新467条2項）。

⑷　経過措置（2019年7月1日施行）

　施行日前に開始した相続については、原則として旧法が適用されますが（附則2条）、施行日後に債権の承継の通知がされるときには、債務者保護の観点から、新899条の2が適用されます（附則3条）。

⑸　実務上のポイント

　新899条の2第2項の方法における、「遺言の内容（…遺産の分割の内容）を明らかにして」とは、虚偽通知を防止するに足りる方法で行う必要があるとされています。

　具体的な方法としては、債務者に対し、①遺言書（または遺産分割協議書）の原本を提示して確認を受けた上で、その写しを交付する方法などが考えられます（なお、原本を提示した場合、交付する写しとしては、他の関係者のプライバシー等の観点から、債権承継等の部分以外をマスキングした抄本で交付することも考えられます。）。また、原本の提示の代わりに、②原本の存在・内容に疑義を生じさせない客観性のある写し（調停調書の謄本、公正証書遺言の謄本、検認調書の謄本、遺言書情報証明書など）を送付することでもよいと考えられています。なお、遺産分割が相続人間の協議によりされた場合には、前提として、③相続人（全員）の範囲を明らかにする書面（戸籍関係書類、法定相続情報一覧図など）も示す必要があると考えられます。

・201・

第3章　相続法改正

> **3　相続債務の扱い～相続分の指定がある場合における債権者の権利の行使**（新902条の2）

> **ポイント**
> ・相続分の指定がされている場合、相続債務の債権者は、各共同相続人に対し、指定相続分に応じて権利を行使することができます。また、各共同相続人に対し、法定相続分に応じて権利を行使することも認められます（新902条の2本文）。
> ・ただし、債権者が共同相続人の一人に対して指定相続分に応じた債務の承継を承認した場合には、債権者は法定相続分に応じた権利行使ができなくなります（新902条の2ただし書）。

(1)　趣　旨

　新902条の2本文の規定は、判例法理（最判平成21年3月24日民集63巻3号427頁）を明文化したものです。その趣旨は、相続分の指定は相続債権者の関与なく行われるものであることから、相続債権者にその効力を及ぼすべきでないことにあります。

(2)　債務が相続された場合の承継割合（内部関係）

　相続債務は、原則として、各共同相続人に法定相続分に応じて帰属します（899条）。ただし、遺言によって相続分の指定（新902条）がされている場合は、各人の指定相続分に応じて帰属します（899条参照）。

(3)　債務が相続された場合の債権者の請求方法（原則）

　他方で、債務が相続された場合の相続債権者は、相続分の指定がされた場合であっても、各共同相続人に対し、法定相続分に応じてその権利を行使することができます（新902条の2本文）。つまり、相続

・202・

債権者は、各共同相続人に対し、法定相続分の割合による金額で請求してもよいし、指定相続分の割合による金額で請求してもよいということであり、相続人はこれを拒めません。

　他方で、上記(2)のとおり、共同相続人間の内部的な負担割合は指定相続分に応じるので、相続人が、債権者に対し指定相続分よりも多く弁済を行った場合には、他の共同相続人に対し指定相続分に応じた求償を行うことができます。

　なお、「相続分の指定」の具体例としては、特定財産承継遺言の対象財産の価額が当該相続人の法定相続分を超える場合には、相続分の指定もされたものと解するのが一般的なようです。例えば、上記平成21年最判では、「（複数の相続人のうち）相続人Ａに全ての財産を相続させる」旨の遺言があった事案につき、相続分の指定があったとみて、Ａが全ての債務も承継するものと認定しています。

　なお、上記平成21年最判では、ごく例外的な場合に、積極財産についての相続分の指定と消極財産（債務）についての相続分の指定を遺言で別々に定めることができるようにも読みうる説示があります。しかし、もしそれを認めるとすれば、資力のない者に債務だけを相続させるなどして濫用的に相続債権者の権利を害することもできてしまうので、消極財産の承継割合は積極財産の承継割合に応じて定めることができるにすぎないとの考え方が有力なようです。

(4)　債務が相続された場合の債権者の請求方法（例外）

　上記(3)のとおり、相続債権者は法定相続分によるか指定相続分によるかを選ぶことができます。ただし、その債権者が共同相続人の一人に対してその指定された相続分に応じた債務の承継を承認したときは、法定相続分の割合では請求できなくなります（新902条の2ただし書）。

第3章　相続法改正

(5)　**経過措置（2019年7月1日施行）**

施行日前に開始した相続については、旧法が適用されます（附則2条）。

(6)　**実務上のポイント**

主に従前の判例法理を明文化したものであり、実務への影響は少ないと思われます。

ただ、上記(4)の規律は新しいものです。債権者としては、指定相続分を知りつつ共同相続人に請求をしようとする際に、単純に指定相続分に応じて請求すると、指定相続分に応じた債務の承継を「承認した」と解釈されてしまい、法定相続分での請求ができなくなる可能性があります。そのため、指定相続分より法定相続分に応じた割合での権利行使のほうが回収しやすいと思われる場合には、注意が必要です。

4　遺言執行者がある場合における相続人の行為の効力等（新1013条）

ポイント

・遺言執行者が指定されている場合には、相続人が、遺言の内容に反する財産処分など遺言の執行を妨げるべき行為をしても、相続人のその行為は原則として無効とされます（新1013条2項本文）。

・ただし、相続人の行為につき利害関係を有する第三者が、遺言執行者の存在等を知らなかった場合には、その第三者に対してはその無効を主張できません（新1013条2項ただし書）。

・なお、遺言執行者がいる場合でも、債権者が相続財産について権利を行使することは妨げられません（新1013条3項）。

(1) 趣　旨

　旧1013条は、遺言執行者が指定されている場合において、相続人が、遺言の内容に反する財産処分など遺言の執行を妨げるべき行為を行うことを禁止しています。この規定はそのまま新1013条1項に引き継がれました。

　そして、旧法下では、これに違反する相続人の行為は絶対無効と解されていましたが（大判昭和5年6月16日民集9巻8号550頁）、相続人の行為により利害を有する第三者（財産処分の買主など）がいる場合に、遺言執行者の有無という第三者が知りえない事情によって第三者の地位が大きく変わってしまうことは妥当ではないとして、新法では、善意の第三者は保護されることとしました（新1013条2項）。

　なお、新1013条3項は、遺言執行者がいるからといって、債権者の権利行使行為（相続財産に対する差押えなど）は妨げられないことを、確認的に規定したものです。相続債務の債権者（相続債権者）はもちろんのこと、相続人の固有の債権者も、本規定の対象です。

(2) 事例の検討

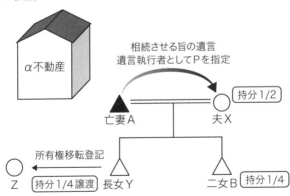

《事例》

　Aが死亡し、配偶者X・子Y・子Bが相続人となった。子Yは、α不動産について法定相続分による共同相続登記をして、自己の4分の

1の持分を第三者Zへ譲渡し、Zへの所有権移転登記をした。しかし、実はAは「α不動産（全体）を配偶者Xに相続させる。また、遺言執行者としてPを指定する」という内容の遺言を遺していた。

《検討》

　子Yが第三者Zに対し4分の1の持分を売却した行為は、遺言の内容と矛盾しており、遺言の執行を妨げるべき行為です。また、遺言執行者としてPが指定されています。したがって、Yの売却行為は原則として無効になります（新1013条2項本文）。

　ただし、買主である第三者Zが、この遺言の内容について知らなかった場合には、XやPは、Zに対して、Yの売却行為が無効であることを主張できません（新1013条2項ただし書）。よって、その場合は、遺言執行者がいない場合と同様の状況となりますので、XとZは対抗関係に立ち（新899条の2第1項。上記**1**参照）、先に対抗要件を取得したZが4分の1の持分を取得します。

⑶　経過措置（2019年7月1日施行）

　施行日前に開始した相続については、旧法が適用されます（附則2条）。

⑷　実務上のポイント

　上記事例の検討のように、新1013条2項ただし書に該当する場合には、次の段階として、第三者と受益相続人が対抗関係に立つことになる（新899の2第1項）ことが多いと思われますので、その点にも注意が必要です。

7 相続の効力等（権利および義務の承継等）

第3章
相続法改正

1
改正の趣旨
・概要

2
施行期日等

3
改正と税務

4
配偶者保護

5
遺産分割

6
遺　言

**7
相 続 の
効 力 等**

8
遺 留 分

9
相続人以外
の者の貢献

5　相続の効力等と税務

ポイント

　共有財産の持分の価額は、その財産の価額をその共有者の持分に応じて按分した価額によって評価します。未分割の財産については、各共同相続人または包括受遺者が民法の規定による相続分または包括遺贈の割合に従ってその財産を取得したものとして課税価格を計算します。

　共同相続における権利の承継の対抗要件に係る民法の改正は、相続に基づく登記等を迅速に行う必要に迫られるなど相続実務に影響を与える改正ではありますが、対抗要件の問題が明らかにされたにすぎないため、改正の直接的な影響は小さいといえます。

⑴　共有と相続税

　相続人が数人あるときは、相続財産は、その共有に属し（民法898条）、各共同相続人は、その相続分に応じて被相続人の権利義務を承継します（民法899条）。遺産分割協議によって、遺産を各相続人にどのように分割するかを協議しているものの、協議がまとまらず、遺産が未分割のまま、相続税の法定申告期限を迎えてしまうような場合、一旦、各相続人等が民法に規定する相続分または包括遺贈の割合に従って財産を取得したものとして相続税を計算し、申告します。

　その後、分割が行われ、分割に基づき計算した税額と申告した税額とが異なる場合は、申告額が過少であるときは修正申告を行うことができます。配偶者の税額軽減の特例（相続税法19条の2）および小規模宅地等の課税価格の特例（措置法69条の4）などの適用手続を確認し、手配しておく必要があります（本章**5-5**参照）。

　共有財産の評価について、課税実務上、共有財産の持分の価額は、その財産の価額をその共有者の持分に応じて按分した価額によって評

・207・

価することとされています（財産評価基本通達2）。

　また、遺産が未分割の場合の課税価格の計算について、未分割の財産については、各共同相続人または包括受遺者が民法の規定（900条～902条および903条。904条の2（寄与分）は含まない）による相続分または包括遺贈の割合に従ってその財産を取得したものとして、各相続人または包括受遺者の課税価格を計算することとされています（相続税法55条、相続税法基本通達55-1、11の2-2）。

⑵　共同相続における権利の承継の対抗要件

　今回の民法改正において、相続による権利の承継は、遺産の分割によるものかどうかにかかわらず、法定相続分を超える部分については、登記、登録その他の対抗要件を備えなければ、第三者に対抗することができないこととされました（新899条の2第1項）。

　相続財産に基づく登記等を迅速に行う必要に迫られるなど相続実務に影響を与える改正ではありますが、対抗要件の問題が明らかにされたにすぎません。このため、相続税法の場面に限定して考えると、改正の直接的な影響は小さいといえます。

8 遺 留 分

8 遺 留 分

1 遺留分侵害の効果

ポイント

- 「遺留分減殺請求権」の効果が変化し、遺留分侵害額分の金銭債権を発生させるという債権的効果をもつ「遺留分侵害額請求権」となりました（新1046条1項）。
- 遺留分侵害額に相当する金銭債務を、受遺者等がすぐには支払えない場合がありうるので（例えば遺産が不動産のみの場合）、受遺者等の申立てにより裁判所が相当の期限を許与できる制度が設けられました（新1047条5項）。

⑴ 趣 旨

　遺言や贈与により相続人の遺留分が侵害された場合に、遺留分権利者が行使できる形成権は、旧法では、遺言や贈与を一部取り消すという物権的効果をもつ「遺留分減殺請求権」でした。これは明治民法から引き継がれた制度であり、明治民法の家督相続制度においては、遺留分制度は家産（「家」の財産）の維持を目的とする制度であったため、対象財産を直接取り戻せる物権的効果が必要とされていました。

　しかし、戦後の民法では、遺留分制度は、遺留分権利者の生活保障や、遺産の形成に貢献した遺留分権利者の潜在的持分の清算などを目的とする制度と位置付けられているため、その効果を物権的効果とする必然性は薄れています。実際にも、遺留分権利者が、財産の取戻しよりもその価値分の金銭を望む場合は多くなっています。また、物権的効果の実務上の不都合もいくつか指摘されてきました（事業用財産（不動産など）が後継者に遺贈等された場合に、他の相続人が遺留分減殺請求権を行使すると、事業用財産が共有状態になって円滑な事業承継

第3章　相続法改正

が阻害される点など）。

　そこで、新法では、遺留分権利者の行使できる形成権は、遺留分侵害額分の金銭債権を発生させるという債権的効果のみをもつものとなりました。これに伴い、形成権の名称も、「遺留分減殺請求権」から、「遺留分侵害額請求権」となりました（新1046条1項）。

(2)　権利行使の2段階

　①形成権である「遺留分侵害額の請求権」が行使されると、②金銭請求権である「遺留分侵害額に相当する金銭の支払を請求」できる権利が発生します（新1046条1項、新1048条参照）。これらの権利の特徴は、以下のとおりです。

　なお、以下では、上記①を「遺留分侵害額請求権」、上記②を「遺留分侵害額に相当する金銭請求権」と呼びます。

	①遺留分侵害額請求権	②遺留分侵害額に相当する金銭請求権
権利の性質	形成権（②を発生させる）	金銭債権
裁判外の行使	可能（遺留分を侵害している者への通知による）	可能
行使期間	旧法の遺留分減殺請求権と同様 ・相続の開始および遺留分を侵害する贈与・遺贈があったことを知ってから1年後に時効消滅 ・相続開始時から10年後に消滅（新1048条）	通常の金銭債権と同様[1] ・債権法改正前民法が適用される場合は10年（旧167条1項） ・債権法改正後民法が適用される場合は権利行使できることを知ってから5年等（新166条1項）
請求時の金額の特定・明示	不要	必要 （履行期限の定めがないとされているので、具体的な金額を示してその履行を請求した時点で初めて履行遅滞に陥る（412条3項））

[1]　債権法改正後民法が適用されるか否かは、同法附則10条4項によります。そして、遺留分侵害額請求権の行使時に「債権が生じた」と考えられるので、遺留分侵害額請求権の行使時が同法の施行日（2020年4月1日）の前日以前か、施行日以後かによって判断されることになると考えられます（なお、相続開始は法律行為ではないので、「原因である法律行為が…された」にはあたらないと思われます。）。

・210・

8 遺 留 分

⑶ 相当の期限の許与

　例えば、受遺者等が取得した相続財産が不動産のみであるような場合に遺留分侵害額請求がされると、受遺者等としては、取得財産の換価がすぐにはできず、遺留分侵害額に相当する金銭の工面に困る可能性があります。また、この金銭債権は金額を示して履行請求された時点で履行遅滞に陥るので、金銭の速やかな工面が難しい場合には、受遺者等は多額の遅延損害金を負うことになるのが通常です。

　しかし、遺留分権利者が遺留分侵害額請求権を行使するか否かは同人の自由な意思に委ねられていること等も考えると、上記のように、受遺者等が多額の遅延損害金を負うことが妥当でないと言える事案もあるものと思われます。

　そこで、新法では、裁判所は、受遺者等の請求により、遺留分侵害額に相当する金銭債権の全部または一部の支払につき、相当の期限を許与することができる（新1047条5項）としました。

　行使方法としては、受遺者等が遺留分権利者を被告として訴え（独立の訴え、別訴、反訴等）を提起して、期限の許与を求める裁判（形成の訴え）を求める方法が考えられます（なお、抗弁として主張できるかは解釈に委ねられています）。また、許与される「相当の期限」とは、上記趣旨にかんがみれば、受遺者の状況において取得財産の換価等により金銭を工面できるまでの合理的な期間、ということになりそうです。

⑷ 実務上のポイント

　上記のとおり、①遺留分侵害額請求権や②遺留分侵害額に相当する金銭請求権には、それぞれ行使期間の限定があるため、遺留分権利者としては、期限を徒過しないよう注意が必要です。

　なお、受遺者等が破産などをした場合には、遺留分侵害額に相当する金銭請求権につき優先性は特に認められておらず（破産債権等の一般債権になります）、非免責債権でもないので、遺留分権利者にとっ

・211・

第3章　相続法改正

ては、債権回収が困難になるリスクが増加することになります。

2　遺留分侵害額の算定方法

ポイント

　遺留分額・遺留分侵害額の算定に関する計算方法について、判例・実務が明文化されました（新1042条～新1046条）。

(1)　趣　旨

　遺留分侵害額（自己の遺留分を侵害された額）の計算方法については、旧法には詳細な規定はありませんでしたが、最判平成8年11月26日民集50巻10号2747頁等の判例により計算方法は実務上固まっており、これが新法で明文化されました。

(2)　遺留分侵害額の計算方法

	計算方法	根拠規定・関連規定
A	**遺留分を算定するための財産の価額**＝ ＋相続開始時における被相続人の積極財産の額（遺贈等がされる前の金額） ＋被相続人が生前「贈与」した財産の価額（ただし一定の要件を満たすもののみ） －被相続人の債務の額	新1043条1項 新1044条、新1045条
B	**各相続人の遺留分額**（最低限取得できるべき額）＝ 　遺留分を算定するための財産の価額（上記A） ×1/2（相続人が直系尊属のみの場合は1/3） ×各相続人の法定相続分	新1042条
C	**遺留分権利者の遺留分侵害額**（遺留分を侵害された額）＝ ＋遺留分権利者の遺留分額（上記B） －遺留分権利者の特別受益の額（持戻し免除は考慮しない） －遺留分権利者が遺産分割において（具体的相続分により）取得すべき財産の価額（ただし寄与分は考慮しない） ＋遺留分権利者が法定相続分（相続分の指定があれば指定相続分）により承継する債務の額	新1046条2項 新1046条2項2号

・212・

8 遺 留 分

3 遺留分侵害額の算定方法に関する規律

ポイント

　相続人に対する生前贈与は、旧法下の判例では、どれだけ昔の
ものでも遺留分の計算に算入されていましたが、新法では、原則
として相続開始前10年以内かつ特別受益にあたる贈与に限定さ
れました（新1044条3項）。

※本節の内容は、上記**2**(2)「遺留分侵害額の計算方法」の詳細を定め
る規定やその例外規定にあたるため、当該一覧表を参照しながらお
読みください。

(1) 相続人に対する生前贈与の対象範囲（新1044条3項）

ア 趣 旨

旧1030条は、遺留分を算定するための財産の価額の計算につき、
これに算入される「贈与」は「相続開始前の1年間にしたものに限」
ると定めていました。他方で、旧法下の判例では、生前贈与が相続人
に対するものである場合は、どれだけ昔のものでも遺留分の計算に算
入していました（最判平成10年3月24日民集52巻2号433頁）。

しかし、今回の改正の議論の中で、その判例では不都合があると指
摘されました。例えば、被相続人が亡くなる直前に第三者に1000万
円の生前贈与をし、相続開始時に1000万円が残ったという場合には、
この第三者は相続人の遺留分を何も侵害していないように見えます。
ところが、上記事案で、実は被相続人が何十年も前に相続人の一人に
1億円を贈与していたことが判明した場合には、旧法下の判例では、
他の相続人の遺留分が侵害されていることになり、遺留分侵害額請求
は新しい贈与の受贈者から負担するので（新1047条1項3号）、この
第三者は受贈された1000万円につき遺留分侵害額請求を受けること

・213・

第3章　相続法改正

になります。このように、相続人に対する何十年も前の生前贈与が考慮されるとすると、第三者である受遺者等に不測の損害を与える可能性があります。

そこで、新法は、相続人に対する贈与のうち、遺留分を算定するための財産の価額の計算に算入されるものを、相続開始前の10年間にされており、かつ特別受益にあたるものに限ることとしました（新1044条3項、1項前段）。ただし当事者双方に加害の認識がある場合は、期間は限定されません（新1044条1項後段）。

イ　まとめ

「遺留分を算定するための財産の価額」の計算に算入される「贈与」とは	
相続人以外に対する贈与	・相続開始前の1年間にされたもの（新1044条1項前段） ・それより前だが、当事者双方が加害の認識をもって行ったもの（同項後段）
相続人に対する贈与	・相続開始前の10年間にされており、かつ、特別受益にあたるもの（新1044条3項、同条1項前段） ・それより前だが、当事者双方が加害の認識をもって行っており、かつ、特別受益にあたるもの（同項後段）

(2)　負担付贈与・不相当な対価による有償行為（新1045条）

ア　負担付贈与について

負担付贈与がされた場合に、受贈者が受けたその贈与を減殺等できる範囲（下記4における計算）は、贈与の目的財産の価額から負担の価額を控除した範囲だとされています（旧1038条、新1047条2項、新1045条準用）。

他方で、遺留分を算定するための財産の価額の算定（上記2(2)「遺留分侵害額の計算方法」におけるAの計算）においては、その目的財産の価額から負担の価額を控除すべきか否かにつき、旧法には明文がなく、学説も分かれていました。

そこで、新法では、遺留分を算定するための財産の価額の計算（新1043条1項）にあたっても、同様に、贈与の目的財産の価額から負

担の価額を控除した額を「贈与」の価額とすること（いわゆる一部算入説の考え方）を採ることを明確にしました（新1045条1項）。

イ　不相当な対価による有償行為について

不相当な対価による有償行為（かつ当事者双方に加害の認識あり）があった場合（例えば、被相続人が極めて少額の対価と引換えに財産を売却した場合）に、旧法では、その財産の（対価なしの）贈与があったとみて全額を遺留分減殺の対象とし、ただし被相続人が受領した対価については、遺留分権利者が償還しなければならないとしていました（旧1039条）。

しかし、新法では、遺留分侵害の効果が金銭債権化されたため、このような複雑な処理をする必要はなくなりました。そこで、新法では、負担付贈与の場合と同様に、受けた財産の価額から対価の価額を控除した額を、「贈与」の価額として算入することとなりました（新1045条2項、同条1項準用）。

(3)　遺産分割の対象となる財産がある場合（新1046条2項2号）

ア　趣　旨

事案によっては、遺贈等がされる一方で、遺産分割の対象となる財産が残っている場合があります。例えば、預貯金や不動産などの一般的に遺産分割の対象となる財産が相続財産として存在し（なお、預貯金債権は、最判平成28年12月19日による判例変更により、当然分割はされず遺産分割の対象となると解されています）、かつ、それが遺贈や「相続させる」遺言の対象にならなかった場合が挙げられます。この場合は、遺留分権利者が遺産分割において「取得すべき遺産の価額」については、同人が財産を取得できる以上、遺留分侵害額（遺留分を侵害された額）の算定の際にこれを控除するのが合理的です。

他方で、各相続人が遺産分割において「取得すべき遺産の価額」の計算方法については、旧法には明文がなく、実務上も、法定相続分を

第3章　相続法改正

基準に計算する考え方（法定相続分説）と具体的相続分を基準に計算
する考え方（具体的相続分説）に分かれていました。両説の差異は、
法定相続分説では相続分の指定や特別受益を考慮せず、具体的相続分
説ではこれらを考慮する点にあります。

　新法では、もし法定相続分説を採用するとその後に行われる遺産分
割の結果との齟齬が大きくなることから、具体的相続分説をとること
を明確にしました（新1046条2項2号）。同規定の「第九百条から第
九百二条まで、第九百三条及び第九百四条の規定により算定した相続
分」とは、具体的相続分（ただし904条の2の寄与分は除く）のこと
を指しています。

イ　実務上のポイント

　遺産分割の対象となる財産が残っている場合は、まず、指定相続分
や特別受益も考慮して、各相続人の具体的相続分を計算する必要があ
ります。なお、「取得す・べ・き・」という文言からも分かるように、実際
に行われた遺産分割の結果が具体的相続分額と異なっていても、実際
の遺産分割内容は遺留分侵害額の計算においては考慮されませんの
で、注意が必要です。

4　遺留分侵害額の負担額の分配

> **ポイント**
>
> 　遺留分権利者の遺留分を侵害している受遺者・受贈者が複数い
> る場合に、それらの受遺者等が遺留分侵害額をどのような順番・
> 割合で負担するかという点に関して、旧法の規律（旧1033条〜旧
> 1035条）がそのまま維持され、整理されました（新1047条1項）。

　新1047条1項は、旧法の規律（旧1033条〜旧1035条）を維持し、
整理するものです。また、次のような判例・実務の規律が明文化され
ました。

・216・

8 遺 留 分

・特定財産承継遺言による財産の承継や、相続分の指定による遺産の取得も、遺贈と同様のものとして遺留分侵害額請求権の対象となること

・受遺者・受贈者が相続人である場合には、受遺者・受贈者が受けた遺贈・贈与のうち、受遺者・受贈者の遺留分額を超える部分のみが遺留分侵害額請求権の対象となること

なお、死因贈与の順番等については、新法にも規定がなく、引き続き解釈に委ねられることになりました。なお、東京高判平成12年3月8日判時1753号57頁では、遺贈→死因贈与→生前贈与の順で負担するという考え方が示されています。

5　相続債務の弁済に伴う「遺留分侵害額に相当する金銭債権」の消滅請求

ポイント

・受贈者・受遺者が、遺留分権利者が負担する相続債務を（第三者弁済その他の方法により）消滅させた場合は、その分だけ、遺留分権利者からその受遺者・受贈者に対する遺留分侵害額に相当する金銭請求権も消滅させることができる、という制度が創設されました（新1047条3項）。

・なお、多くの場合は、民法505条の相殺によっても同様の結論を導くことができます。

⑴　趣　旨

相続債務は、法定相続分（相続分の指定がある場合は指定相続分）に応じて、各相続人が負担します（899条）。他方で、例えば受遺者・受贈者が被相続人から事業等を引き継いだような場合には、受遺者・受贈者が、事業主として、事実上、相続債務の全額を支払わざるを得なくなることも考えられます。このような場合、遺留分権利者が負担

・217・

している相続債務を受遺者・受贈者が消滅させたのですから、その分、当該受遺者・受贈者が遺留分権利者に支払うべき遺留分侵害額に相当する金銭債権も減額できるようにしたほうが、簡易であり公平であると考えられます。

そのため、新法では、そのような場合に、遺留分侵害額請求を受けた受遺者・受贈者が、意思表示によって、遺留分侵害額に相当する金銭債権を（対等額で）消滅させることができる、という制度が創設されました（新1047条3項）。

⑵　経過措置（2019年7月1日施行）

施行日前に開始した相続については、旧法が適用されます（附則2条）。

⑶　実務上のポイント

上記⑴のような事案のうち、大半の事案では、第三者弁済等により発生した求償権を自働債権とし、遺留分侵害額に相当する金銭請求権を受働債権として相殺する（505条）という方法でも、似たような効果が得られます。また、本制度では消滅の意思表示の時を基準として遺留分侵害額に相当する金銭債権が縮減することになりますが、相殺の場合は効果が相殺適状時まで遡ります。

そのため、本制度の利用に向いている事案は、相殺適状がすぐには発生せず、本制度でしか早期に解決できない事案であると思われます。具体的には、受遺者・受贈者が免責的債務引受をした場合（求償権が発生しないため（新472条の3））や、第三者弁済をした債務が弁済期前のものであった場合（弁済期到来まで求償権の弁済期も到来しないため）などの場合が挙げられます。

8 遺留分

第3章 相続法改正

1 改正の趣旨・概要
2 施行期日等
3 改正と税務
4 配偶者保護
5 遺産分割
6 遺言
7 相続の効力等
8 遺留分
9 相続人以外の者の貢献

6 遺留分と税務

ポイント

　今回の民法改正により、遺留分減殺請求権から生ずる権利が金銭債権とされたことを受けて、令和元年度税制改正では、更正の請求の該当事由が「遺留分侵害額の請求に基づき支払うべき金銭の額が確定したこと」という表現に改められました。

　事業承継者とその他の者との間で相続財産中の中小企業株式や事業用不動産が共有状態となり、円滑な事業承継の支障となっているという問題がありました。今回の民法改正により、遺留分減殺請求権から生ずる権利が金銭債権とされたため、遺留分と事業承継を巡る問題が一定の範囲で解決されることとなりました。

⑴　遺留分侵害額の請求と更正の請求

　例えば、遺贈があった場合において、相続税の申告期限後に遺留分の減殺請求がなされたとき、あるいは相続税の申告期限までに遺留分減殺請求がなされたものの当該請求に基づいて支払うべき金額が確定していないときは、受遺者は、一旦減殺請求がないものとして、課税価格を計算し、相続税の申告を行うこととされています（相続税基本通達11の2-4参照）。その後、受遺者は更正の請求により、一旦は過大に申告した税額の還付を求め、他方で遺留分減殺請求権者は期限後申告または修正申告を行うことになります。

　更正の請求については、国税通則法23条に定めがありますが、相続税法は別途、特則規定を設けています。遺産につき、未分割のまま法定相続分に応じて申告しておいて、その後に遺産分割協議が成立したなど相続税に特有の事由に基づく更正の請求を認める規定が整備されています（相続税法32条、55条）。今回の民法改正により、遺留分減殺請求権（改正後は遺留分侵害額請求権）から生ずる権利が金銭

・219・

債権とされたことを受けて、令和元年度税制改正では、更正の請求の該当事由を定める相続税法32条1項3号が次のように改正されました（令和元年7月1日以後に開始する相続に係る相続税または贈与税に適用。改正法附則23条4項）。

改正前	遺留分による減殺の請求に基づき返還すべき、又は弁償すべき額が確定したこと
改正後	遺留分侵害額の請求に基づき支払うべき金銭の額が確定したこと

　したがって、被相続人が生前贈与を行っていた場合に、相続時に遺留分侵害額の請求があり、このことにより、当初行っていた申告等に係る税額等が過大となったときは、更正の請求を行うことができます。この請求は、「遺留分侵害額の請求に基づき支払うべき金銭の額が確定したこと」を知った日の翌日から4か月以内に行う必要があります。

　この場合、遺留分侵害額の請求を行った者（遺留分権利者）は、相続税の期限後申告または修正申告を行うことになります（相続税法30条、31条）。ただし、加算税や延滞税は課されません（国税通則法65条4項、66条1項、相続税法51条2項）。なお、課税処分の可能期間（時効）は通常、法定申告期限から5年ですが（国税通則法70条1項）、上記の更正の請求があった場合には、5年を超えて遺留分権利者に対する更正または決定を行うことを可能とする規定が用意されています（相続税法35条3項）。

(2)　経営承継円滑化法における遺留分の算定に係る合意

　これまで遺留分減殺請求権は物権的効果が生じるものと解されており、事業承継者とその他の者との間で相続財産中の中小企業株式や事業用不動産が共有状態となり、円滑な事業承継の支障になっているという問題がありました。今回の民法改正により、遺留分減殺請求権から生ずる権利が金銭債権とされたため、遺留分と事業承継を巡る問題

が一定の範囲で解決されることとなりました。

　遺留分と事業承継については、中小企業の円滑な事業承継を確保するため、中小企業における経営の承継の円滑化に関する法律（経営承継法）において、遺留分に関する民法の特例を定めています。同法は、遺留分について、旧代表者の推定相続人および後継者が、その全員の合意をもって、書面により、次の定めをなすことを認めています。特例を受けるためには、推定相続人および後継者全員の合意のほか、経済産業大臣の確認および家庭裁判所の許可が必要です。

後継者が取得した財産に関する遺留分の算定に係る合意等（経営承継法4条、5条）	
除外合意	・後継者が取得した特例中小企業者の株式等の価額を遺留分算定のための財産の価額に算入しない旨の定め ・後継者が取得した特例中小企業者の株式等以外の財産の価額を遺留分算定のための財産の価額に算入しない旨の定め
固定合意	・後継者が取得した特例中小企業者の株式等について、遺留分算定のための財産の価額に算入すべき価額を当該合意の時における価額（弁護士、弁護士法人、公認会計士等がその時における相当な価額として証明をしたものに限る）とする旨の定め

後継者以外の推定相続人が取得した財産に関する遺留分の算定に係る合意等（経営承継法6）	
除外合意	・後継者以外の推定相続人が取得した財産の価額を遺留分算定のための財産の価額に算入しない旨の定め

（注）用語の意義
・特例中小企業者：中小企業者のうち一定期間以上継続して事業を行っている一定の会社
・旧代表者：特例中小企業者の代表者であった者（代表者である者を含む）であって、他の者に対して当該特例中小企業者の株式等の贈与をしたもの
・後継者：旧代表者から当該特例中小企業者の株式等の贈与を受けた者（特定受贈者）または当該特定受贈者から当該株式等を相続、遺贈、贈与により取得した者であって、当該特例中小企業者の総株主または総社員の議決権の過半数を有し、かつ、当該特例中小企業者の代表者であるもの
・推定相続人：相続が開始した場合に相続人となるべき者のうち、被相続人の兄弟姉妹およびこれらの者の子以外のもの

第3章 相続法改正

9 相続人以外の者の貢献を考慮するための方策

1 特別の寄与の制度の概要

> **ポイント**
> ・相続人以外の者が、無償で労務の提供をして被相続人の財産の
> 維持・増加に特別の寄与をした場合に、相続人に対し金銭の
> 支払を請求できるという制度が、新たに創設されました（新
> 1050条）。
> ・寄与分制度（相続人のみが主張できる）と類似した制度です。

(1) **趣　旨**

　相続人が、被相続人に対して療養看護その他の特別の寄与をした場合には、寄与分制度（904条の2第1項）によって相続財産から一定の分配を受けられる可能性があります。他方、旧法では、相続人以外の近親者が同様の寄与をしても、特別寄与者が相続財産から分配を受ける制度は用意されていませんでした。しかし、被相続人がその者に対し、貢献に報いるため、相続財産から一定の分配を認める意思であったことが推認されるような事案も、少なくないものと思われます。

　この解決方法として、被相続人は、相続人以外の寄与者に対して遺贈等を行うことができますが、人的関係等によっては、そのような対応が心情的に難しい場合も考えられます。

　また、被相続人が明示的に遺言等を遺していなくても、特別縁故者制度（958条の3）により、被相続人の療養看護に努めた者その他特別縁故者は、家庭裁判所の審判で相続財産の全部または一部を取得できる可能性がありますが、この制度は、相続人が存在する場合には利用できません。

　また、被相続人が明示的に遺言等を遺していなくても、準委任契約

・222・

に基づく請求、事務管理に基づく費用償還請求、不当利得返還請求などの、財産法上の法律関係を認定して対応することも考えられます。しかし、費用のほか報酬まで請求できるかという問題がありますし、特別寄与者が、生きている被相続人本人に対して費用等を請求する意思や合意があったと思われる場合でもない限り、これらの方法は使えません。

そこで、新法では、相続人以外の者の貢献に報いるために、特別寄与者が相続人に対して、寄与に応じた額の金銭支払を請求できるという制度を創設しました（新1050条1項）。

(2) 事例の検討

《事例1〜いわゆる長男の嫁事例》

高齢者Aは配偶者に先立たれており、子としては、同居の長男Bと別居の次男Cがいる。Bの妻であるDは、Aの介護を長年無償で引き受けていた。ところが、Bが若くして死去し、その後、Aも遺言を遺さずに死去した。

《検討》

Dは、Aに対して、療養看護等の特別の寄与をしたと言えそうです。しかし、DはAの親族（1親等の姻族）ですが、Aの相続人ではありません。そのため、寄与分制度によってDの貢献を相続に反映させることはできません。また、Cがいる以上、特別寄与料制度も使えません。また、もしAの死去時にBが生存していれば、Dの特別の寄与をBの寄与分の中で実質的に考慮するようなことが認められた事案もありますが（東京家裁平成12年3月8日審判家月52巻8号35頁参照）、本件ではBが先に死去している以上、その可能性もありません。

しかし、新法では、特別の寄与の制度により、DはAの相続人Cに対して、特別の寄与の内容に応じて、特別寄与料の請求ができるものと思われます。

・223・

第3章　相続法改正

《事例２～いわゆる連れ子事例》

　ＡはＢと婚姻したところ、Ｂには前配偶者との子Ｄがいた。Ａ・Ｂ・Ｄは家族として生活していたが、ＡとＤは養子縁組は特に行っていなかった。その後、Ａ・Ｂが高齢になり、ＤはＡ・Ｂの介護を長年無償で引き受けていたが、Ｂが死去した後、Ａも死去した。Ａには兄弟Ｃがいることが分かった。

《検討》

　Ｄは、Ａに対して、療養看護等の特別の寄与をしたと言えそうです。しかし、ＤはＡの親族（１親等の姻族）ですが、養子縁組を行っていない以上はＡの子ではなく、よって、Ａの相続人ではありません。また、Ｃがいる以上、特別寄与料制度も使えません。

　しかし、新法では、特別の寄与の制度により、ＤはＡの相続人Ｃに対して、特別の寄与の内容に応じて、特別寄与料の請求ができるものと思われます。

(3)　実務上のポイント

　特別の寄与の制度は、寄与分制度と趣旨や規定ぶりが類似していることから、寄与分制度における解釈論が参考になる場合があるものと思われます。他方で、後述のとおり、寄与分制度とは多少異なる点もありますので、注意が必要です。

2　特別寄与料の請求が認められる要件について

ポイント

・請求権者となりうる者は、被相続人の親族のみに限られています（新1050条1項）。
・「特別の寄与」の内容は、労務の提供に限られています（新1050条1項）。

9 相続人以外の者の貢献を考慮するための方策

・特別寄与料請求権は、要件を満たしたうえで、相続人との合意または家庭裁判所の処分（審判）があって初めて発生します（新1050条2項本文）。
・家庭裁判所に処分を求めることができる期限は、知ってから6か月、相続開始時から1年という短期間です（新1050条2項ただし書）。

(1) 請求権者

　請求権者となりうる者は、被相続人の親族（六親等以内の血族、配偶者および三親等以内の姻族）であって、相続人でない者に限られています（新1050条1項）。これは、相続をめぐる紛争の複雑化・長期化等を防ぐために、請求権者の範囲に明確な枠をはめる必要が高いとされたから、また、一定の人的関係がある場合には準委任契約等の対応が類型的に難しいと思われるからです。

　この点、事実婚の配偶者や同性婚のパートナーも含めるべきではないかという議論があったものの、該当性の認定を安定的に行うことが難しい等の理由から、条文上は含まれていません。

　なお、相続人ではない者といっても、相続欠格・廃除された者は、請求権者にはなれません（新1050条1項）。

(2) 特別の寄与

　寄与行為の態様は、「労務の提供」に限られています（新1050条1項）。これは、財産の提供についてはその給付時に返還に関する合意をすることも比較的容易であること等を考慮したものです。

　また、寄与による「被相続人の財産の維持又は増加」が必要です。

　「特別の」寄与とは、その者の貢献に報いるのが相当と認められる程度の顕著な貢献を意味すると考えられます。寄与分とは異なり、「通常期待される程度の貢献」との対比はされません。

・225・

第3章　相続法改正

寄与行為は「無償」である必要があります（新1050条1項）。これは、寄与者が対価を得ていた場合には、被相続人としてはそれ以上の財産を与える意思がないのが通常と考えられるからです。この趣旨から考えれば、例えば、寄与者が多くの労務を提供したが、わずかな対価しか受け取っていなかったような場合には、対価を得てはいなかったと評価され、「無償」と認められる可能性もあるものと思われます。

(3)　請求手続・期間制限

特別寄与料請求権は、要件を満たしたうえで、特別寄与料の額について当事者間の合意または家庭裁判所の処分があって初めて、行使できるようになります（新1050条2項本文）。

特別寄与者が家庭裁判所に対し処分の審判および調停手続を申し立てることができる期限は、相続の開始及び相続人を知った時から6か月以内かつ相続開始時から1年以内という短期間です（新1050条2項ただし書）。これは、特別寄与料が請求されると遺産分割の効果・手続進行に影響を及ぼす場合があることから、相続をめぐる紛争を複雑化・長期化させないように、短期間に制限したものです。また、被相続人に特別の寄与をしたような者であれば、相続の開始を早期に知りうるのが通常と思われるからです。

管轄裁判所は、相続が開始した地を管轄する家庭裁判所（新家事事件手続法216条の2）または当事者が合意で定める家庭裁判所です。

▌3　特別寄与料の額について

ポイント
・特別寄与料の合計額は、寄与の時期、方法及び程度、相続財産の額その他の事情を考慮して定められる（新1050条3項）。
・特別寄与料の合計額は、相続財産から特定遺贈の価額を控除し

9 相続人以外の者の貢献を考慮するための方策

> た残額を越えることができない（新1050条4項）。
> ・各相続人は、特別寄与料の合計額に、自己の法定相続分（相続
> 分の指定があれば指定相続分）を乗じた額を、それぞれ独立に
> 負担する（新1050条5項）。

(1) 特別寄与料の額（合計額）

　特別寄与料の額は、当事者間の合意で決まらない場合は、上記2
(3)のとおり、特別寄与者が協議に変わる処分を求める審判手続を申し
立てることにより、家庭裁判所に定めてもらうことができます（新
1050条2項）。

　家庭裁判所の考慮要素としては、「寄与の時期、方法及び程度、相続
財産の額その他一切の事情」を考慮すると定められています（新1050
条3項）。この「一切の事情」の例としては、相続債務の額、被相続人
の遺言の内容、各相続人の遺留分、および特別寄与者が被相続人の生
前に受けた利益等が含まれると考えられています。また、具体的な金額
の計算においては、寄与分の考え方が参考になると思われます（第三者
が同様の療養看護を行った場合の日当額をもとに調整する方法など）。

　また、特別寄与料の合計額は、相続財産から特定「遺贈」の価額を
控除した残額を越えることができない（新1050条4項）と定められて
います。つまり、特別寄与料は特定遺贈には劣後するということです(な
お、包括遺贈や特定財産承継遺言は本条の「遺贈」には含まれません。)。
これは、寄与分制度（904条の2第3項）と平仄を合わせたものです。

(2) 特別寄与料の負担の分配

　相続人が複数いる場合は、相続人は、特別寄与料の合計額に、自己
の法定相続分（相続分の指定があれば指定相続分）を乗じた額を、そ
れぞれ独立に負担します（新1050条5項）。一部の相続人に対しての

第3章　相続法改正

み、これを行使しないことも特別寄与者の自由ですが、他の相続人に
その分を上乗せ請求することはできません。

⑶　**経過措置（2019年7月1日施行）**

　施行日前に開始した相続については、旧法が適用されます(附則2条)。

4　相続人以外の者の貢献を考慮するための方策と税務

> **ポイント**
>
> 　特別寄与料に係る民法の改正に伴い、令和元年度税制改正では、特別寄与者は、特別寄与料の額相当額を被相続人から遺贈により取得したものとみなして、相続税を課することとされました。他方、各相続人は、特別寄与料の額を相続税の課税価格の計算上、控除することとされました。

　寄与分制度の対象は相続人に限られていましたが、今回の民法改正
で、被相続人の療養看護等を行った相続人等以外の親族が、相続人に
対して、特別寄与者の寄与に応じた額の金銭（特別寄与料）の支払を
請求することができるようになりました。つまり、被相続人に対して、
無償で、療養看護その他の労務の提供をしたことにより、被相続人の
財産の維持または増加について特別の寄与をした特別寄与者（被相続
人の親族で、相続人、相続の放棄をした者、相続欠格事由に該当しま
たは廃除によってその相続権を失った者以外の者）は、相続の開始後、
相続人に対し、特別寄与者の寄与に応じた額の金銭（特別寄与料）の
支払いを請求することができます（新1050条1項）。相続人が数人あ
る場合には、各相続人は、特別寄与料の額にその相続人の法定相続分
を乗じた額を負担することになります（新1050条5項）。

　税務の観点からは、特別寄与料の支払いがなされた場合の課税関係
が問題となります。例えば、特別寄与者が受領した特別寄与料について、

・228・

所得税の課税関係として整理されるのか、あるいは、贈与税や相続税の課税関係として整理されるのかという点が注目されていましたが、令和元年度税制改正において、相続税の課税関係として整理するべく法的な手当てがなされました。つまり、特別寄与者は、特別寄与料の額相当額を被相続人から遺贈により取得したものとみなして、相続税を課することとされました。これによって、特別寄与者は相続税の納税義務者となります（相続税法1条の3第1号等）。ただし、特別寄与者は法定相続人ではないため、相続税の計算をする際に注意が必要です。

　具体的には、特別寄与者が支払いを受けるべき特別寄与料の額が確定した場合には、特別寄与者が、特別寄与料の額に相当する金額を特別寄与者による特別の寄与を受けた被相続人から遺贈により取得したものとみなされます（新相続税法4条2項）。

　このような事由が生じたため新たに相続税の申告義務が生じた者は、当該事由が生じたこと（特別寄与料の支払額が確定したこと）を知った日の翌日から10か月以内に相続税の申告書を提出しなければなりません（新相続税法29条）。既に相続税の申告書を提出している者が、このような事由が生じたため既に確定した相続税額に不足を生じた場合には、その生じたことを知った日の翌日から10か月以内に修正申告書を提出しなければなりません（新相続税法31条2項）。これらの場合において、かかる事由が生じた日の翌日から10か月を経過したときは、税務署長は、各申告書の提出期限前においても、その相続税額等の更正または決定をすることができます。

　相続人が支払うべき特別寄与料の額は、当該相続人に係る相続税の課税価格の計算上、控除されます。つまり、特別寄与者が支払いを受けるべき特別寄与料の額が特別寄与者に係る課税価格に算入される場合には、特別寄与料を支払うべき相続人が相続または遺贈により取得した財産について当該相続人に係る課税価格に算入すべき価額は、当該財産の価額から特別寄与料の額のうちその者の負担に属する部分の

金額を控除した金額となります（新相続税法13条4項）。特別寄与料を支払うべき相続人は、これにより先に提出していた申告書に係る相続税額等が過大となったときは、特別寄与料の支払額が確定したことを知った日の翌日から4か月以内に限り、更正の請求をすることができます（新相続税法32条1項7号）。

なお、特別寄与者は、相続税の2割加算の規定（相続税法18条）の対象となります。つまり、相続または遺贈により財産を取得した者が、被相続人の一親等の血族（当該被相続人の直系卑属が相続開始以前に死亡し、または相続権を失ったため、代襲して相続人となったその被相続人の直系卑属を含む）および配偶者以外の者である場合においては、その者に係る相続税額は、相続税額に2割を加算した金額となりますが、特別寄与者はこの規定の対象となります。

《特別寄与料の課税関係》

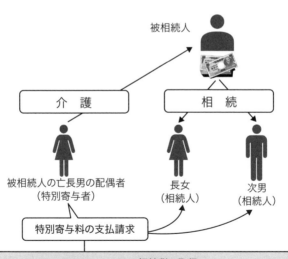

資料編

改正事項一覧表
（債権法・相続法・家事事件手続法）

資料編 改正事項一覧表（債権法・相続法・家事事件手続法）

条　文	表　題	内　容	新設・変更・削除	実務への影響	施行日	経過措置附則
債　権　法						
第1編　総　則						
第2章　人						
第2節　意思能力						
3条の2	－	表意者が意思表示の時に意思能力を欠いていた場合、法律行為を無効とする	新設	明文化	2020年4月1日	2条
第3節　行為能力						
13条1項10号	保佐人の同意を要する行為等	同項1～9号の行為を制限行為能力者の法定代理人としてする場合にも保佐人の同意を必要とする	新設	小さい	2020年4月1日	3条
20条	制限行為能力者の相手方の催告権	13条1項10号新設に伴い、制限行為能力者の定義を消去した	変更	なし	2020年4月1日	規定なし
第4章　物						
旧86条3項	不動産及び動産	新520条の20により、記名式所持人払証券の規定が無記名証券について準用されることになったため、削除	削除	小さい	2020年4月1日	4条
第5章　法律行為						
第1節　総　則						
90条	公序良俗	「事項を目的とする」との文言を削除	変更	明文化	2020年4月1日	5条
第2節　意思表示						
93条1項	心裡留保	相手方の悪意・有過失の対象を「意思表示が表意者の真意ではないこと」とする	変更	小さい	2020年4月1日	6条1項
93条2項	心裡留保	意思表示の無効は善意の第三者に対抗できない	新設	明文化	2020年4月1日	6条1項
95条1項	錯誤	法律行為の目的および取引上の社会通念に照らして重要な錯誤に基づく意思表示は「取り消すことができる」とする	変更	大きい	2020年4月1日	6条1項
95条2項	錯誤	動機の錯誤に基づく意思表示はその動機が法律行為の基礎とされていることが表示されているときに限り取り消すことができる	新設	明文化	2020年4月1日	6条1項
95条3項	錯誤	錯誤が表意者の重過失による場合は、相手方が悪意または重過失もしくは共通錯誤の場合を除き意思表示を取り消すことができない	新設	小さい	2020年4月1日	6条1項

債権法

条　文	表　題	内　容	新設・変更・削除	実務への影響	施行日	経過措置附則
95条4項	錯誤	錯誤取消しは善意無過失の第三者に対抗できない	新設	小さい	2020年4月1日	6条1項
96条2項	詐欺又は強迫	第三者の詐欺による意思表示は相手方が悪意の場合に加え有過失の場合にも取り消すことができるとする	変更	小さい	2020年4月1日	6条1項
96条3項	詐欺又は強迫	詐欺取消しにおいて第三者は善意無過失の場合にのみ保護されるとする	変更	小さい	2020年4月1日	6条1項
97条1項	意思表示の効力発生時期等	「隔地者に対する」との文言を削除	変更	小さい	2020年4月1日	6条2項
97条2項	意思表示の効力発生時期等	相手方が正当な理由なく意思表示の通知の到達を妨げたときは、通常到達すべきときに到達したものとみなす	新設	小さい	2020年4月1日	6条2項
97条3項	意思表示の効力発生時期等	表意者が通知を発した後に死亡し、意思能力を喪失し、または行為能力の制限を受けたときも意思表示は有効とする	変更（旧同条2項）	小さい	2020年4月1日	6条2項
98条の2	意思表示の受領能力	意思表示の相手方が意思表示を受けた時に意思無能力であった場合、その意思表示をもってその相手方に対抗できないとする　相手方が意思能力を回復し、または行為能力者となり、意思表示を知った場合には、その意思表示を対抗できるとする	変更	小さい	2020年4月1日	6条1項
第3節 代　理						
101条1項	代理行為の瑕疵	代理人が相手方に対してした意思表示について、瑕疵または悪意・過失の有無は代理人を基準として決する	変更	小さい	2020年4月1日	7条1項
101条2項	代理行為の瑕疵	相手方が代理人に対してした意思表示について、意思表示を受けた者の悪意・過失の有無は代理人を基準として決する	新設	小さい	2020年4月1日	7条1項
101条3項	代理行為の瑕疵	「本人の指図に従って」との文言を削除	変更	明文化	2020年4月1日	7条1項
102条	代理人の行為能力	制限行為能力者が他の制限行為能力者の法定代理人としてした行為は取り消すことができる	変更	小さい	2020年4月1日	3条、7条1項

・233・

資料編 改正事項一覧表（債権法・相続法・家事事件手続法）

条　文	表　題	内　容	新設・変更・削除	実務への影響	施行日	経過措置附則
旧105条	復代理人を選任した代理人の責任	復代理人を選任した代理人の責任については、債務不履行の一般規定によって処理される	削除	小さい	2020年4月1日	7条1項
105条	法定代理人による復代理人の選任	文言の整理	変更（旧106条）	なし	2020年4月1日	7条1項
106条	復代理人の権限等	文言の整理	変更（旧107条）	なし	2020年4月1日	7条1項
107条	代理権の濫用	濫用の目的につき相手方が悪意または有過失であったとき代理権濫用行為は無権代理とみなす	新設	大きい	2020年4月1日	7条1項
108条1項	自己契約及び双方代理等	自己契約および双方代理は無権代理とみなす	変更	明文化	2020年4月1日	7条1項
108条2項	自己契約及び双方代理等	利益相反行為も無権代理とみなす	新設	明文化	2020年4月1日	7条1項
109条2項	代理権授与の表示による表見代理等	代理権授与表示による表見代理と権限外の行為の表見代理の重畳適用を明文化	新設	明文化	2020年4月1日	7条1項
110条	権限外の行為の表見代理	文言の整理	変更	なし	2020年4月1日	7条1項
112条1項	代理権消滅後の表見代理等	第三者の善意の対象が「代理権の消滅の事実」であることを明文化	変更	明文化	2020年4月1日	7条1項
112条2項	代理権消滅後の表見代理等	権限外の行為の表見代理と代理権消滅後の表見代理の重畳適用を明文化	新設	明文化	2020年4月1日	7条1項
117条1項	無権代理人の責任	代理人が無権代理人の責任を免れるには、自己の代理権を証明するか本人の追認を得ることが必要とする	変更	小さい	2020年4月1日	7条1項、2項
117条2項	無権代理人の責任	無権代理人が自己の代理権の不存在を知っていたときは、相手方に過失があっても無権代理人の責任を負う	変更	小さい	2020年4月1日	7条1項、2項
第4節　無効及び取消し						
120条1項	取消権者	制限行為能力者が他の制限行為能力者の法定代理人としてした行為につき、当該他の制限行為能力者に取消権が認められるものとする	変更	大きい	2020年4月1日	規定なし
120条2項	取消権者	意思表示の取消事由の整理	変更	なし	2020年4月1日	規定なし

債権法

条　文	表　題	内　容	新設・変更・削除	実務への影響	施行日	経過措置附則
121条	取消しの効果	旧121条ただし書を新121条の2第3項に移動	変更なし	なし	2020年4月1日	規定なし
121条の2第1項	原状回復の義務	無効な行為に基づく債務の履行として給付を受けた者は、相手方を原状に復させる義務を負う	新設	小さい	2020年4月1日	8条1項
121条の2第2項	原状回復の義務	無効な無償行為に基づく債務の履行として善意で給付を受けた者は、現存利益の限度で返還義務を負う	新設	小さい	2020年4月1日	8条1項
121条の2第3項	原状回復の義務	行為の時に意思無能力者または制限行為能力者であった者は、現存利益の限度で返還義務を負う	新設	小さい	2020年4月1日	8条1項
122条	取り消すことができる行為の追認	旧122条ただし書を削除	変更	なし	2020年4月1日	8条2項
124条1項	追認の要件	取り消すことができる行為の追認は、取消権を有することを知った後にしなければ効力が生じない	変更	明文化	2020年4月1日	8条2項
124条2項	追認の要件	成年被後見人を除く制限行為能力者が法定代理人、保佐人または補助人の同意を得て追認をするときは、取消原因が消滅していることを要しない	変更	小さい	2020年4月1日	8条2項
125条	法定追認	文言の整理	変更	なし	2020年4月1日	8条2項

第5節　条件及び期限

条　文	表　題	内　容	新設・変更・削除	実務への影響	施行日	経過措置附則
130条2項	条件の成就の妨害等	条件成就により利益を受ける当事者が不正に条件を成就させたときは、相手方はその条件が成就しなかったものとみなすことができる	新設	明文化	2020年4月1日	9条

第7章　時　効

第1節　総　則

条　文	表　題	内　容	新設・変更・削除	実務への影響	施行日	経過措置附則
145条	時効の援用	時効援用権者の「当事者」に含まれる者の明確化	変更	明文化	2020年4月1日	10条1項
147条	裁判上の請求等による時効の完成猶予及び更新	裁判上の請求、支払督促の申立、裁判上の和解・民事調停・家事調停の申立、倒産手続参加によりまずは時効の完成が猶予され、権利が確定した場合には時効が更新される	①変更（旧147条1号、149条、150条、151条、152条）②新設	小さい	2020年4月1日	10条2項

・235・

資料編 改正事項一覧表（債権法・相続法・家事事件手続法）

条　文	表　題	内　容	新設・変更・削除	実務への影響	施行日	経過措置附則
148条	強制執行等による時効の完成猶予及び更新	強制執行等によりまずは時効の完成が猶予され、事由の終了時に時効が更新される	①変更（旧147条2号）②新設	小さい	2020年4月1日	10条2項
149条	仮差押え等による時効の完成猶予	仮差押え・仮処分等により時効は完成が猶予される	変更（旧147条2号）	大きい	2020年4月1日	10条2項
150条1項	催告による時効の完成猶予	催告により時効は完成が猶予される	変更（旧153条）	小さい	2020年4月1日	規定なし
150条2項	催告による時効の完成猶予	再度の催告に猶予の効果はなし	新設	明文化	2020年4月1日	規定なし
151条	協議を行う旨の合意による時効の完成猶予	協議を行う旨の合意を書面でした場合には時効の完成が猶予される	新設	大きい	2020年4月1日	10条3項
152条1項	承認による時効の更新	承認により時効が更新される	変更（旧147条3号）	小さい	2020年4月1日	規定なし
152条2項	承認による時効の更新	承認者が処分能力・権限を有することは不要	変更（旧156条）	なし	2020年4月1日	規定なし
153条	時効の完成猶予又は更新の効力が及ぶ者の範囲(1)	時効の完成猶予または更新の効力が及ぶのは、当事者およびその承継人である	①変更（旧148条）②新設③変更（旧148条）	なし	2020年4月1日	規定なし
154条	時効の完成猶予又は更新の効力が及ぶ者の範囲(2)	債務者以外の者に対する強制執行等、仮差押えおよび仮処分は、債務者に対する通知を要件に、同人に時効の完成猶予および更新の効力が及ぶ	変更（旧155条）	なし	2020年4月1日	規定なし
161条	天災等による時効の完成猶予	天災等による時効の完成猶予期間が3か月間に伸長	変更	大きい	2020年4月1日	10条2項
第3節　消滅時効						
166条	債権等の消滅時効	主観的起算点から5年という時効期間が設けられた	①変更（旧166条1項、167条1項）②変更（旧167条2項）③変更（旧166条2項）	大きい	2020年4月1日	10条4項
167条	人の生命又は身体の侵害による損害賠償請求権の消滅時効	人の生命または身体の侵害による場合の客観的起算点からの時効期間の長期化（20年）	新設	大きい	2020年4月1日	10条4項
168条	定期金債権の消滅時効	定期金債権について、主観的起算点から10年、客観的起算点から20年の二重の消滅時効期間が設定された	変更	大きい	2020年4月1日	10条4項

債権法

条　文	表　題	内　容	新設・変更・削除	実務への影響	施行日	経過措置附則
169条	判決で確定した権利の消滅時効	文言の整理	①変更（旧174条の2第1項）②変更（旧174条の2第2項）	なし	2020年4月1日	10条4項

第2編　物　権

第6章　地役権

条　文	表　題	内　容	新設・変更・削除	実務への影響	施行日	経過措置附則
284条2項	地役権の時効取得	「中断」を「更新」と改める	変更	なし	2020年4月1日	規定なし
284条3項	地役権の時効取得	「停止」を「完成猶予」と改める	変更	なし	2020年4月1日	規定なし
291条	地役権の消滅時効	準用規定の整理	変更	なし	2020年4月1日	規定なし
292条	―	「更新」「完成猶予」概念の導入に伴う文言の整理	変更	なし	2020年4月1日	規定なし

第8章　先取特権

第2節　先取特権の種類

第2款　動産の先取特権

条　文	表　題	内　容	新設・変更・削除	実務への影響	施行日	経過措置附則
316条	不動産賃貸の先取特権の被担保債権の範囲	文言の整理	変更	なし	2020年4月1日	規定なし

第9章　質　権

第4節　権利質

条　文	表　題	内　容	新設・変更・削除	実務への影響	施行日	経過措置附則
旧363条	債権質の設定	新520条の7が新設されたため、削除	削除	小さい	2020年4月1日	規定なし
364条	債権を目的とする質権の対抗要件	将来債権を目的とする質権も本条の適用対象に含める	変更	小さい	2020年4月1日	11条
旧365条	指図債権を目的とする質権の対抗要件	新520条の7が新設されたため、削除	削除	小さい	2020年4月1日	12条

第10章　抵当権

第1節　総　則

条　文	表　題	内　容	新設・変更・削除	実務への影響	施行日	経過措置附則
370条	抵当権の効力の及ぶ範囲	424条3項の改正に伴う文言の整理	変更	なし	2020年4月1日	規定なし

第4節　根抵当

条　文	表　題	内　容	新設・変更・削除	実務への影響	施行日	経過措置附則
398条の2第3項	根抵当権	債務者との取引によらずに取得した電子記録債権も根抵当権の被担保債権とすることができる	変更	小さい	2020年4月1日	13条1項

資料編 改正事項一覧表（債権法・相続法・家事事件手続法）

条　文	表　題	内　容	新設・変更・削除	実務への影響	施行日	経過措置附則
398条の3第2項	根抵当権の被担保債権の範囲	債務者の破綻後に取得した電子記録債権についても抵当権の行使を原則として禁止する	変更	小さい	2020年4月1日	13条1項
398条の7第3項	根抵当権の被担保債権の譲渡等	元本確定前に免責的債務引受けがあった場合、債権者は根抵当権を引受け後の債務に移転することができない	新設	小さい	2020年4月1日	13条2項
398条の7第4項	根抵当権の被担保債権の譲渡等	文言の整理	変更（旧同条2項）	なし	2020年4月1日	13条3項

第3編　債　権

第1章　総　則

第1節　債権の目的

条　文	表　題	内　容	新設・変更・削除	実務への影響	施行日	経過措置附則
400条	特定物の引渡しの場合の注意義務	特定物引渡前の保存における善管注意義務の判断基準が契約その他の債権の発生原因および取引上の社会通念とされた	変更	小さい	2020年4月1日	14条1項
404条	法定利率	合意がない場合の法定利率を変動制とする　当初の利率は3%とし、3年毎に変動する	①変更②〜⑤新設	大きい	2020年4月1日	15条1項、2項
410条	不能による選択債権の特定	選択債権の目的である給付の中に選択権を有する者の過失により不能のものがある場合、債権は、残存するものについて存在する	変更	大きい	2020年4月1日	16条

第2節　債権の効力

第1款　債務不履行の責任等

条　文	表　題	内　容	新設・変更・削除	実務への影響	施行日	経過措置附則
412条2項	履行期と履行遅滞	不確定期限のある債務は期限の到来後、請求を受けた時または期限到来を知った時のいずれか早い時から遅滞の責任を負う	変更	小さい	2020年4月1日	17条1項
412条の2第1項	履行不能	履行不能の場合は履行請求できないことを明文化	新設	明文化	2020年4月1日	17条1項
412条の2第2項	履行不能	原始的不能の場合も415条に基づく損害賠償請求が可能	新設	小さい	2020年4月1日	17条1項
413条1項	受領遅滞	特定物引渡しにおける受領遅滞により保管における債務者の注意義務が軽減されることが明文化	変更	明文化	2020年4月1日	17条1項
413条2項	受領遅滞	受領遅滞により増加した履行費用を債権者が負担することを明文化	変更	明文化	2020年4月1日	17条1項

債権法

条　文	表　題	内　容	新設・変更・削除	実務への影響	施行日	経過措置附則
413条の2第1項	履行遅滞中又は受領遅滞中の履行不能と帰責事由	履行遅滞中に当事者双方の帰責事由によらず履行不能となった場合、債務者の帰責事由によるとみなす	新設	明文化	2020年4月1日	17条1項
413条の2第2項	履行遅滞中又は受領遅滞中の履行不能と帰責事由	受領遅滞中に当事者双方の帰責事由によらず履行不能となった場合、債権者の帰責事由によるとみなす	新設	明文化	2020年4月1日	17条1項
414条	履行の強制	法令の規定に従い直接執行、代替執行、間接強制その他による履行の強制請求ができる	変更	小さい	2020年4月1日	規定なし
415条1項	債務不履行による損害賠償	債務不履行が契約その他の債務の発生原因および取引上の社会通念に照らして債務者の帰責事由によらないときは損害賠償請求ができない	変更	大きい	2020年4月1日	17条1項
415条2項	債務不履行による損害賠償	415条1項による損害賠償請求ができ、かつ、履行不能等の要件を充足するときは、填補賠償請求が可能	新設	明文化	2020年4月1日	17条1項
416条2項	損害賠償の範囲	特別損害について請求が認められる要件が、「当事者がその事情を予見すべきであったとき」という規範的要件に	変更	小さい	2020年4月1日	17条1項
417条の2	中間利息の控除	将来において取得すべき利益または負担すべき費用についての損害賠償額を定める場合の中間利息控除には変動制を採用した法定利率を用いる	新設	大きい	2020年4月1日	17条2項
418条	過失相殺	債務の不履行だけでなく損害の発生や拡大に関する債権者の過失も過失相殺において考慮の対象となる	変更	明文化	2020年4月1日	17条1項
419条1項	金銭債務の特則	金銭債権の不履行についての損害賠償請求における法定利率の基準時を債務者が遅滞の責任を負った最初の時点とする	変更	大きい	2020年4月1日	17条3項
420条1項	賠償額の予定	裁判所が予定された賠償額を増減できないとする規定を削除	変更	明文化	2020年4月1日	17条4項

資料編　改正事項一覧表（債権法・相続法・家事事件手続法）

条　　文	表　題	内　　容	新設・変更・削除	実務への影響	施行日	経過措置附則
422条の2	代償請求権	債権者は、履行不能と同一の原因により債務者が取得した目的物の代償を自身の損害額を上限として請求できる	新設	明文化	2020年4月1日	17条1項
第2款　債権者代位権						
423条1項	債権者代位権の要件	自己の債権の保全の必要性が債権者代位の要件になること、差押えを禁止された権利は代位行使できないことを明文化	変更	明文化	2020年4月1日	18条1項
423条2項	債権者代位権の要件	裁判上の代位の許可の制度を廃止	変更	小さい	2020年4月1日	18条1項
423条3項	債権者代位権の要件	強制執行により実現不可能な債権を被保全債権とする債権者代位を禁止	新設	明文化	2020年4月1日	18条1項
423条の2	代位行使の範囲	可分債権を代位行使する場合、被保全債権の額が限度	新設	明文化	2020年4月1日	18条1項
423条の3	債権者への支払又は引渡し	代位債権者による直接の金銭支払または動産引渡請求を認めるその支払または引渡しにより被代位権利は消滅するものとする	新設	明文化	2020年4月1日	18条1項
423条の4	相手方の抗弁	代位行使の相手方は、債務者に対して有する抗弁をもって債権者に対抗できる	新設	明文化	2020年4月1日	18条1項
423条の5	債務者の取立てその他の処分の権限等	債権者の代位行使後であっても債務者は被代位権利の処分権限を失わない代位行使の相手方も債務者への履行を妨げられない	新設	大きい	2020年4月1日	18条1項
423条の6	被代位権利の行使に係る訴えを提起した場合の訴訟告知	債権者代位訴訟を提起した債権者に対し債務者への訴訟告知を義務づける	新設	大きい	2020年4月1日	18条1項
423条の7	登記又は登録の請求権を保全するための債権者代位権	債務者に対する登記または登録の請求権を被保全債権として、債務者の第三者に対する登記または登録の請求権の代位行使を認める	新設	明文化	2020年4月1日	18条2項
第3款　詐害行為取消権						
424条1項	詐害行為取消請求	詐害行為取消しの対象を「法律行為」から「行為」へと拡張する	変更	明文化	2020年4月1日	19条

債権法

条　文	表　題	内　容	新設・変更・削除	実務への影響	施行日	経過措置附則
424条2項	詐害行為取消請求	同条1項改正に伴う文言の整理	変更	なし	2020年4月1日	19条
424条3項	詐害行為取消請求	詐害行為取消しの被保全債権は詐害行為より前の原因に基づいて生じたものであれば足りる	新設	小さい	2020年4月1日	19条
424条4項	詐害行為取消請求	強制執行により実現不可能な債権を被保全債権とする詐害行為取消しを禁止	新設	明文化	2020年4月1日	19条
424条の2	相当の対価を得てした財産の処分行為の特則	相当の対価を得てした財産の処分行為の詐害行為取消しにつき破産法とほぼ同様の要件を規定	新設	大きい	2020年4月1日	19条
424条の3	特定の債権者に対する担保の供与等の特則	偏頗行為の詐害行為取消しにつき破産法とほぼ同様の要件を規定	新設	大きい	2020年4月1日	19条
424条の4	過大な代物弁済等の特則	過大な代物弁済等の詐害行為取消しにつき破産法と同様の要件を規定	新設	大きい	2020年4月1日	19条
424条の5	転得者に対する詐害行為取消請求	転得者およびその前主たるすべての転得者が悪意である場合に限り、転得者に対する詐害行為取消請求が認められる	新設	大きい	2020年4月1日	19条
424条の6第1項	財産の返還又は価額の償還の請求	債権者は受益者に対する詐害行為取消請求において詐害行為によって受益者に移転した財産の返還または債権の償還を請求できる	新設	明文化	2020年4月1日	19条
424条の6第2項	財産の返還又は価額の償還の請求	債権者は転得者に対する詐害行為取消請求において転得者が転得した財産の返還または債権の償還を請求できる	新設	明文化	2020年4月1日	19条
424条の7第1項	被告及び訴訟告知	詐害行為取消訴訟においては受益者または請求の相手方である転得者が被告となる	新設	明文化	2020年4月1日	19条
424条の7第2項	被告及び訴訟告知	詐害行為取消訴訟を提起した債権者に対し債務者への訴訟告知を義務づける	新設	大きい	2020年4月1日	19条
424条の8第1項	詐害行為の取消しの範囲	詐害行為の目的が可分の場合、被保全債権の額を詐害行為取消の限度とする	新設	明文化	2020年4月1日	19条
424条の8第2項	詐害行為の取消しの範囲	現物返還が困難な場合の価額償還について詐害行為の目的が可分の場合、被保全債権の額を限度とする	新設	明文化	2020年4月1日	19条

・241・

資料編 改正事項一覧表（債権法・相続法・家事事件手続法）

条　　文	表　　題	内　　容	新設・変更・削除	実務への影響	施行日	経過措置附則
424条の9	債権者への支払又は引渡し	取消債権者による受益者または転得者に対する直接の金銭支払または動産引渡請求を認める その支払または引渡しにより債務者に対する支払または引渡しの義務は消滅するものとする	新設	明文化	2020年4月1日	19条
425条	認容判決の効力が及ぶ者の範囲	詐害行為取消請求の認容判決の効力は債務者およびそのすべての債権者にも及ぶ	変更	大きい	2020年4月1日	19条
425条の2	債務者の受けた反対給付に関する受益者の権利	債務者の財産処分行為が取り消された場合、受益者はその反対給付の返還または価額の償還を請求できる	新設	大きい	2020年4月1日	19条
425条の3	受益者の債権の回復	債務者による債務の消滅に関する行為が取り消された場合、受益者が債務者から受けた給付を返還または価額を償還すれば受益者の債務者に対する債権は回復する	新設	明文化	2020年4月1日	19条
425条の4	詐害行為取消請求を受けた転得者の権利	転得者は、その前者から取得した財産を返還した場合、受益者の債務者に対する反対給付の返還請求権等を行使できる	新設	大きい	2020年4月1日	19条
426条	詐害行為取消権の期間の制限	詐害行為取消訴訟について、債権者が詐害行為を知ったときから2年、行為時から10年という出訴期間を設ける	変更	大きい	2020年4月1日	19条
第3節　多数当事者の債権及び債務						
第2款　不可分債権及び不可分債務						
428条	不可分債権	新設された連帯債権の規定を不可分債権について準用 不可分債権の成立を債権の目的が性質上不可分な場合に限定	変更	小さい	2020年4月1日	20条1項
429条	不可分債権者の一人との間の更改又は免除	不可分債権者の一人について生じた事由の効力が原則相対効である旨を定めた同条2項を削除	削除	小さい	2020年4月1日	20条1項
430条	不可分債務	不可分債務につき混同の場合を除いて連帯債務の規定を準用 不可分債務の成立を債務の目的が性質上不可分な場合に限定	変更	小さい	2020年4月1日	20条2項

債権法

条　　文	表　　題	内　　容	新設・変更・削除	実務への影響	施行日	経過措置附則
第3款　連帯債権						
432条	連帯債権者による履行の請求等	連帯債権の各債権者はすべての債権者のために全部または一部の履行を請求でき、債務者はすべての債権者のために各債権者に対して履行をすることができる	新設	小さい	2020年4月1日	20条3項
433条	連帯債権者の一人との間の更改又は免除	更改および免除を持分割合型の絶対的効力事由とする	新設	小さい	2020年4月1日	20条3項
434条	連帯債権者の一人との間の相殺	相殺を絶対的効力事由とする	新設	小さい	2020年4月1日	20条3項
435条	連帯債権者の一人との間の混同	混同を絶対的効力事由とする	新設	小さい	2020年4月1日	20条3項
435条の2	相対的効力の原則	連帯債権について相対効を原則とする。ただし、特約を設けることも可能とする	新設	小さい	2020年4月1日	20条3項
第4款　連帯債務						
436条	連帯債務者に対する履行の請求	数人の債務者が連帯債務を負担するのは債務の目的が性質上可分で法令の規定または当事者の意思表示がある場合であると明文化	変更	小さい	2020年4月1日	20条2項
437条	連帯債務者の一人についての法律行為の無効等	旧433条を移動	変更なし	なし	2020年4月1日	20条2項
旧434条	連帯債務者の一人に対する履行の請求	連帯債務者の一人に対する履行の請求は絶対効である旨の規定を削除	削除	大きい	2020年4月1日	20条2項
438条	連帯債務者の一人との間の更改	旧435条を移動	変更なし	なし	2020年4月1日	20条2項
439条1項	連帯債務者の一人による相殺等	旧436条1項を移動	変更なし	なし	2020年4月1日	20条2項
439条2項	連帯債務者の一人による相殺等	他の連帯債務者が反対債権を有している場合、連帯債務者はその者の負担部分の限度で履行を拒絶できる	変更	小さい	2020年4月1日	20条2項
440条	連帯債務者の一人との間の混同	旧438条を移動	変更なし	なし	2020年4月1日	20条2項

資料編 改正事項一覧表（債権法・相続法・家事事件手続法）

条　文	表　題	内　容	新設・変更・削除	実務への影響	施行日	経過措置附則
旧439条	連帯債務者の一人についての時効の完成	連帯債務者の一人についての時効の完成に関する絶対効の規定を削除	削除	小さい	2020年4月1日	20条2項
441条	相対的効力の原則	連帯債務についても相対効を原則とするただし特約を設けることも可能とする	変更	大きい	2020年4月1日	20条2項
旧441条	連帯債務者についての破産手続の開始	破産法104条が存在し、実際に旧441条は適用されていなかったため、削除	削除	なし	2020年4月1日	20条2項
442条1項	連帯債務者間の求償権	連帯債務者の一人が共同の免責を得たときは、支出額のうち各自の負担部分に応じた額を求償できる	変更	小さい	2020年4月1日	20条2項
443条	通知を怠った連帯債務者の求償の制限	連帯債務者間の事前通知の内容を「連帯債務者の一人が共同の免責を得ること」とし、求償制限の主観的要件として他の連帯債務者の存在の認識が必要であるとする	変更	小さい	2020年4月1日	20条2項
444条1項	償還をする資力のない者の負担部分の分担	ただし書を同条3項に移動	変更なし	なし	2020年4月1日	20条2項
444条2項	償還をする資力のない者の負担部分の分担	求償者および他の有資力者がいずれも負担部分を有しない場合、残りの部分は求償者および有資力者間で等しい割合で負担する	変更	小さい	2020年4月1日	20条2項
444条3項	償還をする資力のない者の負担部分の分担	旧444条1項ただし書を移動	変更なし	なし	2020年4月1日	20条2項
旧445条	連帯の免除と弁済をする資力のない者の負担部分の分担	相対的連帯免除をした債権者は、他の連帯債務者に対する関係で負担すべき分担額を引き受ける意思までは有していないことが通常であるとの批判から、削除	削除	大きい	2020年4月1日	20条2項
445条	連帯債務者の一人との間の免除等と求償権	連帯債務者の一人について債務免除や時効完成があった場合、他の連帯債務者はその者に対して求償権を行使できる	新設	大きい	2020年4月1日	20条2項
第5款　保証債務						
448条2項	保証人の負担と主たる債務の目的又は態様	主債務の内容が加重された場合における保証債務の内容の附従性	新設	明文化	2020年4月1日	21条1項

・244・

債権法

条　文	表　題	内　容	新設・変更・削除	実務への影響	施行日	経過措置附則
457条1項	主たる債務者について生じた事由の効力	文言の整理	変更	なし	2020年4月1日	21条1項
457条2項	主たる債務者について生じた事由の効力	主債務者が債権者に対して抗弁を主張可能な場合には、保証人も債権者にその抗弁をもって対抗が可能	変更	小さい	2020年4月1日	21条1項
457条3項	主たる債務者について生じた事由の効力	主債務者が債権者に対して相殺権等を有するときの保証人の履行拒絶の抗弁的構成	新設	小さい	2020年4月1日	21条1項
458条	連帯保証人について生じた事由の効力	連帯債務者に関する更改、相殺、混同および相対効の規定は連帯保証人について生じた事由について準用される連帯保証人に対する履行の請求・免除が絶対的効力から相対的効力に変更された	変更	大きい	2020年4月1日	21条1項
458条の2	主たる債務の履行状況に関する情報の提供義務	保証人に主債務の履行状況を知る手段が与えられた	新設	大きい	2020年4月1日	21条1項
458条の3	主たる債務者が期限の利益を喪失した場合における情報の提供義務	主債務者の期限の利益喪失時、債権者の個人保証人に対する通知義務が生じる	新設	大きい	2020年4月1日	21条1項
459条	委託を受けた保証人の求償権	委託を受けた保証人の求償権の額は支出額（それが消滅した債務額を超える場合は消滅した額）となる	変更	小さい	2020年4月1日	21条1項
459条の2第1項	委託を受けた保証人が弁済期前に弁済等をした場合の求償権	弁済期前弁済時の求償権の額は主債務者が弁済当時利益を受けた限度にとどまる	新設	明文化	2020年4月1日	21条1項
459条の2第2項	委託を受けた保証人が弁済期前に弁済等をした場合の求償権	利息や費用等は主債務の弁済期以後に生じたものに限り求償額に含まれる	新設	明文化	2020年4月1日	21条1項
459条の2第3項	委託を受けた保証人が弁済期前に弁済等をした場合の求償権	求償権は主債務の弁済期以後でなければ行使できない	新設	明文化	2020年4月1日	21条1項

資料編 改正事項一覧表（債権法・相続法・家事事件手続法）

条　文	表　題	内　容	新設・変更・削除	実務への影響	施行日	経過措置附則
460条	委託を受けた保証人の事前の求償権	委託を受けた保証人が事前求償権を行使するための要件	変更（旧460条3号）	小さい	2020年4月1日	21条1項
462条	委託を受けない保証人の求償権	無委託保証人の求償権の範囲、行使可能時期等	①変更②変更なし③新設	小さい	2020年4月1日	21条1項
463条1項	通知を怠った保証人の求償の制限等	受託保証人の主債務者に対する事前通知義務	変更	小さい	2020年4月1日	21条1項
463条2項	通知を怠った保証人の求償の制限等	主債務者の受託保証人に対する事後通知義務	変更	小さい	2020年4月1日	21条1項
463条3項	通知を怠った保証人の求償の制限等	受託保証人の主債務者に対する事後通知義務	変更（旧463条1項）	小さい	2020年4月1日	21条1項
465条の2	個人根保証契約の保証人の責任等	個人根保証に関する包括根保証の禁止および要式行為性	変更	大きい	2020年4月1日	21条1項
465条の3	個人貸金等根保証契約の元本確定期日	文言の整理	変更	小さい	2020年4月1日	21条1項
465条の4	個人根保証契約の元本の確定事由	個人根保証契約一般について、元本確定事由に関する規律が設けられた	①変更②新設	大きい	2020年4月1日	21条1項
465条の5	保証人が法人である根保証契約の求償権	保証人が法人である根保証契約において極度額の定めがないときは、その法人が主債務者に対して取得する求償権を個人が保証する保証契約の効力が生じない	①変更②変更（旧同条）③新設	大きい	2020年4月1日	21条1項
465条の6	公正証書の作成と保証の効力	事業のために負担した貸金等債務について、個人で保証人になろうとする者の保証意思は公正証書による宣明が必要	新設	大きい	2020年4月1日（ただし、2020年3月1日以降に公正証書の作成を嘱託できる）	21条1項、2項、3項
465条の7	保証に係る公正証書の方式の特則	前条で、保証人となろうとする者が口がきけない者または耳が聞こえない者である場合の特則	新設	小さい	2020年4月1日（ただし、公正証書作成の嘱託があった場合には、2020年3月以降に本条の例により作成できる）	21条1項、3項

債権法

条　　文	表　題	内　　容	新設・変更・削除	実務への影響	施行日	経過措置附則
465条の8	公正証書の作成と求償権についての保証の効力	事業のために負担した貸金等債務についての保証人が主債務者に対して取得する求償権に係る債務について個人が保証する場合にも、保証意思の公正証書による宣明が必要	新設	小さい	2020年4月1日	21条1項、2項、3項
465条の9	公正証書の作成と保証の効力に関する規定の適用除外	事業のために負担した貸金等債務についての保証人が主債務者に対して取得する求償権に係る債務について個人が保証する場合において公正証書を要しない場合	新設	大きい	2020年4月1日	21条1項
465条の10	契約締結時の情報の提供義務	主債務者は、事業のために負担する債務についての保証を個人に委託する際、自己の財産や収支の状況、主債務以外の債務に関する状況等の情報を提供しなければならない義務の不履行について債権者が悪意・有過失の場合は取消しうるものとなる	新設	大きい	2020年4月1日	21条1項
第4節　債権の譲渡						
466条2項	債権の譲渡性	譲渡制限特約に反する債権譲渡も常に有効とする	変更	大きい	2020年4月1日	22条
466条3項	債権の譲渡性	悪意重過失の譲受人等に対し、債務者は債務の履行を拒むことができ、かつ譲渡人に対する弁済その他の事由をもって譲受人等に対抗できる	新設	明文化	2020年4月1日	22条
466条4項	債権の譲渡性	譲受人による譲渡人への履行の催告後相当期間内に債務者が履行をしない場合は前項の適用はない	新設	大きい	2020年4月1日	22条
466条の2第1項	譲渡制限の意思表示がされた債権に係る債務者の供託	譲渡制限特約付金銭債権が譲渡された場合、債務者は債権全額に相当する金銭を供託できる	新設	大きい	2020年4月1日	22条
466条の2第2項	譲渡制限の意思表示がされた債権に係る債務者の供託	供託をした債務者に譲渡人および譲受人に対する供託の通知を義務づける	新設	大きい	2020年4月1日	22条
466条の2第3項	譲渡制限の意思表示がされた債権に係る債務者の供託	供託した金銭の還付請求ができるのは譲受人のみとする	新設	大きい	2020年4月1日	22条

・247・

資料編 改正事項一覧表（債権法・相続法・家事事件手続法）

条　文	表　題	内　容	新設・変更・削除	実務への影響	施行日	経過措置附則
466条の3	―	譲渡制限特約付金銭債権が譲渡された場合、譲受人が破産手続開始決定を受けたときは、譲受人は債務者に対し債権全額に相当する金銭の供託を請求できる	新設	大きい	2020年4月1日	22条
466条の4第1項	譲渡制限の意思表示がされた債権の差押え	譲渡制限特約付債権に対する強制執行をした差押債権者に対しては、債務者は同特約を対抗できない	新設	明文化	2020年4月1日	22条
466条の4第2項	譲渡制限の意思表示がされた債権の差押え	悪意重過失の譲受人の債権者が譲渡制限特約付債権に対する強制執行をした場合、債務者は債務の履行を拒むことができ、かつ譲渡人に対する弁済その他の事由をもって差押債権者に対抗できる	新設	小さい	2020年4月1日	22条
466条の5第1項	預金債権又は貯金債権に係る譲渡制限の意思表示の効力	譲渡制限特約付の預貯金債権については、悪意重過失の譲受人への譲渡を無効とする	新設	小さい	2020年4月1日	22条
466条の5第2項	預金債権又は貯金債権に係る譲渡制限の意思表示の効力	譲渡制限特約付預貯金債権に対する強制執行をした差押債権者に対しては、前項の適用はない	新設	明文化	2020年4月1日	22条
466条の6第1項	将来債権の譲渡性	将来発生する債権も譲渡の対象とすることができる	新設	明文化	2020年4月1日	22条
466条の6第2項	将来債権の譲渡性	将来債権の譲受人は債権の発生と同時に当然にこれを取得する	新設	明文化	2020年4月1日	22条
466条の6第3項	将来債権の譲渡性	将来債権譲渡後、譲受人の対抗要件具備までに譲渡制限特約が付された場合には、債務者は譲受人に対して同特約を対抗できる	新設	大きい	2020年4月1日	22条
467条1項	債権の譲渡の対抗要件	将来債権譲渡の場合も、債権発生前の段階で対抗要件を具備できる	変更	明文化	2020年4月1日	22条
468条1項	債権の譲渡における債務者の抗弁	異議をとどめない承諾の制度を廃止	変更	大きい	2020年4月1日	22条
468条2項	債権の譲渡における債務者の抗弁	新466条4項の場合における抗弁の基準時を相当期間経過時とし、新466条の3の場合における抗弁の基準時を供託請求を受けた時とする	新設	小さい	2020年4月1日	22条

・248・

条　文	表　題	内　容	新設・変更・削除	実務への影響	施行日	経過措置附則
469条1項	債権の譲渡における相殺権	債務者は対抗要件具備より前に取得した譲渡人に対する債権による相殺をもって譲受人に対抗できる	新設	大きい	2020年4月1日	22条
469条2項	債権の譲渡における相殺権	対抗要件具備後に取得した債権でも、対抗要件具備より前の原因に基づく債権および譲渡債権と同一の契約に基づく債権については、これによる相殺をもって譲受人に対抗できる	新設	大きい	2020年4月1日	22条
469条3項	債権の譲渡における相殺権	新466条4項の場合における自動債権発生の基準時を相当期間経過時とし、新466条の3の場合における抗弁の基準時を供託供託請求を受けた時とする	新設	小さい	2020年4月1日	22条
旧469条	指図債権の譲渡の対抗要件	証券的債権に関する規定を削除	削除	小さい	2020年4月1日	22条
旧470条	指図債権の債務者の調査の権利等	同上	削除	小さい	2020年4月1日	22条
旧471条	記名式所持人払債権の債務者の調査の権利等	同上	削除	小さい	2020年4月1日	22条
旧472条	指図債権の譲渡における債務者の抗弁の制限	同上	削除	小さい	2020年4月1日	22条
旧473条	無記名債権の譲渡における債務者の抗弁の制限	同上	削除	小さい	2020年4月1日	22条
第5節　債務の引受け						
470条1項	併存的債務引受の要件及び効果	併存的債務引受によって引受人が引き受ける債務と債務者が従前から負担している債務の関係を連帯債務とする	新設	大きい	2020年4月1日	23条
470条2項	併存的債務引受の要件及び効果	併存的債務引受は、債権者と引受人との契約によってすることができる	新設	明文化	2020年4月1日	23条
470条3項	併存的債務引受の要件及び効果	併存的債務引受は、債務者と引受人との契約によってもすることができ、債権者の受益の意思表示によりその効力が生じる	新設	小さい	2020年4月1日	23条

資料編 改正事項一覧表（債権法・相続法・家事事件手続法）

条　　文	表　題	内　　容	新設・変更・削除	実務への影響	施行日	経過措置附則
470条4項	併存的債務引受の要件及び効果	債務者と引受人の合意による併存的債務引受は第三者のためにする契約に関する規定に従う	新設	小さい	2020年4月1日	23条
471条1項	併存的債務引受における引受人の抗弁等	併存的債務引受の引受人はその効力発生時に債務者が債権者に対して有する抗弁を債権者に主張できる	新設	明文化	2020年4月1日	23条、24条
471条2項	併存的債務引受における引受人の抗弁等	債務者が債権者に対して取消権または解除権を有する場合、引受人は債務者がその債務を免れるべき限度で債務の履行を拒むことができる	新設	小さい	2020年4月1日	23条、24条
472条1項	免責的債務引受の要件及び効果	免責的債務引受の引受人は債務者が債権者に対して有する債務と同一の債務を負担し、債務者は自己の債務を免れる	新設	明文化	2020年4月1日	23条
472条2項	免責的債務引受の要件及び効果	免責的債務引受は、債権者と引受人との契約によってすることができ、債権者の通知によりその効力が生じる	新設	大きい	2020年4月1日	23条
472条3項	免責的債務引受の要件及び効果	免責的債務引受は、債務者と引受人との契約によってもすることができ、債権者の承諾によりその効力が生じる	新設	小さい	2020年4月1日	23条
472条の2第1項	免責的債務引受における引受人の抗弁等	免責的債務引受の引受人は、その効力発生時に債務者が債権者に対して有する抗弁を債権者に主張できる	新設	明文化	2020年4月1日	23条
472条の2第2項	免責的債務引受における引受人の抗弁等	債務者が債権者に対して取消権や解除権を有する場合、引受人は債務者がその債務を免れるべき限度で債務の履行を拒むことができる	新設	小さい	2020年4月1日	23条
472条の3	免責的債務引受における引受人の求償権	免責的債務引受の引受人は、債務者に対して求償権を取得しない	新設	小さい	2020年4月1日	23条
472条の4第1項	免責的債務引受による担保の移転	債権者は、免責的債務引受により債務者が免れる債務の担保として設定された担保権を引受人が負担する債務に移転できるただし、引受人以外の者が設定した場合は、その承諾を要する	新設	大きい	2020年4月1日	23条

債権法

条　文	表　題	内　容	新設・変更・削除	実務への影響	施行日	経過措置附則
472条の4第2項	免責的債務引受による担保の移転	担保権の移転はあらかじめまたは同時に引受人に対する意思表示によってしなければならない	新設	大きい	2020年4月1日	23条
472条の4第3項	免責的債務引受による担保の移転	前2項の規定を免責的債務引受により債務者が免れる債務の保証人がいる場合に準用する	新設	大きい	2020年4月1日	23条
472条の4第4項	免責的債務引受による担保の移転	前項の場合、保証人の承諾は書面でしなければ効力が生じない	新設	小さい	2020年4月1日	23条
472条の4第5項	免責的債務引受による担保の移転	前項の承諾が電磁的記録によってなされたときは、その承諾は書面によってされたものとみなす	新設	小さい	2020年4月1日	23条
第6節　債権の消滅						
第1款　弁　済						
473条	弁済	債務者が債権者に対して債務の弁済をしたとき、その債権は消滅する	新設	明文化	2020年4月1日	25条1項
474条1項	第三者の弁済	旧474条1項ただし書を4項に移動	変更	なし	2020年4月1日	25条1項
474条2項	第三者の弁済	弁済をするについて正当な利益を有する者でない第三者による債務者の意思に反する弁済は無効とする ただし、債務者の意思に反することを債権者が知らなかったときは有効とする	変更	大きい	2020年4月1日	25条1項
474条3項	第三者の弁済	前項の第三者による債権者の意思に反する弁済は無効とする ただし、その第三者が債務者の委託を受けて弁済する場合に債権者がそのことを知っていたときはその弁済は有効とする	新設	大きい	2020年4月1日	25条1項
474条4項	第三者の弁済	旧474条1項ただし書を移動	変更（旧474条1項ただし書）	なし	2020年4月1日	25条1項
旧476条	弁済として引き渡した物の取戻し	行為能力制度の趣旨に照らして問題があったこと等から、削除	削除	小さい	—	25条1項
477条	預金又は貯金の口座に対する払込みによる弁済	預貯金口座に対する払込みによる弁済は、債権者がその払込みに係る金額の払戻しを請求する権利を取得したときにその効力を生ずる	新設	明文化	2020年4月1日	25条1項

・251・

資料編　改正事項一覧表（債権法・相続法・家事事件手続法）

条　文	表　題	内　容	新設・変更・削除	実務への影響	施行日	経過措置附則
478条	受領権者としての外観を有する者に対する弁済	旧法の「債権の準占有者」の実質的な意味を「受領権者以外の者であって取引上の社会通念に照らして受領権者としての外観を有するもの」と明確化	変更	明文化	2020年4月1日	25条1項
479条	受領権者以外の者に対する弁済	478条の改正に伴う文言の整理	変更	なし	2020年4月1日	25条1項
旧480条	受取証書の持参人に対する弁済	規定する必要性に乏しいため削除	削除	小さい	2020年4月1日	25条1項
481条	差押えを受けた債権の第三債務者の弁済	文言の統一	変更	なし	2020年4月1日	25条1項
482条	代物弁済	代物弁済契約は諾成契約であり、代物弁済の給付の時点で当初の給付に係る債権が消滅する	変更	明文化	2020年4月1日	25条1項
483条	特定物の現状による引渡し	特定物の引渡しについて契約その他の債権の発生原因および取引上の社会通念に照らしてその引渡しをすべき時の品質を定めることができない場合に限り、現状による引渡しとする	変更	小さい	2020年4月1日	25条1項
484条2項	弁済の場所及び時間	弁済または弁済の請求は法令または慣習によって定まる取引時間内に限りすることができる	新設	小さい	2020年4月1日	25条1項
486条	受取証書の交付請求	受取証書の交付は弁済と同時履行の関係にあるとする	変更	明文化	2020年4月1日	25条1項
488条4項	同種の給付を目的とする数個の債務がある場合の充当	旧489条を移動	変更なし	なし	2020年4月1日	25条2項
489条	元本、利息及び費用を支払うべき場合の充当	旧491条を移動	変更なし	なし	2020年4月1日	25条2項
490条	合意による弁済の充当	弁済をする者と受領する者との間に弁済の充当の順序に関する合意があるときは、その順序に従う	新設	なし	2020年4月1日	25条2項
491条	数個の給付をすべき場合の充当	準用規定の整理	変更	なし	2020年4月1日	25条2項

債権法

条　文	表　題	内　容	新設・変更・削除	実務への影響	施行日	経過措置附則
492条	弁済の提供の効果	弁済の提供の効果は履行遅滞による債務不履行責任の不発生であることを明記	変更	明文化	2020年4月1日	25条1項
494条1項	供託	受領拒絶を理由に供託するには弁済の提供が必要とする	変更	明文化	2020年4月1日	25条1項
494条2項	供託	弁済者が債権者を確知できないときは供託をすることができるが、弁済者に過失がある場合には供託できない	変更	大きい	2020年4月1日	25条1項
497条	供託に適しない物等	「供託することが困難な事情があるとき」にも競売に付して代金の供託をすることができる	変更	大きい	2020年4月1日	25条1項
498条	供託物の還付請求等	弁済の目的物または前条の代金が供託された場合には、債権者は供託物の還付請求ができる	新設	明文化	2020年4月1日	25条1項
499条、500条	弁済による代位の要件	任意代位の場合も債権者の承諾なく当然に債権者に代位する任意代位の場合は467条の対抗要件を具備しなければ代位の事実を債務者・第三者に対抗できない	変更	大きい	2020年4月1日	25条1項
501条1項	弁済による代位の効果	一部が501条2項および3項に移動	変更	なし	2020年4月1日	25条1項
501条2項	弁済による代位の効果	共同保証人間の代位割合を規定	新設	小さい	2020年4月1日	25条1項
501条3項	弁済による代位の効果	保証人が不動産の第三取得者または物上保証人に対して債権者に代位するための要件として代位の付記登記を不要とする	新設	小さい	2020年4月1日	25条1項
502条1項	一部弁済による代位	一部弁済による代位につき債権者の同意を必要とする	変更	大きい	2020年4月1日	25条1項
502条2項	一部弁済による代位	債権者は一部弁済があった場合でも単独でその権利を行使できる	新設	小さい	2020年4月1日	25条1項
502条3項	一部弁済による代位	前二項の場合に債権者が行使する権利は、その債権の担保の目的となっている財産の売却代金等について代位者が行使する権利に優先する	新設	小さい	2020年4月1日	25条1項

・253・

資料編 改正事項一覧表（債権法・相続法・家事事件手続法）

条　文	表　題	内　容	新設・変更・削除	実務への影響	施行日	経過措置附則
504条1項	債権者による担保の喪失等	債権者による担保の喪失等により責任の減免を受けた物上保証人から担保目的物を譲り受けた者も責任の減免の効果を主張できる	変更	明文化	2020年4月1日	25条1項
504条2項	債権者による担保の喪失等	前項の規定は、担保の喪失等につき取引上の社会通念に照らして合理的な理由があるときは適用しない	新設	明文化	2020年4月1日	25条1項
第2款 相　殺						
505条2項	相殺の要件等	相殺制限特約が付されていた場合は、第三者が悪意重過失のときに限り、かかる特約をその者に対抗できる	変更	大きい	2020年4月1日	26条1項
509条	不法行為等により生じた債権を受働債権とする相殺の禁止	相殺禁止となる損害賠償債務の範囲を限定他人からの譲受債権に係る債務については常に相殺が認められる	変更	大きい	2020年4月1日	26条2項
511条1項	差押えを受けた債権を受働債権とする相殺の禁止	差押えを受けた債権の第三債務者はその弁済期の先後を問わず差押え前に取得した債権による相殺を差押債権者に対抗できる	変更	明文化	2020年4月1日	26条3項
511条2項	差押えを受けた債権を受働債権とする相殺の禁止	差押え後に取得した債権が差押え前の原因に基づくものであるときは、その第三債務者はかかる債権による相殺を差押債権者に対抗できる	新設	大きい	2020年4月1日	26条3項
512条	相殺の充当	自動債権または受働債権に複数の元本債権を含む数個の債権があり、当事者が元本債権につき相殺の順序の指定をしなかった場合の充当の順序を規定	変更	明文化	2020年4月1日	26条4項
512条の2	相殺の充当	一個の債権または債務の弁済として数個の給付すべきものがある場合における相殺について前条の規定を準用	新設	小さい	2020年4月1日	26条4項
第3款 更　改						
513条	更改	更改の要件について、判例・一般的解釈を反映旧同条2項を削除	変更	明文化	2020年4月1日	27条
514条1項	債務者の交替による更改	債務者の交替による更改について債権者の意思に反しないことを要件から外し、旧債務者への通知を更改の効力発生要件とする	変更	大きい	2020年4月1日	27条

・254・

債権法

条　文	表　題	内　容	新設・変更・削除	実務への影響	施行日	経過措置附則
514条2項	債務者の交替による更改	新債務者の旧債務者に対する求償権を否定	新設	小さい	2020年4月1日	27条
515条1項	債権者の交替による更改	債権者の交替による更改は三者間の合意により成立する	新設	明文化	2020年4月1日	27条
旧516条	債権者の交替による更改	債権者の交替による更改について、新515条1項に規定することとし、かつ異議をとどめない承諾の制度を廃止したことから、削除	削除	大きい	2020年4月1日	27条
旧517条	更改前の債務が消滅しない場合	合理性がないとの批判から、削除	削除	小さい	2020年4月1日	27条
518条1項	更改後の債務への担保の移転	債権者は単独の意思表示により更改前の債務の担保として質権または抵当権を更改後の新債務に移転できる	変更	大きい	2020年4月1日	27条
518条2項	更改後の債務への担保の移転	担保権の移転はあらかじめまたは同時に更改の相手方に対する意思表示によってしなければならない	新設	小さい	2020年4月1日	27条
第7節　有価証券						
第1款　指図証券						
520条の2	指図証券の譲渡	証券への譲渡の裏書および証券の交付を指図債権譲渡の対抗要件ではなく効力要件とする	新設	小さい	2020年4月1日	28条
520条の3	指図証券の裏書の方式	指図証券の譲渡につき手形法における裏書の方式に関する規定を準用	新設	小さい	2020年4月1日	28条
520条の4	指図証券の所持人の権利の推定	裏書の連続による権利推定について商法・手形法・小切手法と同様の規律を定める	新設	小さい	2020年4月1日	28条
520条の5	指図証券の善意取得	指図証券の善意取得について商法・手形法・小切手法と同様の規律を定める	新設	小さい	2020年4月1日	28条
520条の6	指図証券の譲渡における債務者の抗弁の制限	指図証券の善意の譲受人に対する債務者の抗弁の制限について一部例外を除いて手形法・小切手法と同様の規律を定める	新設	小さい	2020年4月1日	28条
520条の7	指図証券の質入れ	指図証券を目的とする質権の設定について同条の2～6を準用	新設	小さい	2020年4月1日	28条
520条の8	指図証券の弁済の場所	指図証券の弁済場所について商法と同様の規律を定める	新設	小さい	2020年4月1日	28条

・255・

資料編 改正事項一覧表（債権法・相続法・家事事件手続法）

条　　文	表　　題	内　　容	新設・変更・削除	実務への影響	施行日	経過措置附則
520条の9	指図証券の提示と履行遅滞	指図債権の債務者の履行遅滞時期について商法と同様の規律を定める	新設	小さい	2020年4月1日	28条
520条の10	指図証券の債務者の調査の権利等	指図証券の債務者は署名押印の真偽等の調査権を有する一方、調査義務は負わないが、悪意・重過失のときは、その弁済は無効	新設	小さい	2020年4月1日	28条
520条の11	指図証券の喪失	指図証券喪失時の証券無効化について民法施行法と同様の規律を定める	新設	小さい	2020年4月1日	28条
520条の12	指図証券喪失の場合の権利行使方法	指図証券喪失時の権利行使方法について商法と同様の規律を定める	新設	小さい	2020年4月1日	28条
第2款　記名式所持金払証券						
520条の13	記名式所持人払証券の譲渡	証券の交付を記名式所持人払証券の譲渡の効力要件とする	新設	小さい	2020年4月1日	28条
520条の14	記名式所持人払証券の所持人の権利の推定	記名式所持人払証券所持人による権利推定について商法・小切手法と同様の規律を定める	新設	小さい	2020年4月1日	28条
520条の15	記名式所持人払証券の善意取得	記名式所持人払証券の善意取得について商法・小切手法と同様の規律を定める	新設	小さい	2020年4月1日	28条
520条の16	記名式所持人払証券の譲渡における債務者の抗弁の制限	記名式所持人払証券の善意の譲受人に対する債務者の抗弁の制限について一部例外を除いて小切手法と同様の規律を定める	新設	小さい	2020年4月1日	28条
520条の17	記名式所持人払証券の質入れ	記名式所持人払証券を目的とする質権の設定について同条の13〜16を準用	新設	小さい	2020年4月1日	28条
520条の18	指図証券の規定の準用	同条の8〜12を記名式所持人払証券について準用	新設	小さい	2020年4月1日	28条
第3款　その他の記名証券						
520条の19第1項	―	指図証券および記名式所持人払証券以外の記名証券の譲渡および質権設定について手形法と同様の規律を定める	新設	小さい	2020年4月1日	28条
520条の19第2項	―	指図証券および記名式所持人払証券以外の記名証券の喪失時の証券無効化および権利行使方法について指図証券の規定を準用	新設	小さい	2020年4月1日	28条

・256・

債権法

条　文	表　題	内　容	新設・変更・削除	実務への影響	施行日	経過措置附則
第4款　無記名証券						
520条の20	－	無記名証券について記名式所持人払証券の規定を準用	新設	小さい	2020年4月1日	28条
第2章　契　　約						
第1節　総　　則						
第1款　契約の成立						
521条	契約の締結及び内容の自由	契約締結、契約内容は当事者が法令の範囲内で自由に定め得ることを明文化	新設	明文化	2020年4月1日	規定なし
522条	契約の成立と方式	契約は、契約内容を示してその締結を申し入れる意思表示（申込み）に対し、相手方が承諾したときに成立する	新設	明文化	2020年4月1日	29条1項
523条1項	承諾の期間の定めのある申込み	承諾期間の定めのある申込において申込者は撤回の権利を留保できる	変更（旧521条1項）	小さい	2020年4月1日	29条1項
524条	遅延した承諾の効力	旧523条の規定を移動	変更なし（旧523条）	なし	2020年4月1日	規定なし
525条1項	承諾の期間の定めのない申込み	申込み撤回の制限が隔地者以外にも適用され、申込者は承諾の定めのない申込において撤回の権利を留保できる	変更（旧524条）	小さい	2020年4月1日	29条1項
525条2項	承諾の期間の定めのない申込み	対話者への申込みはいつでも撤回が可能	新設	小さい	2020年4月1日	29条1項
525条3項	承諾の期間の定めのない申込み	原則として対話中に承諾がなければ申込みは効力を失う	新設	小さい	2020年4月1日	29条1項
526条	申込者の死亡等	申込者の死亡、行為能力の制限・喪失について、相手方が承諾前に知っていた場合または申込における意思表示があった場合は申込は効力を有しない	変更（旧525条）	小さい	2020年4月1日	29条2項
旧526条1項	隔地者間の契約の成立時期	承諾について発信主義から到達主義に変更	削除	小さい	2020年4月1日	29条1項
旧527条	申込みの撤回の通知の延着	旧526条1項の削除にあわせて削除	削除	小さい	2020年4月1日	29条1項
527条	承諾の通知を必要としない場合における契約の成立時期	旧526条2項の規定を移動	変更なし（旧526条2項）	なし	2020年4月1日	29条1項

・257・

資料編　改正事項一覧表（債権法・相続法・家事事件手続法）

条　　文	表　題	内　　容	新設・変更・削除	実務への影響	施行日	経過措置附則
529条	懸賞広告	当該懸賞広告を知っていたか否かにかかわらず、広告者は行為をした者に対し報酬を支払う義務を負う	変更	小さい	2020年4月1日	29条3項
529条の2	指定した行為をする期間の定めのある懸賞広告	期間の定めのある懸賞広告の撤回権について定められた	新設	小さい	2020年4月1日	29条3項
529条の3	指定した行為をする期間の定めのない懸賞広告	期間の定めのない懸賞広告において撤回しない旨の表示をした場合以外は撤回は制限されないことが定められた	新設	小さい	2020年4月1日	29条3項
530条1項	懸賞広告の撤回の方法	懸賞広告と同一の方法による撤回は、撤回を知らない者に対しても効力を有する	変更	小さい	2020年4月1日	29条3項
530条2項	懸賞広告の撤回の方法	懸賞広告と異なる方法による撤回は、撤回を知った者に対してのみ効力を有する	変更	小さい	2020年4月1日	29条3項
第2款　契約の効力						
533条	同時履行の抗弁	債務の履行に代わる損害賠償債務も同時履行の抗弁の対象となる	変更	小さい	2020年4月1日	30条1項
旧534条	債権者の危険負担	債権者主義	削除	小さい	2020年4月1日	30条1項
旧535条	停止条件付双務契約における危険負担	旧534条の削除に伴い削除	削除	小さい	2020年4月1日	30条1項
536条	債務者の危険負担等	反対給付義務が消滅するのではなく拒絶権に	変更	大きい	2020年4月1日	30条1項
537条2項	第三者のためにする契約	契約成立時に第三者が現存していない場合も契約は有効	新設	明文化	2020年4月1日	30条2項
537条3項	第三者のためにする契約	文言の整理	変更（旧同条2項）	なし	2020年4月1日	規定なし
538条2項	第三者の権利の確定	契約解除には契約の利益を受ける第三者の承諾が必要	新設	小さい	2020年4月1日	30条2項
第3款　契約上の地位の移転						
539条の2	—	第三者へ契約上の地位を移転する旨の合意は、契約の相手方の承諾により効力を生じる	新設	明文化	2020年4月1日	31条

債権法

条　文	表　題	内　容	新設・変更・削除	実務への影響	施行日	経過措置附則
第4款　契約の解除						
541条	催告による解除	履行がないことが債務者の帰責事由によらない場合も解除が可能 債務不履行が軽微なときは解除できない	変更	大きい	2020年4月1日	32条
542条	催告によらない解除	無催告解除の要件明文化	変更	大きい	2020年4月1日	32条
543条	債権者の責めに帰すべき事由による場合	債務不履行が債権者の帰責事由によるときは、債権者は解除できない	変更	小さい	2020年4月1日	32条
545条3項	解除の効果	金銭以外の物を返還するときは受領以後に生じた果実を返還する義務を負う	新設	明文化	2020年4月1日	32条
548条	解除権者の故意による目的物の損傷等による解除権の消滅	「故意若しくは過失」という文言への変更	変更	小さい	2020年4月1日	32条
第5款　定型約款						
548条の2	定型約款の合意	定型約款を契約の内容とする旨の合意をしたときなどには、定型約款の個別の条項についても合意をしたものとみなす	新設	大きい	2020年4月1日（ただし、施行日前に反対の意思表示をすれば新法は適用されない）	33条1項、2項、3項
548条の3	定型約款の内容の表示	定型約款準備者は、定型取引合意の前または定型取引合意の後相当の期間内に相手方から請求があった場合には、遅滞なく、相当な方法でその定型約款の内容を示さなければならない	新設	大きい	2020年4月1日（ただし、施行日前に反対の意思表示をすれば新法は適用されない）	33条1項、2項、3項
548条の4	定型約款の変更	定型約款準備者は、定型約款の変更が相手方の一般の利益に適合または変更が合理的なものであるとき、変更後の定型約款の条項について合意があったものとみなし、個別に相手方と合意をすることなく契約の内容を変更することができる	新設	大きい	2020年4月1日（ただし、施行日前に反対の意思表示をすれば新法は適用されない）	33条1項、2項、3項
第2節　贈　与						
549条	贈与	他人の財産も贈与可能と明文化	変更	明文化	2020年4月1日	34条1項

・259・

資料編 改正事項一覧表（債権法・相続法・家事事件手続法）

条　　文	表　　題	内　　容	新設・変更・削除	実務への影響	施行日	経過措置附則
550条	書面によらない贈与の解除	撤回から解除との表現に改められた	変更	小さい	2020年4月1日	34条1項
551条	贈与者の引渡義務等	贈与者は、贈与の目的として特定したときの状態でその目的物を引き渡すことを約したものと推定する	変更	小さい	2020年4月1日	34条1項
第3節　売　買						
第1款　総　則						
557条	手付	「現実に提供」という文言への変更	変更	明文化	2020年4月1日	34条1項
第2款　売買の効力						
560条	権利移転の対抗要件に係る売主の義務	対抗要件を備えさせる義務が法定	変更	明文化	2020年4月1日	34条1項
561条	他人の権利の売買における売主の義務	権利の一部が他人に属する場合にも、売主は権利移転義務を負うことが明文化	変更	小さい	2020年4月1日	34条1項
562条1項	買主の追完請求権	追完請求権が明文化	新設	大きい	2020年4月1日	34条1項
562条2項	買主の追完請求権	契約不適合が買主の帰責事由による場合は追完請求できない	新設	大きい	2020年4月1日	34条1項
563条	買主の代金減額請求権	数量不足以外の場合も、追完催告後相当期間経過すれば代金減額請求が可能になった	変更	大きい	2020年4月1日	34条1項
564条	買主の損害賠償請求及び解除権の行使	担保責任が生じる場合であっても債権の一般条項による損害賠償請求、解除が可能になった	新設	大きい	2020年4月1日	34条1項
565条	移転した権利が契約の内容に適合しない場合における売主の担保責任	権利の契約不適合について物に関する担保責任の規定を準用	変更	大きい	2020年4月1日	34条1項
566条	目的物の種類又は品質に関する担保責任の期間の制限	担保責任追求の要件が、契約不適合の事実を知った時から1年以内に不適合の事実を通知することに変更	変更	大きい	2020年4月1日	34条1項
567条	目的物の滅失等についての危険の移転	危険の移転時期が目的物の引渡し時、もしくは受領遅滞時に変更	変更	小さい	2020年4月1日	34条1項
568条1項	競売における担保責任等	競売における買受人は、債権の一般条項による解除または代金減額請求できる	変更	小さい	2020年4月1日	34条1項

債権法

条　　文	表　　題	内　　容	新設・変更・削除	実務への影響	施行日	経過措置附則
568条4項	競売における担保責任等	競売における担保責任等の規定は競売の目的物の種類または品質の不適合には適用しない	新設	小さい	2020年4月1日	34条1項
570条	抵当権等がある場合の買主による費用の償還請求	買い受けた不動産に契約に適合しない抵当権等がある場合、買主は所有権保存費用を請求できる	変更（旧567条）	小さい	2020年4月1日	34条1項
旧571条	売主の担保責任と同時履行	533条の変更にともない削除	削除	小さい	2020年4月1日	34条1項
572条	担保責任を負わない旨の特約	担保責任規定の変更にともなう変更	変更	小さい	2020年4月1日	34条1項
576条	権利を取得することができない等のおそれがある場合の買主による代金の支払の拒絶	権利を取得できないおそれがある場合にも代金支払を拒絶できる	変更	明文化	2020年4月1日	34条1項
577条	抵当権等の登記がある場合の買主による代金の支払の拒絶	抵当権登記等が契約不適合の場合に代金支払を拒絶できる	変更	小さい	2020年4月1日	34条1項
第3款　買戻し						
579条	買戻しの特約	買戻しの際、返還すべき金額について代金とは異なる額とする合意が可能と法定	変更	小さい	2020年4月1日	34条1項
581条	買戻しの特約の対抗力	買戻しの特約の登記を対抗要件とした さらに605条の2の対抗要件を備えた賃借人の権利は1年間売主に対抗できる	変更	小さい	2020年4月1日	34条1項
第5節　消費貸借						
587条	消費貸借	諾成的消費貸借（587条の2）が明文化されたことにより、本条に基づく契約は要物契約としての消費貸借と整理	変更なし	なし	2020年4月1日	34条1項
587条の2第1項	書面でする消費貸借等	諾成的消費貸借ができることを明文化	新設	明文化	2020年4月1日	34条1項
587条の2第2項	書面でする消費貸借等	書面でする消費貸借の借主は、貸主から金銭等を受けるまで契約を解除可能だが、貸主に生じた損害を賠償する	新設	小さい	2020年4月1日	34条1項

資料編 改正事項一覧表（債権法・相続法・家事事件手続法）

条　　文	表　　題	内　　容	新設・変更・削除	実務への影響	施行日	経過措置附則
587条の2第3項	書面でする消費貸借等	書面でする消費貸借契約は、貸主から金銭等を受けるまで当事者の一方が破産したときは、契約の効力を失う	新設	小さい	2020年4月1日	34条1項
587条の2第4項	書面でする消費貸借等	電磁的記録によってされた消費貸借契約も書面によってされたものとみなす	新設	小さい	2020年4月1日	34条1項
588条	準消費貸借	「消費貸借によらないで」との文言を削除	変更	明文化	2020年4月1日	34条1項
旧589条	消費貸借の予約と破産手続の開始	587条の2第3項と重複するため削除	削除	小さい	2020年4月1日	34条1項
589条	利息	利息の発生時期の明文化	新設	明文化	2020年4月1日	34条1項
590条	貸主の引渡義務等	貸主の目的物の引渡義務の内容を整理	変更	小さい	2020年4月1日	34条1項
591条	返還の時期	返還時期と期限前弁済の内容を整理	変更	小さい	2020年4月1日	34条1項
第6節　　使用貸借						
593条	使用貸借	使用貸借を要物契約から諾成契約に改める	変更	小さい	2020年4月1日	34条1項
593条の2	借用物受取り前の貸主による使用貸借の解除	書面によらない使用貸借は、借主が、借用物を受け取るまでは、貸主は契約解除が可能	新設	小さい	2020年4月1日	34条1項
596条	貸主の引渡義務等	表題の変更	変更	なし	2020年4月1日	34条1項
597条	期間満了等による使用貸借の終了	契約の終了事由の規定を整理	変更	小さい	2020年4月1日	34条1項
旧598条	借主による収去	新599条に集約されたため削除	削除	小さい	2020年4月1日	34条1項
598条	使用貸借の解除	貸主、借主の契約解除事由の整理	新設	小さい	2020年4月1日	34条1項
旧599条	借主の死亡による使用貸借の終了	新597条に集約されたため削除	削除	なし	2020年4月1日	34条1項
599条	借主による収去等	借主による収去義務や原状回復義務の整理	変更	小さい	2020年4月1日	34条1項
600条2項	損害賠償及び費用の償還の請求権についての期間の制限	貸主が返還を受けた時から1年を経過するまでは、借主に対する損害賠償請求権の時効完成が猶予される	変更	小さい	2020年4月1日	34条1項

債権法

条　文	表　題	内　容	新設・変更・削除	実務への影響	施行日	経過措置附則
第7節　賃貸借						
第1款　総　則						
601条	賃貸借	契約終了後には、賃借物を返還することが契約の内容であることが明記	変更	明文化	2020年4月1日	34条1項
602条	短期賃貸借	文言の整理	変更	小さい	2020年4月1日	34条1項
604条	賃貸借の存続期間	20年から50年へ伸長された	変更	小さい	2020年4月1日	34条1項34条2項
第2款　賃貸借の効力						
605条	不動産賃貸借の対抗力	文言の整理	変更	なし	2020年4月1日	34条1項
605条の2	不動産の賃貸人たる地位の移転	不動産の賃貸人たる地位の移転規定の明文化	新設	明文化	2020年4月1日	34条1項
605条の3	合意による不動産の賃貸人たる地位の移転	合意による不動産の賃貸人たる地位の移転規定の明文化	新設	明文化	2020年4月1日	34条1項
605条の4	不動産の賃借人による妨害の停止の請求等	賃借人による妨害停止規定の明文化	新設	明文化	2020年4月1日	34条3項
606条1項	賃貸人による修繕等	賃借人に修繕義務が発生する場合を明文化	変更	小さい	2020年4月1日	34条1項
607条の2	賃借人による修繕	賃借人が修繕をすることができる場合の明文化	新設	大きい	2020年4月1日	34条1項
609条	減収による賃料の減額請求	「収益」との用語を「耕作又は牧畜」に改めた	変更	小さい	2020年4月1日	34条1項
611条1項	賃借物の一部滅失等による賃料の減額	賃借物の一部滅失等の場合、賃料は当然に減額される	変更	小さい	2020年4月1日	34条1項
611条2項	賃借物の一部滅失等による賃料の減額	賃借物の一部滅失等の場合、賃借人は賃借人に過失があっても契約を解除できる	変更	大きい	2020年4月1日	34条1項
613条1項	転貸の効果	賃貸人と転貸人との関係を整理	変更	明文化	2020年4月1日	34条1項
613条3項	転貸の効果	適法に転貸した場合における賃貸借契約終了の取扱い	新設	明文化	2020年4月1日	34条1項
616条	賃借人による使用及び収益	準用規定の整理	変更	なし	2020年4月1日	34条1項
第3款　賃貸借の終了						
616条の2	賃借物の全部滅失等による賃貸借の終了	賃借物の全部滅失等の場合、賃貸借契約は当然に終了すると明文化	新設	明文化	2020年4月1日	34条1項

・263・

資料編 改正事項一覧表（債権法・相続法・家事事件手続法）

条　文	表　題	内　容	新設・変更・削除	実務への影響	施行日	経過措置附則
619条2項	賃貸借の更新の推定等	準用規定の整理	変更	なし	2020年4月1日	34条1項
620条	賃貸借の解除の効力	双方に過失があった場合でも、解除した賃貸借契約にかかる損害賠償ができるようになった	変更	小さい	2020年4月1日	34条1項
旧621条	損害賠償及び費用の償還の請求権についての期間の制限	622条に集約されたため削除	削除	小さい	2020年4月1日	34条1項
621条	賃借人の原状回復義務	賃借人の原状回復義務の明文化	新設	明文化	2020年4月1日	34条1項
622条	使用貸借の規定の準用	準用規定の整理	変更	小さい	2020年4月1日	34条1項
第4款　敷　金						
622条の2	敷金	敷金の返還時期や債務への弁済など従前の解釈を明文化	新設	明文化	2020年4月1日	34条1項
第8節　雇　用						
624条の2	履行の割合に応じた報酬	労働者が、使用者に対し、履行の割合に応じた報酬が請求できることが明文化された	新設	明文化	2020年4月1日	34条1項
626条	期間の定めのある雇用の解除	労働者は、2週間前に予告すれば契約解除ができるとされ、期間が短縮された	変更	小さい	2020年4月1日	34条1項
627条	期間の定めのない雇用の解約の申入れ	期間途中の解約申入れが制約されるのが使用者のみに改められた	変更	小さい	2020年4月1日	34条1項
第9節　請　負						
旧634条、旧635条	請負人の担保責任	債権法総則が改正され、債権法総則の規定に基づいて取り扱うこととなったため、削除	削除	大きい	2020年4月1日	34条1項
634条	注文者が受ける利益の割合に応じた報酬	仕事が完成できなくなった場合等に可分な部分の給付を仕事の完成とみなし、請負人が、注文者に対し、履行の割合に応じた報酬が請求できることが明文化された	新設	明文化	2020年4月1日	34条1項
636条	請負人の担保責任の制限	請負人が種類または品質に関する契約不適合が、注文者の供した材料の性質または注文者の与えた指図によって生じた場合には、担保責任が追及できない	変更	小さい	2020年4月1日	34条1項

・264・

債権法

条　文	表　題	内　容	新設・変更・削除	実務への影響	施行日	経過措置附則
637条	目的物の種類又は品質に関する担保責任の期間の制限	注文者は、種類または品質に関する契約不適合を知った時から1年以内（請負人が契約不適合を知り、または重大な過失によって知らなかったときを除く）に、その旨を請負人に通知して担保責任を追及しなくてはならない	変更	大きい	2020年4月1日	34条1項
旧638条	請負人の担保責任の存続期間	建物その他の土地の工作物も、他の目的物と同様に取り扱うべきとして削除	削除	大きい	2020年4月1日	34条1項
旧639条	担保責任の存続期間の伸長	債権法総則が改正され、債権法総則の規定に基づいて取り扱うこととなったため、削除	削除	小さい	2020年4月1日	34条1項
旧640条	担保責任を負わない旨の特約	債権法総則が改正され、債権法総則の規定に基づいて取り扱うこととなったため、削除	削除	小さい	2020年4月1日	34条1項
642条1項	注文者についての破産手続の開始による解除	仕事が完成した後は、契約解除ができないと明文化	変更	小さい	2020年4月1日	34条1項
642条2項	注文者についての破産手続の開始による解除	破産手続において、既にした仕事の報酬およびその中に含まれていない費用につき、破産財団に配当加入ができる	変更	小さい	2020年4月1日	34条1項
第10節　委　任						
644条の2	復受任者の選任等	復受任の選任および権限について明文化	新設	小さい	2020年4月1日	34条1項
648条3項	受任者の報酬	委任者の責めに帰することができない事由によって委任事務の履行することができなくなったとき、委任が履行の中途で終了したときには、履行の割合に応じて報酬請求することができる	変更	小さい	2020年4月1日	34条1項、36条2項
648条の2	成果等に対する報酬	委任事務の履行により得られる成果に対して報酬を支払うことを約した場合の規定が設けられた	新設	小さい	2020年4月1日	34条1項、36条2項
651条2項	委任の解除	相手方に不利な時期に委任を解除した場合または委任者が受任者の利益（もっぱら報酬を得ることによるものを除く）をも目的とする委任を解除した場合、解除した者は相手方の損害を賠償しなければならない	変更	明文化	2020年4月1日	34条1項

・265・

資料編 改正事項一覧表（債権法・相続法・家事事件手続法）

条　文	表　題	内　容	新設・変更・削除	実務への影響	施行日	経過措置附則
第11節　寄　託						
657条	寄託	寄託契約が諾成化された	変更	小さい	2020年4月1日	34条1項
657条の2	寄託物受取り前の寄託者による寄託の解除等	寄託物を受け取るまで、寄託者は寄託契約を解除することができること等寄託物受取り前のルールが明文化された	新設	大きい	2020年4月1日	34条1項
658条	寄託物の使用及び第三者による保管	文言の整理	変更	なし	2020年4月1日	34条1項
658条2項	寄託物の使用及び第三者による保管	再寄託のルールの整備	変更	小さい	2020年4月1日	34条1項
658条3項	寄託物の使用及び第三者による保管	再受寄者は、寄託者に対して、その権限の範囲内において、受寄者と同一の権利を有し、義務を負う	新設	小さい	2020年4月1日	34条1項
659条	無報酬の受寄者の注意義務	文言の整理	変更	なし	2020年4月1日	34条1項
660条1項	受寄者の通知義務等	寄託物について権利を主張する第三者から差押え等があった場合、その旨を寄託者が知っているときは、受寄者は寄託者へ通知不要	変更	小さい	2020年4月1日	34条1項
660条2項	受寄者の通知義務等	寄託物について権利を主張する第三者との関係のルールを整理第三者から権利主張があっても、第三者に引き渡しを命ずる確定判決がない限り、受寄者は寄託者に対して返還義務を負うことが明文化	新設	大きい	2020年4月1日	34条1項
660条3項	受寄者の通知義務等	寄託物について権利を主張する第三者との関係のルールを整理受寄者が、寄託物を寄託者に渡しても、第三者に対して責任を負わない旨を明文化	新設	大きい	2020年4月1日	34条1項
662条2項	寄託物による返還請求等	受寄者は、寄託期間前の寄託物の返還をした場合、寄託者に対して生じた損害を賠償する	新設	明文化	2020年4月1日	34条1項

・266・

債権法

条　文	表　題	内　　容	新設・変更・削除	実務への影響	施行日	経過措置附則
664条の2	損害賠償及び費用の償還の請求権についての期間の制限	寄託者が返還を受けた時から1年を経過するまでは、寄託物の一部滅失等による損害賠償および受寄者が支出した費用の償還の時効は完成しない	新設	小さい	2020年4月1日	34条1項
665条	委任の規定の準用	準用規定の整理	変更	なし	2020年4月1日	34条1項
665条の2	混合寄託	複数の者が種類および品質が同一である物を寄託（混合寄託）した場合の規律が定められた	新設	小さい	2020年4月1日	34条1項
666条	消費寄託	消費寄託と消費貸借は、構造が異なるとして、条文が整理された 消費寄託の場合には、受寄者は、寄託された物と種類、品質および数量の同じ物を返還しなければならない	変更	小さい	2020年4月1日	34条1項
第12節　組　合						
667条の2	他の組合員の債務不履行	同時履行および危険負担は、組合契約には適用されない 他の組合員の債務不履行を理由として、組合契約は解除できない	新設	小さい	2020年4月1日	34条1項
667条の3	組合員の一人についての意思表示の無効等	組合員の一人についての意思表示の無効または取消しの原因は、他の組合員の組合契約の効力を妨げない	新設	小さい	2020年4月1日	34条1項
670条1項	業務の決定及び執行の方法	業務の決定は、組合員の過半数で行い、業務の執行は、各組合員が行う	変更	明文化	2020年4月1日	34条1項
670条2項	業務の決定及び執行の方法	組合の業務の決定および執行は、組合契約の定めるところにより、組合員または第三者に委任することができる	変更	明文化	2020年4月1日	34条1項
670条3項	業務の決定及び執行の方法	委任を受けた業務執行者は、組合の業務を決定し、執行する 業務執行者が数人あるときは過半数で決定し、各業務執行者が執行する	新設	明文化	2020年4月1日	34条1項
670条4項	業務の決定及び執行の方法	業務執行者が選ばれた場合でも、総組合員の同意によって業務決定および執行が可能である	新設	明文化	2020年4月1日	34条1項

・267・

資料編 改正事項一覧表（債権法・相続法・家事事件手続法）

条　文	表　題	内　容	新設・変更・削除	実務への影響	施行日	経過措置附則
670条5項	業務の決定及び執行の方法	文言の整理	変更	なし	2020年4月1日	34条1項
670条の2	組合の代理	組合員または業務執行者が、他の組合員の代理をすることができると明文化	新設	明文化	2020年4月1日	34条1項
671条	委任の規定の準用	「業務の決定又は執行」という文言への変更	変更	なし	2020年4月1日	34条1項
672条	業務執行組合員の辞任及び解任	「業務の決定又は執行」という文言への変更	変更	なし	2020年4月1日	34条1項
673条	組合員の組合の業務及び財産状況に関する検査	「業務の決定又は執行」という文言への変更	変更	なし	2020年4月1日	34条1項
675条1項	組合の債権者の権利の行使	組合の債権者は、組合財産について権利を行使することができる	変更	明文化	2020年4月1日	34条1項
675条2項	組合の債権者の権利の行使	組合の債権者は、損失分担の割合または等しい割合で組合員の財産に権利行使ができる	新設	小さい	2020年4月1日	34条1項
676条2項	組合員の持分の処分及び組合財産の分割	組合員は、組合財産である債権について、持分についての権利を単独で行使できない	新設	明文化	2020年4月1日	34条1項
677条	組合財産に対する組合員の債権者の権利の行使の禁止	組合員の債権者は、組合財産についてその権利を行使することができない	変更	小さい	2020年4月1日	34条1項
677条の2	組合員の加入	組合員全員の同意または組合契約の規定により、新たに組合員を加入させることができる 新たに加入した組合員は、加入前に生じた組合の債務について弁済責任を負わない	新設	明文化	2020年4月1日	34条1項
680条の2	脱退した組合員の責任等	脱退した組合員は、脱退前に生じた組合の債務について、従前の責任の範囲内で弁済責任を負う 債務者が全部の弁済を受けない間は組合に担保を提供させ、または組合に対して自己に免責を得させるよう請求できる 脱退した組合員が、組合の債務を弁済した場合は、組合に対して求償権を有する	新設	明文化	2020年4月1日	34条1項

・268・

相続法

条　文	表　題	内　容	新設・変更・削除	実務への影響	施行日	経過措置附則
682条	組合の解散事由	組合の解散事由に、組合契約で定めた存続期間の満了、解散事由の発生および総組合員の同意を追加	変更	明文化	2020年4月1日	34条1項
685条	組合の清算及び清算人の選任	文言の整理	変更	なし	2020年4月1日	34条1項
686条	清算人の業務の決定及び執行の方法	業務の決定または執行という文言への変更 清算人は、清算事務の範囲内で各組合員を代理する権限を有する	変更	小さい	2020年4月1日	34条1項
687条	組合員である清算人の辞任及び解任	文言の整理	変更	なし	2020年4月1日	34条1項
第5章　不法行為						
722条1項	損害賠償の方法、中間利息の控除及び過失相殺	417条の2（中間利息控除）は不法行為による損害賠償に準用される	変更	大きい	2020年4月1日	規定なし
724条	不法行為による損害賠償請求権の消滅時効	客観的起算点からの20年間の法的性質は除斥期間ではなく消滅時効である	変更	大きい	2020年4月1日	35条1項
724条の2	人の生命又は身体を害する不法行為による損害賠償請求権の消滅時効	人の生命または身体の侵害による場合の主観的起算点からの時効期間の長期化（5年）	新設	大きい	2020年4月1日	35条2項

相　続　法

第5編　相　　続

第3章　相続の効力

第1節　総　　則

条　文	表　題	内　容	新設・変更・削除	実務への影響	施行日	経過措置附則
899条の2第1項	共同相続における権利の承継の対抗要件	遺産分割や遺言により、ある相続財産につき自分の法定相続分以上の部分を取得した場合は、対抗要件を備えないと第三者に対抗できない	新設	大きい	2019年7月1日	2条、3条
899条の2第2項	共同相続における権利の承継の対抗要件	相続財産が債権の場合に、承継人が単独で対抗要件を具備できる方法を追加	新設	大きい	2019年7月1日	2条、3条
第2節　相　続　分						
旧902条1項ただし書	遺言による相続分の指定	新1046条で遺留分権の性質が変化したことに伴い、ただし書を削除	削除	なし	2019年7月1日	2条

・269・

資料編　改正事項一覧表（債権法・相続法・家事事件手続法）

条　文	表　題	内　容	新設・変更・削除	実務への影響	施行日	経過措置附則
902条の2	相続分の指定がある場合の債権者の権利の行使	相続債務につき相続分の指定があった場合でも、債権者は法定相続分に応じて請求してもよいただし、一旦指定相続分を承認すると法定相続分では請求できなくなる	新設	小さい	2019年7月1日	2条
903条4項	特別受益者の相続分	婚姻期間が20年以上の夫婦間の居住用建物または敷地についての遺贈・贈与について持戻し免除の意思を有することが推定される	新設	大きい	2019年7月1日	4条
第3節　遺産の分割						
906条の2	遺産の分割前に遺産に属する財産が処分された場合の遺産の範囲	共同相続人全員が同意すれば処分された財産が分割時に遺産として存在するものとみなすことができる（処分した相続人については同意を得ることを要しない）	新設	大きい	2019年7月1日	2条
907条	遺産の分割の協議又は審判等	一部分割が認められることおよびその要件について定める	変更	小さい	2019年7月1日	2条
909条の2	遺産の分割前における預貯金債権の行使	遺産に含まれる預貯金のうち一定額までは各共同相続人が単独で払い戻しを請求できる	新設	大きい	2019年7月1日	5条1項、2項
第7章　遺　言						
第1節　総　則						
旧964条ただし書	包括遺贈及び特定遺贈	遺留分を侵害する場合に包括遺贈または特定遺贈が無効となるとの規定を削除（遺留分侵害請求権の行使により生ずる権利の金銭債権化によって不要となったため）	削除	小さい	2019年7月1日	2条
第2節　遺言の形式						
第1款　普通の形式						
968条	自筆証書遺言	自筆証書遺言の目録については自書によらない方法によることを認める	変更	大きい	2019年1月13日	1条2号
970条	秘密証書遺言	準用規定の整理	変更	なし	2019年1月13日	1条2号
第2款　特別の形式						
982条	普通の方式による遺言の規定の準用	準用規定の整理	変更	なし	2019年1月13日	2条

相続法

条　文	表　題	内　容	新設・変更・削除	実務への影響	施行日	経過措置附則
第3節　遺言の効力						
998条	遺贈義務者の引渡義務	遺贈義務者は、遺贈の目的物を相続開始の時の状態で引渡し、移転する義務を負う	変更	小さい	2020年4月1日	7条1項
旧1000条	第三者の権利の目的である財産の遺贈	新998条の変更に伴い、削除	削除	小さい	2020年4月1日	7条2項
第4節　遺言の執行						
1007条2項	遺言執行者の任務の開始	遺言執行者は任務を開始するときに、遺言の内容を相続人に通知する義務を有する	新設	大きい	2019年7月1日	8条1項
1012条	遺言執行者の権利義務	遺言執行者があるとき、遺贈の履行は遺言執行者のみが行える	①新設②変更	明文化	2019年7月1日	8条1項
1013条2項	遺言の執行の妨害行為の禁止	遺言執行者がある場合、それに抵触する相続人の行為は無効であるただし、善意の第三者に対抗できない	新設	明文化	2019年7月1日	2条
1013条3項	遺言の執行の妨害行為の禁止	前2項の規定は相続人の債権者の権利行使を妨げるものではない	新設	明文化	2019年7月1日	2条
1014条2項	特定財産に関する遺言の執行	特定財産承継遺言がされた場合、遺言執行者は対抗要件具備行為を行うことができる	新設	明文化	2019年7月1日	8条2項
1014条3項	特定財産に関する遺言の執行	特定財産承継遺言の対象財産が預貯金債権の時は、払戻しの請求・契約の解除の申入れをすることができる	新設	明文化	2019年7月1日	8条2項
1014条4項	特定財産に関する遺言の執行	被相続人が遺言で別段の意思表示をした場合はその意思に従う	新設	明文化	2019年7月1日	8条2項
1015条	遺言執行者の行為の効果	遺言執行者がその権限の範囲内で行った行為の効果は相続人に及ぶ	変更	小さい	2019年7月1日	2条
1016条1項	遺言執行者の復任権	遺言執行者が自己の責任で復代理人を選任できる	変更	大きい	2019年7月1日	8条3項
1016条2項	遺言執行者の復任権	やむを得ない事由により復代理人を選任するときは、その選任と監督についてのみ責任を負う	変更	小さい	2019年7月1日	8条3項
第5節　遺言の撤回及び取消し						
1025条	撤回された遺言の効力	遺言の撤回が錯誤による場合は効力を回復することを明文化	変更	小さい	2020年4月1日	9条

・271・

資料編 改正事項一覧表（債権法・相続法・家事事件手続法）

条　文	表　題	内　容	新設・変更・削除	実務への影響	施行日	経過措置附則
第8章　配偶者の居住の権利						
第1節　配偶者居住権						
1028条	配偶者居住権	配偶者居住権の成立要件 配偶者居住権を取得した配偶者は、当該建物全部を、無償で使用および収益をする権利を取得する	新設	大きい	2020年4月1日	10条1項、2項
1029条	審判による配偶者居住権の取得	家庭裁判所が配偶者居住権を取得させる旨の審判を行うための要件	新設	大きい	2020年4月1日	10条1項、2項
1030条	配偶者居住権の存続期間	配偶者居住権の存続期間を、原則として終身とする	新設	大きい	2020年4月1日	10条1項、2項
1031条	配偶者居住権の登記等	配偶者居住権の対象となる建物所有者における配偶者居住権の設定登記義務 配偶者居住権の第三者対抗要件	新設	大きい	2020年4月1日	10条1項、2項
1032条1項	配偶者による使用及び収益	配偶者の用法遵守義務、善管注意義務	新設	大きい	2020年4月1日	10条1項、2項
1032条2項	配偶者による使用及び収益	配偶者居住権は譲渡できない	新設	大きい	2020年4月1日	10条1項、2項
1032条3項	配偶者による使用及び収益	建物所有者の承諾を得なければ、居住建物の増改築および第三者に使用または収益をさせることができない	新設	大きい	2020年4月1日	10条1項、2項
1032条4項	配偶者による使用及び収益	配偶者居住権の消滅請求権	新設	大きい	2020年4月1日	10条1項、2項
1033条1項	居住建物の修繕等	配偶者は、居住建物の必要な修繕をすることができる	新設	大きい	2020年4月1日	10条1項、2項
1033条2項	居住建物の修繕等	配偶者が相当の期間内に必要な修繕をしない場合、建物所有者は、修繕をすることができる	新設	大きい	2020年4月1日	10条1項、2項
1033条3項	居住建物の修繕等	居住建物が修繕を必要とするときや居住建物について権利主張する者があらわれたときは、配偶者は居住建物の所有者に対して、その旨を通知しなければならない	新設	大きい	2020年4月1日	10条1項、2項
1034条1項	居住建物の費用の負担	配偶者は、居住建物の通常の必要費を負担する	新設	大きい	2020年4月1日	10条1項、2項

・272・

相続法

条　文	表　題	内　容	新設・変更・削除	実務への影響	施行日	経過措置附則
1034条2項	居住建物の費用の負担	通常の必要費以外の費用は、居住建物の所有者が負担する	新設	大きい	2020年4月1日	10条1項、2項
1035条1項	居住建物の返還等	配偶者居住権が消滅した場合の居住建物の返還義務	新設	大きい	2020年4月1日	10条1項、2項
1035条2項	居住建物の返還等	配偶者の附属物を収去する権利および義務・配偶者の原状回復義務	新設	大きい	2020年4月1日	10条1項、2項
1036条	使用貸借及び賃貸借の規定の準用	存続期間の終了による消滅 配偶者の死亡による消滅 居住建物の全部滅失等による消滅 建物所有者は、配偶者の善管注意義務違反等による損害賠償請求債務および居住建物についての費用償還債務について、居住建物の返還を受けたときから1年以内に請求しなければならない	新設	大きい	2020年4月1日	10条1項、2項
第2節　配偶者短期居住権						
1037条	配偶者短期居住権	配偶者短期居住権の成立要件 配偶者短期居住権の存続期間	新設	大きい	2020年4月1日	10条1項
1038条1項	配偶者による使用	配偶者の用法遵守義務、善管注意義務	新設	大きい	2020年4月1日	10条1項
1038条2項	配偶者による使用	配偶者は、建物取得者の承諾なく第三者に対して居住建物を使用させることはできない	新設	大きい	2020年4月1日	10条1項
1038条3項	配偶者による使用	配偶者短期居住権の消滅請求権	新設	大きい	2020年4月1日	10条1項
1039条	配偶者居住権の取得による配偶者短期居住権の消滅	配偶者が配偶者居住権を取得したことによる配偶者短期居住権の消滅	新設	大きい	2020年4月1日	10条1項
1040条1項	居住建物の返還等	配偶者短期居住権が消滅した場合の居住建物の返還義務	新設	大きい	2020年4月1日	10条1項
1040条2項	居住建物の返還等	配偶者の附属物を収去する権利および義務・配偶者の原状回復義務	新設	大きい	2020年4月1日	10条1項

・273・

資料編　改正事項一覧表（債権法・相続法・家事事件手続法）

条　文	表　題	内　容	新設・変更・削除	実務への影響	施行日	経過措置附則
1041条	使用貸借等の規定の準用	配偶者の死亡による消滅 居住建物の全部滅失等による消滅 建物所有者は、配偶者の善管注意義務違反等による損害賠償請求債務および居住建物についての費用償還債務について、居住建物の返還を受けたときから1年以内に請求しなければならない 配偶者短期居住権は譲渡することができない 修繕および費用の負担に関する配偶者居住権の規定の準用	新設	大きい	2020年4月1日	10条1項

第9章　遺留分

条　文	表　題	内　容	新設・変更・削除	実務への影響	施行日	経過措置附則
1042条	遺留分の帰属及びその割合	各相続人の「遺留分」＝「遺留分を算定するための財産の価額」×1/2または1/3×各相続人の法定相続分	変更（旧1028条）	明文化	2019年7月1日	2条
1043条	遺留分を算定するための財産の価額	「遺留分を算定するための財産の価額」＝相続財産（遺贈対象含む）＋「贈与」された財産－相続債務	変更（旧1029条）	明文化	2019年7月1日	2条
1044条2項、3項	―	前条の「贈与」に含まれる贈与は、相続人に対する贈与の場合は、相続開始前10年間にされ、かつ特別受益にあたるものに限られる（3項）	新設	大きい	2019年7月1日	2条
1045条1項	―	前々条の「贈与」の額は、負担付贈与の場合、贈与額から負担額を控除した額とする	新設	小さい	2019年7月1日	2条
1045条2項	―	不相当な対価による有償行為がされており、加害の認識がある場合は、負担付贈与とみなして計算する	新設	小さい	2019年7月1日	2条
1046条1項	遺留分侵害額の請求	遺留分を侵害された相続人の権利が、遺贈等を一部無効化する権利ではなく、金銭請求権を発生させる権利になった	変更（旧1031条）	大きい	2019年7月1日	2条
1046条2項	遺留分侵害額の請求	「遺留分侵害額」＝各相続人の「遺留分」－同人が受けた遺贈・贈与額－未分割遺産に関する同人の具体的相続分額＋同人の承継債務額	新設	大きい	2019年7月1日	2条

・274・

家事事件手続法

条　文	表　題	内　容	新設・変更・削除	実務への影響	施行日	経過措置附則
1047条1項	受遺者又は受贈者の負担額	「遺留分侵害額」を受遺者・受贈者で負担する順番・割合を明文化	新設	小さい	2019年7月1日	2条
1047条3項	受遺者又は受贈者の負担額	遺留分権利者が負担する債務を受遺者・受贈者が支払った場合に、相殺類似の簡便な精算制度を作った	新設	大きい	2019年7月1日	2条
1047条5項	受遺者又は受贈者の負担額	遺留分侵害額に相当する金銭債権につき、期限の猶予の許可の制度を作った	新設	大きい	2019年7月1日	2条
1048条	遺留分侵害額請求権の期間の制限	1046条で権利の性質が変更したことに伴い、旧1042条の文言を改訂	変更（旧1042条）	なし	2019年7月1日	2条
1049条	遺留分の放棄	旧1043条の規定を移動	変更なし（旧1043条）	なし	2019年7月1日	2条
第10章　特別の寄与						
1050条	特別の寄与	相続人でない親族が無償で労務提供をして財産の維持・増加に特別の寄与をした場合に、特別寄与者が相続人に対し特別寄与料の支払いを請求できる	新設	大きい	2019年7月1日	2条

家事事件手続法						
3条の11	相続に関する審判事件の管轄権	国際管轄について合意できる対象に特別の寄与に関する処分の審判事件を追記	変更	小さい	2019年7月1日	11条1項
3条の14	特別の事情による申立ての却下	国際管轄について合意できる対象に特別の寄与に関する処分の審判事件を追記	変更	小さい	2019年7月1日	2条
200条3項	遺産の分割の審判事件を本案とする保全処分	預貯金債権について要件を緩和	新設	大きい	2019年7月1日	11条2項
215条	遺言執行者の解任の審判事件を本案とする保全処分	相続人の利益のために必要があるときとの要件を、遺言の内容の実現のため必要があるときに変更	変更	小さい	2019年7月1日	2条
遺留分に関する審判事件						
216条	―	新1043条の変更に伴い、文言を改訂	変更	なし	2019年7月1日	2条

・275・

資料編 改正事項一覧表（債権法・相続法・家事事件手続法）

条　　文	表　題	内　容	新設・変更・削除	実務への影響	施行日	経過措置附則
特別の寄与に関する審判事件						
216条の2	管轄	特別の寄与に関する処分の審判事件は、相続開始地を管轄する家庭裁判所が管轄する	新設	大きい	2019年7月1日	2条
216条の3	給付命令	家庭裁判所は、特別の寄与に関する処分の審判において、金銭の支払を命じることができる	新設	大きい	2019年7月1日	2条
216条の4	即時抗告	特別の寄与に関する処分の審判／却下する審判に対しては、即時抗告ができる	新設	大きい	2019年7月1日	2条
216条の5	特別の寄与に関する審判事件を本案とする保全処分	特別の寄与に関する強制執行の保全等のため必要があれば、仮差押え・仮処分等の保全処分ができる	新設	大きい	2019年7月1日	2条
233条	－	特別の寄与に関する審判事件の新設に伴い、その他の審判事件の項番号が繰り下がったことによる改訂	変更	なし	2019年7月1日	2条
240条	－	特別の寄与に関する審判事件の新設に伴い、その他の審判事件の項番号が繰り下がったことによる改訂	変更	なし	2019年7月1日	2条

◆著者プロフィール

福原　竜一（ふくはら・りゅういち）
虎ノ門カレッジ法律事務所　弁護士
『法務と税務のプロのための　改正相続法　徹底ガイド』（共著・ぎょうせい・2018年）
『インターネットビジネスの法務と実務』（共著・三協法規出版・2018年）
『民法（債権法）改正の概要と要件事実』（共著・三協法規出版・2017年）

枝廣　恭子（えだひろ・ゆきこ）
銀座ブロード法律事務所　弁護士
『事例で分かる相続法改正』（共著・自由国民社・2019年）
『破産事件21のメソッド』（共著・第一法規・2018年）
『フロー＆チェック　企業法務コンプライアンスの手引』（共著・新日本法規出版・2016年）

清水　健介（しみず・けんすけ）
奥野総合法律事務所・外国法共同事業　弁護士
『会社役員規程マニュアル』（共著・新日本法規出版・2019年）
『パーソナルデータ保護の国際的動向とわが国の個人情報保護制度を巡る動き』（共著・（公財）金融情報システムセンター・2014年）
『企業による暴力団排除の実践』（共著・商事法務・2013年）

鈴木　隆弘（すずき・たかひろ）
虎門中央法律事務所　弁護士
『Q&A　働き方改革実践講座』（共著・株式会社きんざい・2018年）
『現代債権回収実務マニュアル〔第3巻〕執行手続による債権回収―強制執行手続・担保権実行・強制競売―』（共著・民事法研究会・2017年）

『JAバンク信用事業管理者講座テキスト』（共著・農林中金アカデミー・2017年）

木村　真理子（きむら・まりこ）
ときわ法律事務所　弁護士
『ケースでわかる改正相続法』（編集・共著・弘文堂・2019年）
『事業者破産の理論・実務と書式』（共著・民事法研究会・2018年）
『債権法改正　事例にみる契約ルールの改正ポイント』（共著・新日本法規出版・2017年）

大江　弘之（おおえ・ひろゆき）
奥・片山・佐藤法律事務所　弁護士
「「会社法制（企業統治等関係）の見直しに関する要綱案」の要点解説」（共著）ビジネス法務（19巻4号）〔2019.4〕
『こんなときどうする　会社役員の責任Q&A』（共著・第一法規〔加除式〕・2019年）
『新会社法A2Z非公開会社の実務』（共著・第一法規〔加除式〕・2017年・2018年）

前田　昌代（まえだ・まさよ）
やつき法律事務所　弁護士
『ケースでわかる改正相続法』（共著・弘文堂・2019年）
『Before / After 相続法改正』（共著・弘文堂・2019年）

半澤　斉（はんざわ・ひとし）
虎ノ門カレッジ法律事務所　弁護士

泉　絢也（いずみ・じゅんや）

千葉商科大学商経学部講師

（一社）アコード租税総合研究所研究顧問

酒井克彦編著『キャッチアップ 改正相続法の税務〔令和元年度税制改正対応〕』（ぎょうせい・2019年）（共著）

松嶋 隆弘＝渡邊涼介編著『仮想通貨はこう変わる!! 暗号資産の法律・税務・会計』（ぎょうせい・2019年）（共著）

実務にすぐ役立つ
改正債権法・相続法コンパクトガイド

令和元年 10 月 30 日　第 1 刷発行

編　著　福原　竜一

　　　　枝廣　恭子／清水　健介／鈴木　隆弘
共　著　木村　真理子／大江　弘之／前田　昌代
　　　　半澤　斉／泉　絢也

発　行　株式会社 ぎょうせい

〒136-8575　東京都江東区新木場 1 - 18 - 11
電話　編集　03-6892-6508
　　　営業　03-6892-6666
フリーコール　0120-953-431

〈検印省略〉

URL：https://gyosei.jp

印刷　ぎょうせいデジタル㈱　　　　©2019 Printed in Japan
※乱丁・落丁本はお取り替えいたします。

ISBN978-4-324-10704-1
(5108551-00-000)
〔略号：債権相続コンパクト〕